# 民國文學：文學史的 「空間」轉向

周 維 東 著

民國文學與文化系列論叢

文史哲出版社印行

國家圖書館出版品預行編目資料

民國文學：文學史的「空間」轉向 / 周維東著. --
初版 -- 臺北市：文史哲,民 105.09
　　頁；公分（民國文學與文化系列論叢；3）
　　ISBN 978-986-314-329-1（平裝）


1.中國文學史　2.現代文學　3.文學評論


820.908　　　　　　　　　　　　105017036

## 民國文學與文化系列論叢　3

# 民國文學：文學史的
# 「空間」轉向

著　　　者：周　　　　維　　　　東
出 版 者：文　史　哲　出　版　社
　　　　　　http://www.lapen.com.tw
　　　　　　e-mail：lapen@ms74.hinet.net
登記證字號：行政院新聞局版臺業字五三三七號
發 行 人：彭　　　　正　　　　雄
發 行 所：文　史　哲　出　版　社
印 刷 者：文　史　哲　出　版　社
　　　　　　臺北市羅斯福路一段七十二巷四號
　　　　　　郵政劃撥帳號：一六一八〇一七五
　　　　　　電話886-2-23511028 ・傳真886-2-23965656

### 定價新臺幣四二〇元

2016 年（民一〇五）九月初版

# 民國文學：文學史的「空間」轉向

# 目　　次

# 總序 一

# 民國文學史觀的建構
## ── 現代文學研究的新思維與新視野

張堂錡

## 一

　　「民國文學」是有關中國現代文學學科研究歷史進程中，繼「中國新文學」、「中國現代文學」、「20 世紀中國文學」、「百年中國文學」之後，近期出現並開始受到重視與討論的一種新的學科命名與思維方式。它的名稱、內涵與意義都還在形成、發展的初始階段。類似的思維與說法還有「民國史視角」、「民國視野」、「民國機制」等。這些不同的名稱，大抵都不脫一個共同的「史觀」，那就是回歸到最基本也最明確的時間框架上來進行闡釋。陳國恩〈關於民國文學與現代文學〉即明確指出：「作為斷代文學史，民國文學中的『民國』可以是一個時間框架。就像先秦文學、兩漢文學、魏晉南北朝文學、隋唐文學和宋元明清文學中的各

個朝代是一個時間概念一樣，民國文學中的民國，是指從辛亥革命到 1949 年中華人民共和國成立這一時段。凡在這一時段裡的文學，就是民國文學。」這應該是大陸學界對「民國文學」一詞較為簡單卻完整的解釋。

北京師大的李怡則提出「民國機制」的說法，他在〈民國機制：中國現代文學的一種闡釋框架〉中也認為：「民國機制就是從清王朝覆滅開始，在新的社會體制下逐步形成的推動社會文化與文學發展的諸種社會力量的綜合」，然而，「隨著 1949 年政權更迭，一系列新的政治制度、經濟方式及社會文化氛圍、精神導向的重大改變，民國機制自然也就不復存在了。中國文學在新的機制中發展，需要我們另外的解釋。」當然，他們也都注意到了「民國」從清王朝－中華民國－中華人民共和國的線性時間概念之外的更豐富意義，例如陳國恩提到了民國的價值取向；李怡也強調必須「從學術的維度上看『政權』的文化意義，而不是從政治正義的角度批判現代中國的政治優劣」，他認為這樣的「民國文學」研究是「對一個時代的文學潛能的考察，是對文學生長機制的剖析，是在不迴避政治型態的前提下尋找現代中國文學的內在脈絡。」

面對大陸學界出現的這些不同聲音，在台灣的現代文學研究者已經不能再視而不見，如何在一種學術交流、理性互動、嚴謹對話、多元尊重的立場上進行對相關議題的深入討論，應該說，對兩岸學者都是一次難得的「歷史機遇」。台灣高喊「建國百年」，大陸紀念「辛亥百年」，一個「民國」，各自表述。但不管怎麼說，「民國」開始能夠被大陸學界接

受並引起討論熱潮，這本身就是一種試圖突破既有現代文學研究框架的努力，也是大陸學界在意識型態方面對「民國」不再刻意迴避或淡化的一種轉變。正是在這種轉變中，我們看到了中國現代文學研究的新契機。

## 二

　　民國文學不是單一的學術命題，不論從研究方法或視野上來看，它都必須涉及到民國的歷史、政治、經濟、教育、法律、文化、社會與思想等諸多領域，它必然是一個跨學科、跨地域、跨國別的學術視角，彼此之間的複雜關係說明了此一命題的豐富性與延展性。

　　必須正視的是，台灣對「民國」的理解是以「建國百年」為前提，而大陸學界則是以「辛亥百年」為前提，如此一來，大陸對「民國」的解釋是一個至 1949 年為止的政權，但台灣則是主張在 1949 年之後「民國」依然存在且持續發展的事實。拋開歷史或政治的解釋權、主導權不論，「民國」並未在「共和國」之後消失，這是不爭的事實。因此，在討論民國文學與文化之際，就會出現 38 年與 100 年的不同史觀。箇中複雜牽扯的種種原因或現實，正是過去對「民國文學」研究難以開展的限制所在。而恰恰是這樣的分歧，李怡所提出的「民國機制」也就更顯得有其必要性與可操作性。他說 1949 年政權更迭之後，民國機制不復存在，指的是「中華民國在大陸」階段，共和國機制在 1949 年之後取代了民國機制，但是「中華民國在台灣」階段，要如何來解決、解釋，「民國

機制」其實可以更靈活地扮演這樣的闡釋功能。

「民國文學」的提出，並不是要取代「現代文學」，事實上也難以取代，因為二者的側重點不同，前者關注現代文學中的「民國性」，後者關注民國文學的「現代性」，這是一種在相互參照中豐富彼此的平等關係。現代性的探討，由於其文學規律與標準難以固定化，使得現代文學的起點與終點至今仍是一種遊移的狀態，從晚清到辛亥，從五四到1949，再由 20 世紀到 21 世紀，所謂文學的「現代化」與「現代性」都仍在發展之中。「民國性」亦然。從時間跨度上，現代文學涵蓋了民國文學，但在民國性的發展上，它仍在台灣有機地延續著，二者處於平行發展的狀態，不存在誰取代誰的問題。

在大陸階段的民國性，是當前大陸「民國文學」研究的重心，它有明確的歷史範疇與時間框架，但是在台灣階段的民國性，保留了什麼？改變了什麼？在與台灣在地的本土性結合之後，型塑出何種不同面貌的民國性呢？這是兩岸學者都可以認真思考的問題。

民國文史的參照研究，其重要性無庸置疑，而其限度與難度也在預料之中。「民國文學」作為一個學術的生長點，其意義與價值已經初步得到學界的肯定。現代文學的研究，在經過早期對「現代性」的思索與追求之後，發展到對「民國性」的探討與深究，應該說也是符合現代文學史發展規律的一次深化與超越。在理解與尊重的基礎上，兩岸學界確實可以在這方面開展更多的合作機會與對話空間。

# 三

　　為了呼應並引領這一充滿學術生機與活力的學術命題，政大文學院與北京師範大學於 2014 年幾乎同時成立了「民國歷史文化與文學研究中心」，四川大學、四川民族大學也相繼成立了類似的研究中心；政大中文研究所於 2015 年正式開設「民國文學專題」課程；以堅持學術立場、文學本位、開放思想為宗旨的學術半年刊《民國文學與文化研究》，在李怡、張堂錡兩位主編的策劃下，已於 2015 年 12 月在台灣出版創刊號；由李怡、張中良主編的《民國文學史論》、《民國歷史文化與中國現代文學研究》兩套叢書則分別由花城出版社、山東文藝出版社出版，在學界產生廣泛的迴響。規模更大、影響更深遠的是由李怡擔任主編、台灣花木蘭出版社印行的《民國文化與文學研究文叢》，自 2012 年起陸續出版了《五編》七十餘冊，計畫推出百餘冊，這套書的出版，對現代中國文學研究打開了新的學術思路，其影響力正逐漸擴大中。

　　對「民國文學」研究的鼓吹提倡，台灣的花木蘭出版社可以說扮演了積極推動的重要角色。自 2016 年 4 月起，由劉福春、李怡兩人主編的《民國文學珍稀文獻集成》叢書第一輯 50 冊正式發行，並計畫在數年內連續出版這套叢書上千種，這真是令人振奮也令人嘆為觀止的大型學術出版計畫！

　　從 2016 年 8 月起，文史哲出版社也成為民國文學研究的又一個重要學術平台，除了山東文藝出版社授權將其出版的

《民國歷史文化與中國現代文學研究》叢書 6 本交由文史哲出版社出版之外，其他有關民國文學研究的學術專著也將列入新規劃的《民國文學與文化系列論叢》中陸續出版，如此一來，民國文學研究將有了一個集中展現成果、開拓學術對話的重要陣地，這對兩岸的民國文學研究而言都是一個正面而積極的發展。文史哲出版社是台灣學術界具有代表性的老字號出版社，經營四十多年來，出版過的學術書籍超過三千種以上，對兩岸學術交流更是不遺餘力，彭正雄社長的學術用心與使命感實在讓人欽佩！這次願意促成這套叢書的出版，可說是再一次印證了彭社長的文化熱忱與學術理念。

　　我們相信，只要不斷的耕耘，這套書的文學史意義將會日益彰顯，對民國文學的研究也將會在這個基礎上讓更多人看見，並在現代文學領域產生不容忽視的影響力。對於「民國文學」的提倡與落實，我們認為是一段仍需持續努力、不斷對話的過程，但願這套叢書的問世，對兩岸學界的看見「民國文學」是一個嶄新而美好的開始。

2016 年 7 月，台北

# 總序 二

# 民國歷史文化與中國現代
# 文學研究的新可能

## 李　怡

　　中國現代文學發生發展的社會歷史背景是「民國」，從民國歷史文化的角度考察中國現代文學，既是這一歷史階段文化自身的要求，也是中國現代文學研究新的動向。

　　中國現代史上的「中華民國」是現代中國歷史進程的重要環節，無論是作為「亞洲第一個共和國」的歷史標誌，還是包括中國共產黨人在內的全體中國人都曾為「民國」的民主自由理想而奮鬥犧牲的重要事實，「民國」之於現代中國的意義都是值得我們加以深究的。與此同時，中國現代文學的「敘史」也一直都在不斷修正自己的框架結構，從一開始的「新文學」、「現代文學」到 1980 年代中期的「二十世紀中國文學」，每一種命名的背後都有顯而易見的歷史合理性，但同時又都不可避免地產生難以完全解決的問題。「新文學」在特定的歷史年代拉開了與傳統文學樣式的距離，但「新」

的命名畢竟如此感性，終究缺乏更理性的論證；「現代文學」
確立了「現代」的價值指向，問題是「現代」已經成了多種
文化爭相解釋、共同分享的概念，中國之「現代」究竟為何
物，實在不容易說清楚；「二十世紀中國文學」確立的是百
年來中國文學的自主性，但是這樣以「世紀」紀年為基礎的
時間概念能否清晰呈現這一文學自主的含義呢？人們依然不
無疑問。正是在這樣一種背景上，關於中國現代文學「敘史」
的「民國」定位被提了出來，形成了越來越多的「民國文學
史」命名的呼籲。

　　「民國文學」的設想最早是從事現代史料工作的陳福康
教授在 1997 年提出來的[1]，但是似乎沒有引起太多的注意；
2003 年，張福貴先生再次提出以「民國文學」取代「現代文
學」的設想，希望文學史敘述能夠「從意義概念返回到時間
概念」[2]，不過響應者依然寥寥。沉寂數年之後，在新世紀第
一個十年即將結束的時候，終於有更多的學者注意到了這個
問題，特別是最近兩三年，主動進入這一領域的學者大量增
加。國內期刊包括《中國社會科學》、《文學評論》、《中
國現代文學研究叢刊》、《文藝爭鳴》、《海南師範大學學
報》、《鄭州大學學報》、《現代中國文化與文學》都先後
發表了大量論文，《文藝爭鳴》與《海南師範大學學報》等
還定期推出了專欄討論。張中良先生進一步提出了中國現代

---

1　陳福康：《應該「退休」的學科名稱》，原載 1997 年 11 月 20 日《文學
　　報》，後收入《民國文壇探隱》，上海書店出版社 1999 年。
2　張福貴：《從意義概念返回到時間概念 —— 關於中國現代文學的命名問
　　題》，香港《文學世紀》2003 年 4 期。

文學研究的「民國史視角」問題，我本人也在宣導「文學的民國機制」研究。在我看來，「民國文學」研究的興起十分正常，它們都顯示了中國現代文學研究在經歷了半個多世紀的探索之後一次重要的學術自覺和學術深化，並且與在此之前的幾次發展不同，這一次的理論開拓和質疑並不是外來學術思潮衝擊和感應的結果，從總體上看屬於中國學術在自我反思中的一種成熟。

當前學界的民國文學論述正沿著三個方向展開：一是試圖重新確立學科的名稱，進而完成一部全新的現代文學史；二是為舊體文學、通俗文學等「新文學」之外的文學現象回歸統一的文學史框架尋找新的命名；三是努力返回到歷史的現場，對民國社會歷史中影響文學的因素展開詳盡的梳理和分析，結合民國文學歷史的一些基本環節對當時的文學現象進行新的闡述和研究。在我看來，前兩個方向的問題還需要一定時間的學術積累，並非當即可以完成的工作，否則，倉促上陣的文學史寫作，很可能就是各種舊說的彙集或者簡單拼貼，而第三個方面的工作恰恰是文學史認識的最堅實的基礎，需要我們付出扎實的努力。

從民國歷史文化的角度研究中國現代文學，可以為我們拓展一系列新的學術空間。

例如民國經濟形態所造就的文學機制，民國法制形態影響下的文學發展，民國教育制度的存在為文學新生力量的成長創造怎樣的文化條件、為廣大知識分子的生存提供怎樣的物質與精神的基礎等等。還有，仔細梳理中國現代作家的「民國體驗」，就能夠更加有效地進入他們固有的精神世界與情

感世界，為我們的中國現代文學提出更實事求是的解釋。

　　當然，討論中國現代文學的「民國」意義，挖掘其中的創造「機制」絕不是為了美化那一段歷史。在現代中國文化建設的漫長里程中，在我們的現代文化建設目標遠遠沒有完成的時候，沒有任何一段歷史值得我們如此「理想化處理」，嚴肅的學術研究絕不能混同於大眾流行的「民國熱」。今天我們對歷史的梳理和總結是為了呈現 20 世紀上半葉中國文學發展的一些可資借鑒的機制，以為未來中國文學的生長探尋可能 —— 在過去相當長的歷史中，我們習慣於在外國文學發展的歷史中尋找我們模仿的物件，通過介紹和引入西方文學的各種模式展開自己。殊不知，其中的文化與民族的間隔也可能造成我們難以逾越的障礙。如今，重新返回我們自己的歷史，在現代中國人自己有過的歷史經驗和智慧成果中反思和批判，也許就不失為一條新路。

　　呈現在讀者諸君面前的這一套「民國文學與文化系列論叢」，試圖從不同的方向挖掘「以歷史透視文學」的可能。這裡既有新的方法論的宣導 —— 諸如「民國」作為「方法」或者作為「空間」的含義，也有不同歷史階段的文學新論，有「民國」下能夠容納的特殊的文學現象梳理 —— 如民國時期的佛教文學，也有民國文學品種的嶄新闡述。它們都能夠帶給我們對於歷史和文學的一系列新的感受，雖然尚不能說架構起了民國歷史文化現象的完整的知識結構，卻可以說是開闢了文學研究的新的可能。但願我們業已成熟的中國現代文學研究，能夠因此而思想激蕩、生機勃發。

2014 年 6 月，北京

# 導論：從「民國」重識「現代」

## 一、

　　在當下，談「現代」並不是個令人振奮的話題，甚至還會招致嘲諷和不屑。「現代性」已然是個老舊的話題，而歧義叢生、不了了之的討論過程，也讓人對之難以產生興趣。隨著新的研究領域的興起，如對近現代以來通俗文學、舊體詩詞的關注，當代文學研究對影視文學、網路文學等大眾文化形式的重視，都會讓人覺得「現代」已經成為中國現代文學學科的桎梏，在一些年輕學者的眼裡，「現代」更是成為一種限制學科發展的「霸權」。

　　但「現代」真的可以輕易拋棄嗎？瞭解這個學科歷史、體驗過這個學科魅力的人，都難言捨棄，這其中的人，有的可能也對「現代」產生過厭倦和無奈。究竟為什麼呢？這不是簡單的懷舊，而是對一個學科基本精神的堅守和留戀。「中國現代文學」的獨特性，就在於它具有「現代特性」。可能不同人對「現代」的理解並不一致，但它曾經感召過無數的人，指引一代代人朝著與傳統不同的方向前進。中國現代文學研究，在其輝煌的時期，也是用「現代」作為武器，對整

個中國文化產生深刻影響。雖然，隨著中國的文化環境日漸保守，「現代」的吸引力和影響力在減小，但中國現代文學研究學者當下關懷的習慣和情懷並沒有改變，而且依然是他們中大多數人學術生產的原動力。如果拋棄了「現代」，就彷彿抽去了中國現代文學的「筋」，沒有了筋，就沒有了精氣神，一個學科就「癱瘓」了。

　　我們可以試想一下，如果沒有了「現代」的追求，一盤散沙的「中國現代文學」真的難有太多演說的空間，眾所熟知的現代文學名家 ——「魯郭茅巴老曹」，無論將其放到中國傳統文學的序列中，還是將其放在「世界文學」的範圍內，將他們稱為「文學大師」，底氣並不太足。若論原因，十分簡單，他們的創作普遍存在著「試驗」的痕跡，並不完全是成熟之作。在具體研究和傳播上，我們也經常會遭遇這樣的尷尬：討論胡適的新詩，總需要找個緣由，譬如它是早期白話新詩的代表；討論郭沫若的《女神》，也一定要強調它「開一代詩風」。這麼說的潛台詞，是研究者對它們的文學價值並不太自信。其實，說白了，若單純論所謂的「文學性」，不管這一時期的嚴肅文學或通俗文學、新詩與舊詩，都難以撐起其相應的學科地位。

　　但熟悉這個學科的人都會明白，「中國現代文學」的存在價值，絕不是「硬撐」起來。很多研究者喜歡胡適的新詩、郭沫若的《女神》，也絕不是虛偽，是因為它們「親切」，在它們當中，能夠感受到個體最樸素的情感。譬如胡適的《兩隻蝴蝶》：

兩隻黃蝴蝶，雙雙飛上天；

不知為什麼，一個忽飛還。

剩下那一隻，孤單怪可憐；

也無心上天，天上太孤單。

　　有人將之稱為「打油詩」。我們暫且不論「打油詩」的標準是什麼，「打油詩」是褒是貶，若論其價值，恰恰在於其「打油」的特徵：通俗易懂、貼近現實，說得直白點，便是道出了日常生活的原貌。「兩隻黃蝴蝶，雙雙飛上天」，這是古典文學中經常出現在結尾的「大團圓」結局，也是古典愛情文學的終極理想，但「不知為什麼，一隻忽飛還」，讓理想回到了現實，月有陰晴圓缺，人有悲歡離合，日常生活便有如此的不確定。好在「剩下那一隻」，「也無心上天」，講出了人生的無奈與釋然：不能上天便不上天，但要尊重內心的情感需要。這樣的表達，便貼近了日常生活，貼近了「人」的日常狀態。

　　有學者將現代文學的這種特徵，歸結為「平民文學」「人的文學」，覺得正是因為這些理念，「現代文學」與「古典文學」便不同了！周作人在《人的文學》中，將許多古典經典作品，如《聊齋志異》《水滸傳》等，都視為「非人」的文學；魯迅在《狂人日記》中借狂人之口，將古典經典概括為「吃人」二字；陳獨秀在《文學革命論》中，向「貴族文學」「古典文學」「山林文學」發出抨擊……這些現代文化宣導者的言論，不僅確證了上述觀點，而且還包含了潛臺詞：只有「人的文學」與「平民文學」，才是好文學。這種理念

曾經支撐了現代文學研究者對於自己學科的信心，尤其是在文學受到極度壓抑的年代，「文學是人學」成為文學保持自律、重新走向繁榮的最有力的信條，更讓人對這種理念堅信不疑。

但為什麼像《兩隻蝴蝶》這樣的「人的文學」，卻常常讓我們覺得不及古典時代的那些「非人文學」呢？為什麼即使是最資深的詩歌研究者，在講到類似作品時，依舊顯得不十分自信呢？關鍵在於「人的文學」並非是「文學的終結」，而很多研究者潛意識將之作為了審視文學的終極標準。法蘭西斯·福山（Francis Fukuyama）在 20 世紀出版的《歷史的終結》中，認為隨著「自由」「民主」等現代理念成為普世價值，人類歷史將走向「終結」——因為再也不會有新的理念取代這種理念，而在這種理念的指導下，人類將會解決歷史上出現過的種種問題。事實證明，雖然「自由」和「民主」暫時沒有被新的理念取代，但它們並非是解決一切問題的「萬能鑰匙」，民主造成的混亂、自由形成的不平等，同樣需要人類面對。文學也是一樣，雖然「人的文學」包含了文學觀的巨大進步，並不由此意味著之前的文學毫無意義可言，傳統文學並不能——也不會因為「非人文學」的帽子而失去意義；「人的文學」，魯迅、周作人、陳獨秀等人的大膽呼籲，以及胡適等人的勇敢嘗試，意義在於發現了人類文學曾經存在的缺陷，並消除偏見，讓它回歸到文學。我們感覺到《兩隻蝴蝶》的親切，是因為文學史補充了這種簡單樸素的情感，它具有歷史和象徵的意義，但絕非僅僅是白話新詩的開端。

所以，在當下困擾我們的「現代」，是簡單將「人的文

學」或者某種文學理念奉為圭臬的「文學的終結」的思想。當「現代」簡單成為某種理念，並強制所有人去認同，它必然成為一種束縛、一種桎梏。而我們不能釋懷的「現代」，正是與前一種「現代」相反，它摧枯拉朽，發現人類文化與文學中的缺陷，為人類找到在其所處時代最好的生存方式。借用美國學者斯蒂芬·埃裡克·布隆納（Stephen Eric Bronner）在《重申啟蒙：論一種積極參與的政治》中的一個概念：現代代表了一種「進步」[1]

## 二、

現代的糾結，在西方關於「啟蒙」的反思中也有十分明顯的表現，而其反思的成果，對於當下中國認識現代具有啟示意義。作為「現代」的主要推動者，「啟蒙」或者「啟蒙運動」與「現代」有著緊密的聯繫，對「啟蒙」的反思，可以認為是對「現代」反思的更深層次，就如同對中國現代文化的反思，但凡有深度的成果，都離不開對五四新文化運動的重新認識。自「一戰」始，西方社會就出現了對「現代」進行反思的聲音，這種聲音到「二戰」之後達到頂峰，霍克海默和阿道爾諾的《啟蒙辯證法》便是這一時期最具影響力的作品之一。

---

[1] 作為思想史概念的「進步」或「進步主義」並非斯蒂芬·埃裡克·布隆納的原創，但他在《重申啟蒙》一書中認為在 21 世紀，「嚴格的進步概念已被遺忘」，因此他在書中專門「讚美進步」，對「進步」的內涵進行重新梳理，並成為其「重申啟蒙」的重要基礎。

　　這部作品最駭人聽聞的觀點 —— 「被啟蒙摧毀的神話，卻是啟蒙自身的產物」，可謂對啟蒙莫大的嘲諷 —— 啟蒙的目標是為神話「祛魅」，而其結果不過是為人類穿上一件更為隱蔽的隱身衣。這本書的精彩之處，是其採用人類學、哲學等跨學科的視野，揭示「神話」與「啟蒙」之間的同一性，其對啟蒙的反思具有明顯時代性的痕跡，但其視野並沒有局限於啟蒙運動以來的歷史，而是伸向更加深遠的人類理性發展的進程，從而使「反思」更具有雄辯性。不過，霍克海默和阿道爾諾對啟蒙的批判雖然猛烈，但並沒有對消除「啟蒙」（或「現代」）弊端的出路提出建設性意見，布隆納在《重申啟蒙》中透露：霍克海默和阿道爾諾考慮過撰寫一部續集，題目叫《拯救啟蒙》，但這一想法最終沒有實現。布隆納由此認為，這部續集最終沒有實現的原因，是因為「他們的觀點不是那麼理直氣壯」[2]，其實這也是思想的糾結：既然對一種思想或現實的弊端瞭解得深入透徹，就應該能夠想出解決的辦法，否則只能說還存在理論的禁區。

　　在《啟蒙辯證法》出版後，哈貝馬斯曾經對這本書進行了深刻剖析。他認為：霍克海默和阿道爾諾對啟蒙的反思，顯然較他們之前的「批判理論」更進一步，不再信任和堅持「意識形態批判」既往的路徑，「不僅反對資產階級理想的非理性功能，而且反對資產階級文化本身的理性潛能」，「但其意圖沒有改變，依然是發揮一種揭示功能。沒有改變的還有理性懷疑主義滲透進去的思維模式：現代理性自身被懷疑

---

2　〔美〕斯蒂芬・埃裡克・布隆納：《重申啟蒙：論一種積極參與的政治》，殷杲譯，江蘇人民出版社，2006年，第4頁。

成為權力要求和有效性要求的有害混合，但這仍然是啟蒙的意圖」[3]。簡單地說，《啟蒙辯證法》存在著這樣的悖論：作者對啟蒙的反思進入到「理性」的層面，但這種反思的基礎卻沒有走出理性的範疇。

哈貝馬斯對《啟蒙辯證法》的深入剖析，更清晰地指出了兩位作者思想糾結的根本原因：啟蒙具有二元性，它一方面具有成為神話的潛力和可能，同時又具有反思自身缺陷的能力。啟蒙的二元性，在某種程度上可以解釋西方「一戰」以來對「現代」和「啟蒙」的反思歷史。

布隆納在《重申啟蒙》中「讚美進步」，重申的根本是啟蒙的反思精神，他根據美國傳統將此定義為「進步」。他認為：

> 自由永遠不會在現實中充分實現。它們之間的關係永遠是逐漸靠攏的。因此，大多數啟蒙哲學家將進步理解為一種調節性理念和假定，而不是一種絕對事物、某種神聖的表達或者某個系統的基礎。即使是作為科學術語，進步也保留了一種批評的維度，因為它意味著質疑現有的確定性。[4]

在這裡，布隆納分析了「啟蒙」包含「進步」的根本原

---

3 〔德〕馬克斯·霍克海默、希歐多爾·阿道爾諾：《啟蒙辯證法》，上海人民出版社，渠敬東、曹衛東譯，2006年，第122-123頁。

4 〔美〕斯蒂芬·埃裡克·布隆納：《重申啟蒙：論一種積極參與的政治》，殷杲譯，江蘇人民出版社，2006年，第23頁。

因：啟蒙所追求的理想在現實生活中註定無法全部實現，正
因為此，經啟蒙所形成的既定現實，並不能代表啟蒙本身
── 成為啟蒙批判的對象，而由於啟蒙的理想與現實始終存
在差距，也成為啟蒙具有「質疑」與「反思」能力的根本動
力。不過，他的這種說法還不及他書中所引 John C.Gagliardo
的觀點更有說服力，他認為啟蒙哲學家一貫強調：

> 一種對世事更強烈的興趣，一種對人及其作品以及他
> 的理性的更強大的信心，一種不斷增長的好奇心、永
> 不知足的思想日益強烈的騷動 ── 這一切與其說形成
> 了某種學說，毋寧說是形成了一種精神。[5]

　　這裡對「啟蒙精神」的概括，讓我們更真切地感受到啟
蒙運動的另一面。這種概括也比較符合啟蒙運動的歷史，西
方啟蒙運動經歷了很長的歷史時期，期間派別林立，代表人
物之間發生嚴重分歧並相互攻擊的事件時有發生，是經過時
間和實踐的洗禮，啟蒙的基本理念 ── 今天所說的「普世價
值」，才逐漸獲得廣泛認可。在各種啟蒙思想產生嚴重分歧
的時期，如果說他們之間那些共通之處，「啟蒙精神」顯然
是最好的概括。「啟蒙精神」的存在，是「啟蒙」及其「現
代」最讓人難以割捨的地方，放棄了它們，也就意味著同時
放棄了對未來的好奇、對現在的質疑和對過去的反思，也就

---

5　John C. Gagliardo, Enlightened Despotism（Wheel, Illinois: Harlan Davison,
　　1967）.轉引自〔美〕斯蒂芬‧埃裡克‧布隆納：《重申啟蒙：論一種積
　　極參與的政治》，殷杲譯，江蘇人民出版社，2006 年，第 4 頁。

意味著放棄了對進步的追求和對美好的渴望。但對「啟蒙理念」與「啟蒙精神」的認識，也要求我們對於現代的歷史，不是去恪守某種理念，而是保持反思的姿態。

# 三、

中國現代文學對「現代」的厭倦，有與西方一致的地方，也有其自身特點。相一致的地方，主要體現在對「現代」或「啟蒙」所建構起來的認識論的厭倦和反思。《啟蒙辯證法》在論述神話與啟蒙的同一性時，將此作為重要的批判對象：

> 俄狄浦斯（Oedipus）對斯芬克斯之謎的解答：「這就是人！」便是啟蒙精神的不變原型，不管它面臨的是一種客觀意義，還是一種秩序的輪廓，是對邪惡勢力的恐懼，還是對拯救的希望。啟蒙進而把只有整體中才能被理解的東西稱之為存在和事件：啟蒙的理想就要建立包羅萬象的體系。[6]

啟蒙所要建構「包羅萬象的體系」的做法，在「現代性」反思中有了一個別名，那便是「現代性宏大敘事」，中國現代文學研究對「現代」的厭倦，一個重要原因，便是「現代性宏大敘事」的破產：中國現代文學已經很難有一個令人信服的「包羅萬象的體系」對其進行概括，更難以從某一個「整

---

6　〔德〕馬克斯·霍克海默、希歐多爾·阿道爾諾：《啟蒙辯證法》，上海人民出版社，渠敬東、曹衛東譯，2006年，第4頁。

體」對其中的全部現象進行理解。李怡在《中國現代文學史的敘述範式》中借用亞斯貝斯對歷史是「可覽性的整體」[7]的批判，指出中國現代文學史遭遇的無奈現實：「我們不斷『建構』自己的歷史敘述，而這些敘述都不能讓我們完全滿意，各種敘述的『外殼』（框架）總有破碎的機會。」[8]他在文章中將中國現代文學史的敘述範式總結為三種：「新文學」「近代/現代/當代文學」「二十世紀中國文學」，並逐一分析它們存在（已經暴露）的缺陷，更具體展示了現代性宏大敘事在當下文學史研究中的困境和不合時宜。李怡在該文中對中國現代文學敘述範型的概括，主要是從知識範式的角度出發，具體來說側重了歷史觀的技術層面，譬如「新文學」代表了「新/舊」二元的區分方式，它雖然也帶有「進化論」的痕跡，但不及「近代/現代/當代文學」那麼具體和富有層次感，而「二十世紀中國文學」相對而言更具有整體性。這種注重學理的區分方式，有助於在說明問題的同時保證了論述的嚴謹，但由於歷史跨度較大，研究者的可感性並不強。若論及可感性，在「近代/現代/當代文學」的敘述範式中，就曾經出現過「革命史觀」和「啟蒙史觀」的更迭，「重寫文學史」思潮便是兩種史觀更迭中的標誌性事件，而在這兩種史觀中建立的現代性宏大敘事，各自的缺陷明顯而易感。對於前一種敘事，因為政治的需要，諸多作家思潮被排除在「現代」之外，固然「現代」本身具有選擇性，但太多作家作品

---

7　〔德〕卡爾・亞斯貝斯：《歷史的起源與目標》，魏楚雄、俞新天譯，華夏出版社，1989 年，第 307 頁。

8　李怡：《中國現代文學史的敘述範式》，《中國社會科學》，2012 年第 2 期。

被忽略，很難讓人信服。對於後一種敘事，被忽略的作家明顯減少，同時也照顧到文學自身的規律和特徵，但對於左翼思潮有意無意的規避，也導致了一些歷史當事人的不滿。兩種文學史敘述的缺陷，隨著我們對文學史研究的深入，逐漸暴露並得到學界的共識，但怎樣建構一種規避各種缺陷、全面而深刻概括「中國現代文學」的文學史敘述，卻讓人退避三舍。原因與霍克海默和阿道爾諾面對啟蒙時的困境一樣，我們對現代的反思，並沒有走出現代性宏大敘事的認識論基礎，因此雖然發現了諸多缺陷，但無路可走。

　　不過，中國現代文學研究對「現代」的困惑也有與西方不同的地方，那便是中國的「現代」之路從沒有在思想界達成共識，這與中國「後發現代性」國家的身份有緊密關係。今天學界批判「歐洲中心主義」或「西方中心主義」，經常批判一個概念 ——「普世價值」。所謂「普世價值」，字面意思是普天之下都認同的價值，具體來說便是啟蒙運動中形成的一系列價值觀念。啟蒙形成的價值能夠成為普世價值，並形成「中心主義」，在於經過很長時間，它們在西方社會達成了共識並被篤信。儘管在這種理念下出現了資本主義、社會主義乃至更複雜的思想譜系，但都沒有破壞這個思想源頭的整體性。中國學界反思啟蒙，常常習慣從「普世價值」和「中國語境」兩個角度進行[9]。其中，「普世價值」下的反

---

9 2005 年 12 月 15 日哈佛燕京學社與《開放時代》《世界哲學》雜誌社共同組織在北京大學舉辦「啟蒙的反思」學術座談，杜維明、黃萬盛、秦暉、李強、徐友漁、趙汀陽等參加座談，很多學者進行啟蒙的反思時都是從這個角度進行。（《開放時代》，2006 年 3 期。）

思，意即從西方傳統的內部反思啟蒙，這種反思容易達成共識也比較系統，但對於中國知識界而言，理論性、知識性大於可感性。「中國語境」的獨特性，在於它摻雜了太多的複雜性。李澤厚曾經用「救亡」與「啟蒙」來結構中國現代思想史，雖然在今天看來顯得過於簡單，存在各種問題，但它在一個側面指出了中國「現代之路」的複雜境遇，那便是中國的「現代之路」與民族危機的壓力如影隨形，這種狀態勢必影響到中國現代精英的思想和現實選擇。李澤厚觀點依然有效的意義，在於指出對中國「現代」的反思，必須回到具體的歷史語境，簡單借用西方現代反思的成果，可能會隔靴搔癢，甚至造成思想界的混亂。今天看來，李澤厚觀點的不足，在於其對歷史的整體性把握並不符合歷史實際，譬如「救亡」和「啟蒙」，在中國現代並沒有達成思想的一致性，「救亡」包含了多種路徑，「啟蒙」也包含了不同的方式，因為如此，如「救亡壓倒啟蒙」等觀點，自然就有經不起推敲的地方。

　　中國「現代」問題的複雜性，有兩個方面是必須注意的。

　　首先是「啟蒙的結果」與「啟蒙」本身的混雜。由於中、西步入「現代」的時間差，中國開始邁進現代時，「啟蒙的結果」在西方已經琳瑯滿目，並形成獨立的思想體系。可以說，通過打開國門，中國知識份子感受到的最直觀的「現代」，正是啟蒙運動之後的各種成果，成為中國開始尋求「現代」的基礎。所以，在五四時期，各種「主義」百花齊放並非偶然，不同知識份子根據自身經歷和對中國國情的理解，選取不同「主義」，並力圖將它們發揚光大，是必然會出現的局

面。不過，這種情況造成了歷史的含混，也是不爭的事實，不同「主義」之間相互排斥、論爭，讓整個現代變得既不平靜也不理性，成為認識中國現代的難題。我覺得，這種「含混」至少包含兩個層面上的問題：第一是客觀的混亂。簡單說，便是歷史上秉持不同「主義」的知識份子之間，沒有意識到（或無暇顧及）「主義」之間的共同基礎和需要，從而造成互相不能說服的局面。第二是主觀原因造成的混亂。具體說，便是研究者或者因為不瞭解歷史，或者有意回避某些現象，從而形成文化傳播中的混亂。譬如，中國現代文化中出現的所謂「自由主義」和「左翼」的分歧。在歷史當中，這兩派知識份子雖有分歧，但並非水火不容、毫無共識，兩派知識份子同刊發文，在某些問題上保持同一態度的情況屢見不鮮，只是到了「階級鬥爭」思想被高揚之後，因為政治鬥爭的需要，兩派思想存在的共識基礎才被完全抹殺。[10]

　　另一方面是「拿來」與「內需」的混雜。在中國邁向「現代」的路上，「拿來」是個普遍的現象，魯迅的「拿來主義」很好地詮釋了這種現實。的確，這一時期的中國社會，很多思潮、主義、運動都有「拿來」的痕跡，但值得注意的是：第一，並非所有的思想運動都是「拿來」，譬如現代時期的「鄉村自治實驗」就並非來自某種理論或主義，而是基於中國現實的探索和嘗試。就文學來說，如周作人、廢名、卞之琳、沈從文等作家，在接受西方現代文學經驗之後，有意在中國傳統文學資源中汲取給養，也已經開始了自我探索，並

---

10 這個問題，李怡在《20世紀50年代與「二元對立思維」》（《中國現代文學研究叢刊》2005年5期）中有較為詳細的論述。

非全部拿來。第二，在「拿來」的背後也並非「全盤西化」，很多「拿來」都有著知識份子的深刻思考和內在需求。魯迅在《拿來主義》中也並非讓人「隨便拿」，而是根據需要來「拿」，然後物盡其用：

> 他佔有，挑選。看見魚翅，並不就拋在路上以顯其「平民化」，只要有養料，也和朋友們像蘿蔔白菜一樣的吃掉，只不用它來宴大賓；看見鴉片，也不當眾摔在毛廁裡，以見其徹底革命，只送到藥房裡去，以供治病之用，卻不弄「出售存膏，售完即止」的玄虛。[11]

首先是「佔有」和「挑選」，兩個概念的前提，是人的「主體性」的建立；而在接受它們的過程中，不僅要主動，還要有理性的甄別能力，這是非常高的「主體性」了。劉納在論述近代文學的「嬗變」中，提到詩人陳三立的例子，這位清末著名詩人為了創新，不得不在古奧的語言中尋找出路，依靠字詞的陌生感體現文學的創造力，可見傳統文學在近代的無奈。這樣的例子在近代並不罕見，譬如晚清的「新學詩」，在古典詩歌中加入「新學」詞彙，「頗喜撏撦新名詞以自表異」[12]，如以下這首：

冰期世界太清涼，洪水茫茫下土方。

---

11 魯迅：《拿來主義》，《魯迅全集》（第六卷），人民文學出版社，1981年，第39頁。
12 梁啟超：《飲冰室詩話》，人民文學出版社，1959年，第49頁。

**巴別塔前分種教，人天從此感參商。**[13]

　　這首詩的內容已經包含了「現代」意義，譬如基督教時間、世界意識等，標誌著一部分詩人內在精神的轉變，但當這些陌生的詞彙鑲嵌到古典詩句中時，意境全無，美感全無，由此再審視胡適創作的早期白話新詩，真有種「清水出芙蓉」的感受。

　　由於這兩個方面的原因，中國「現代」的特徵變得難以概括。到目前為止，中國現代文學對於「現代性」的概括或反思，都沒有很好地解決這一問題。中國現代文學史研究中出現的「新民主主義革命史觀」「啟蒙史觀」各自存在的偏頗，便是沒有很好澄清「啟蒙的結果」與「啟蒙」的關係問題，所進行的歷史概括陷入表面現象，終究不能自圓其說。中國現代文學史出現的對「現代」的反思，如「全盤反傳統」[14]「落入後殖民主義的陷阱」[15]「譯介的現代性」[16]等觀點，沒有擺脫的問題，便是「拿來」和「內需」的辯證關係，從而將中國「現代」問題簡單化了。因此，中國現代文學中的「現代性」遭遇的問題，不是一種固定秩序形成的壓力，而是仍然是一種「無序」的混亂。

---

13 梁啟超：《飲冰室詩話》，人民文學出版社，1959 年，第 50 頁。
14 代表性看法如林毓生在《中國意識的危機 ──「五四」時期激烈的反傳統主義》（貴州人民出版社，1986 年）中的看法。
15 張法、張頤武、王一川在《從「現代性」到「中華性」── 新知識型的探尋》（《文藝爭鳴》，1994 年第 2 期）中的觀點。
16 劉禾在《跨語際實踐 ── 文學，民族文化與被譯介的現代性（中國，1900-1937）》（三聯書店，2002 年）中的重要概念。

# 四、

　　為什麼經歷百年的反思，中國現代文學的「現代」問題仍然得不到清晰的梳理呢？這種狀態源于中國現代的「未完成狀態」，因為「未完成」，當下學界對其認識的基礎都只是某種中斷歷史的延續，並沒有形成有距離的反思。關於中國現代的「未完成」狀態，很多學者都認識到這一問題，但所表達的意思並不完全一致。譬如高遠東在上世紀 90 代發表的長篇論文《未完成的現代性 —— 論啟蒙的當代意義並紀念「五四」》[17] 其中的「未完成」，實際是對「啟蒙」的堅守。當然，當我們在當下堅持過去的某種思想時，也就意味著歷史的「未完成」，它說明的是當下與歷史之間的連續性。再如李歐梵出版的專著《未完成的現代性》，其中所論述的內容，更準確地講是「被壓抑的現代性」，是一些「現代性」的文學形式或現象沒有充分發展，從而造成「未完成」的狀態。準確地說，兩位作者在使用「未完成的現代性」時，主觀意圖有相當的距離，但在說明中國「現代」的特點時，又具有內在一致性。筆者在此論述的「未完成狀態」，注意到兩種觀點的一致之處，說明的問題是：由於種種原因，中國現代文化沒有得到充分發展，從而造成許多文化現象「被壓抑」或「未完成」的問題。這種狀態增添了歷史審視的難度：一方面，很多歷史文化現象因為沒有足夠發展，真實面目和

---

17 高遠東：《未完成的現代性 —— 論啟蒙的當代意義並紀念「五四」》，
　　《魯迅研究月刊》，1995 年 6、7、8 期（連載）。

實際意義並沒有完全呈現出來，研究者只能根據有限的線索對其進行估測，這種判斷方式對於現代化正在進行中的中國社會來說，是否可靠值得懷疑。另一方面，由於許多歷史文化延續到了當下，當下人在認識歷史時，不可避免受到這些文化因素的影響，從而影響對歷史的判斷。

這在中國現代文學研究的過程中，是非常明顯的兩個問題。對於第一個問題，關於五四新文化運動的反思頗能說明問題。很長時間以來，學界對五四新文化運動的認識，都繞不過「反傳統」的判斷，或因此強烈認同，或對此嗤之以鼻，如果在「反傳統」之前加上「全盤」的定語，所引起的學界反應更加強烈。然而，「反傳統」真的是五四新文化運動的典型特徵嗎？這其中至少有以下因素需要考慮：首先，「反傳統」是不是現代文化的根本特徵？在歷史上，在時代轉換的時期，都會有「反傳統」的聲音，而這些「反傳統」都不過是暫時現象，當某種「傳統」的壓力消失後，「反傳統」的聲音也自然煙消雲散。五四新文化運動的「反傳統」，是那個特定時期產生的現象，還是現代文化根本的特質，唯有經過時間的洗禮才能說明。其次，何為「傳統」？「傳統」在現實生活中有多種表現形式，一種形式是可以看到的文化經典，一種形式是約定俗成的習慣或儀式，而後者常常包含著現實的權力關係。五四「反傳統」是反對中國的文化經典，還是反抗某種現實權力？也是需要澄清的內容。最後，「反傳統」與「延續傳統」是否一定是對立的關係？至少在五四時期的文化人身上，我們能夠感受到兩者的統一。五四新文化的宣導者，如魯迅、胡適、周作人、郭沫若等人，在五四

時期都曾經激烈地反過傳統，但今天在傳統文化研究領域，他們又是繞不過去的「國學大師」。這些因素不曾被廣泛關注，原因在於由五四開啟的「新文化」，在中國社會還沒有充分發育成熟，因此其自身的多層次性也沒有充分展露出來，誤解和不周全的判斷自然會相伴出現。

　　對於第二個問題，我們可以在中、西關於「現代」反思的態度差別中感受到。在西方，無論是叔本華、尼采，還是霍克海默和阿道爾諾，他們的反思言論中，我們能感受到一種悲觀和絕望；相反，在中國學者對「現代」的反思言論中，我們常常感受到一種激情和戰鬥氣息。哈貝馬斯評論《啟蒙辯證法》時，嘲諷他的兩位前輩「加入『悲觀』作家的行列」[18]，它所指稱的「資產階級『悲觀』作家」，包括薩德、尼采和本雅明等人。其實，如果我們將視野擴大到整個西方「現代派」文學，這種「悲觀」情緒的感受會更加強烈，波德賴爾的「惡之花」、艾略特的「荒原」、卡夫卡的「城堡」等等意象，都散發著令人窒息的絕望感。強烈的「悲觀」或「絕望」，是經歷過絕對「樂觀」後的正常反應，因為「啟蒙」曾經成為信仰，才會有信仰之後的撕心之痛，如果「啟蒙」並沒有被全社會普遍接受，「革命尚未成功」，又何來悲觀與絕望呢？中國學界對「現代」的反思正處於這種狀態，從「以階級鬥爭為綱」到「實現四個現代化」，從追求「現代性」到追求「中華性」，在重大的歷史反思中，沒有悲觀，更多的是戰鬥的激情。譬如在「重寫文學史」思潮中，陳思

---

18 〔德〕哈貝馬斯：《啟蒙與神話的糾纏：霍克海默和阿多諾》，《現代性的哲學話語》，曹衛東譯，譯林出版社，2008年，第109頁。

和強調：「要改變這門學科原有的性質，使之從從屬於整個革命傳統教育的狀態下擺脫出來，成為一門獨立的、審美的文學史學科。」[19]顯然在陳看來，「重寫文學史」才是文學史研究的正軌。在 20 世紀 90 年代初的「現代性」批判中，張法、張頤武、王一川認為：「中國『他者化』竟成為中國的現代性的基本特色所在，也就是說，中國現代變革的過程往往同時又呈現為一種『他者化』的過程。」[20]在三位的眼裡，他們是發現了歷史中的「驚天陰謀」── 糾正了錯誤，當然就有了希望。所以，中國對「現代」的反思，並沒有「悲觀」和「絕望」，若論根本原因，便在於我們還處於追求「現代」的進程當中，大家爭論和關心的問題是「怎樣現代」，還談不上對「現代」的根本絕望。

　　哈貝馬斯概括西方對「啟蒙」的反思，認為存在著「意識形態反思」和「理性反思」兩個層面。如果根據哈貝馬斯的觀點來審視中國學界對「現代」的反思，會發現已有的反思成果，基本沒有超越「意識形態反思」的層面。哈貝馬斯在概括「意識形態批判」時，認為它具有以下特徵：

> 理論的有效性沒有完全從它的發生語境中分離出來，理論的背後還隱藏著權力與有效性不應有的混雜，而且，理論也因此而獲得了自己的聲譽，那麼，批判就變成了意識形態批判。意識形態批判試圖指出

---

19 陳思和：《筆走龍蛇》，山東友誼出版社，1997 年，第 109 頁。
20 張法、張頤武、王一川：《從「現代性」到「中華性」── 新知識型的探尋》，《文藝爭鳴》，1994 年第 2 期。

的是：在意義關聯和現實關聯之間進行明確區分的基礎上，這些內在關係與外在關係是怎樣混合起來的——這些關係之所以出現混亂，原因在於，有效性要求是由權力關係來決定的。意識形態批判自身並不是一種可以與其他理論並列而行的理論，相反，意識形態批判純粹是對特定理論命題的運用。依靠這些理論命題，意識形態批判對遭到懷疑的理論的真實性提出質疑，為此，它揭示了這些理論的非真實性。[21]

這裡概括了「意識形態批判」的物件和形式問題。在對象上，「意識形態批判」針對了「權力與有效性不應有的混雜」，通俗地講，便是理論的限度問題。譬如「重寫文學史」對「庸俗社會學」的批判，便屬於這個問題，強調文藝的階級性在中國現代文學史上具有不可或缺的意義，如魯迅對梁實秋「永恆人性論」的批判，至今仍顯示出積極的意義，但這種有效性與其發生語境密不可分，超出了其使用的範圍，就會出現新的弊端。在形式上，「意識形態批判」的作用在於「揭示」，一方面是揭示其真實性，另一方面則指出其背後的權力關係。「重寫文學史」的功能也在於此，它的出現揭示了「庸俗社會學」的非真實性，同時指出其發生的根源。

在哈貝馬斯看來，在「意識形態批判」本身也要遭到質疑的時候，對「啟蒙」的反思，必然進入到對「理性」進行反思的層面。也就是說，當學界意識到「根本就不存在行之

---

21 〔德〕哈貝馬斯：《現代性的哲學話語》，曹衛東譯，譯林出版社，2008年，第 119-120 頁。

有效的抽象的規範和目標，可以用來代替現實的規範和目標」，「意識形態批判」的基礎就徹底破滅了，轉而批判只能指向更深層次的理性。哈貝馬斯在《啟蒙辯證法》中看到的，便是「總體性批判」以及這種批判存在的難以克服的內在矛盾。中國學界對「現代」的反思，其實已經意識到「意識形態批判」的弊端，就文學研究而言，在學界完成對「文學性」的批判之後，如何建構文學史便成了難題，因為沒有一個框架完整而合理地囊括整個中國現代文學。但中國學界並沒有出現對「理性」本身進行反思的思潮，具體到文學上，便是對「文學史」本身進行徹底反思。這一方面緣于現實的政治原因，另一方面還出於對「理性」和「現代」的渴望，文學研究依然存在著對「總體性」的需求。

　　說到這裡，我們大概就能夠明白，研究者感受到「現代」秩序的壓力，根本上是對有限秩序背後權力博弈的厭倦。因為中國現代處於「未完成」的狀態，因此「任何對中國現代性的判斷和認知，都帶有對未來中國道路做出選擇的意味和假設，也無不帶有對於當下政治的表態和評判」[22]，這使得關於中國「現代」的討論，已經超出了學術的範疇，變得異常敏感。這從另一個角度，又證明了中國現代「未完成」的現實，正因為「未完成」，對其進行任何「完成式」的探討，都帶有某種主觀選擇性，背後必然包含了某種權力博弈的關係。在某種程度上來說，中國現代文學史關於「現代」的種種討論，從來都不是知識份子或學者自主認知的結果，從「革

---

22　周維東：《再談「民國」的文學史意義 —— 以延安時期文學研究為例》，《學術月刊》，2014 年 3 期。

命式」的文學史到「啟蒙式」的文學史、從追求「現代性」
到追求「中華性」，每一次具有革新意義的文學史觀念出現，
背後都有著中國政治改革的身影。

# 五、

　　「民國文學」出現之初，一度讓人覺得「民國」的意義
在於取代「現代」。這當中有較為現實的因素，「中國現當
代文學」作為一個學科，時間跨度已逾百年，而且因為這個
概念的開放性，不斷增加的內容在未來勢必壓垮學科所能容
納的概括性。但這並不是問題的關鍵，因為即使中國現當代
文學跨度過大，需要進行分解，但是不是必須使用「民國文
學」的概念？有沒有必要在當下使用這個概念？都值得再思
考。一個更重要的推動力，是後現代理論對「現代性」的批
判，讓學界開始對「客觀化」文學史心有戚戚。所謂「客觀
化」文學史，在中國現代文學史研究中，便是放棄「現代性」
的規定性，還原歷史的「無序」本相，從而使文學史獲得極
大解放。這種看法在之前也有提倡，譬如出現過的「現代中
國文學史」「現代漢語文學史」等等，都有這方面的意圖，
但這些命名方式都沒有「民國文學」更徹底：「現代中國文
學史」依然受到「現代」的限制，「現代」起止於何時？依
然離不開歷史建構的過程；「現代漢語文學史」也包含著偏
見，為什麼一定只研究「現代漢語」的文學，現代人的「舊
體」創作算什麼？也不好說。只有「民國」最為明確，「中
華民國」在大陸存在的時間十分明確，而且不限於「現代漢

語－古代漢語」「新體－舊體」，統統一網打盡，無疑作為「客觀化」文學史的實踐，它最為徹底。

關於「客觀化」文學史在研究中可能存在的問題，本書在後面的章節中將有專章探討，此處想討論的問題是：放棄現代性追求的「客觀化」，是否能夠解決中國「現代」遭遇的問題？問題的關鍵，是中國現代文學研究是否需要「總體性」。「客觀化」文學史與之前種種文學史觀念的差別，在於從根本上放棄了「總體性」。「總體性」與「現代性宏大敘事」有類似之處，它們都強調從整體出發把握局部事物，不承認有脫離整體的局部事物存在，但二者也有不同之處，「總體性」屬於把握事物的基本態度，而「現代性宏大敘事」則更強調用「總體性」把握事物的結果。西方後現代性理論對「現代性宏大敘事」的批判，同時也完成了對「總體性」的批判，但在中國對此二者的批判是否可以同時完成，有待於我們對過去種種關於中國現代文學的「宏大敘事」檢討出發。

不可否認，曾經出現的關於中國現代文學（文化）的種種概括，不管是最初的「新文學史」，還是之後出現的「革命式」「啟蒙式」現代文學史；對中國現代文學（文化）整體特徵的種種概括，不管是「現代化」「反現代性的現代性」[23]「一體化」[24]，還是「中國文學的抒情傳統」[25]，背後都存在著不盡如人意的偏頗之處。但也不可回避，這些關於中國

---

23 汪暉：《當代中國的思想狀況與現代性問題》，《天涯》，1997 年 5 期。
24 洪子誠在《中國當代文學史》（北京大學出版社，1999 年）中的核心觀點。
25 20 世紀 60 年代留美學者陳世驤提出，初見於他在美國亞洲學會年會的演講稿《中國的抒情傳統》。在他的影響下，王德威、陳國球等學者將之應用到中國現代文學研究當中。

現代文學（文化）的認識，豐富了學界對「現代」的認識，經過這些「宏大敘事」，我們對歷史的認識不是更加混亂，而是更加深入、更加清晰。

出現這種狀況並不奇怪，因為中國「現代」處於「未完成」的狀態，它所呈現出來的狀態，不是某種明晰的結果，而是包含著多樣的可能性。針對這些可能性，「宏大敘事」的單線條結構雖然不符合這種歷史結構，但「總體性」卻是必不可少的思維方式，只有通過「總體性」，歷史包含的豐富可能性，才可能被發現並被呈現。相反，「客觀化」文學史對於中國現代文學研究的深入其實一籌莫展，面對你中有我、我中有你的文學現象，客觀化只會讓歷史本身的「無序」變得更加混亂，不會有更多的意義。譬如中國現代文學史上兩位巨匠 —— 胡適和魯迅，要充分認識他們所代表的文化傳統，只有在現代文化的「總體性」當中，才可能實現。原因很簡單，因為他們所代表的文化傳統，都是現代文化不可缺少的一部分，只有在這個前提下認識某個個體，這種文化傳統的意義和不足才能得到清晰的呈現。反之，在「客觀化」的背景下，單獨研究胡適或魯迅，都有可能只注意到他們身上的有意義之處（或者反之），就會在現實生活中形成文化的割裂，這樣的結果，只會讓文學史變得更加混亂，一種觀點與另一種觀點之間，更加沒有對話的空間。

說到這裡，我們也需要對西方後現代理論有辯證的認識。想到「後現代」，常常想到的詞語是「解構」「祛魅」「戲謔」等等，似乎「後現代」追求的只是無序的狂歡，這種理解存在很大的誤區。「後現代」理論的確批判「邏各斯」

「中心主義」，但其基礎是因為他們認識到理性的局限和不合理之處，批判是為了建立更加合理的秩序。譬如福柯對理性的批判，是因為它感受到如「瘋狂」等非理性現象，不過是理性對不能認知事物的排斥、批判的結果，批判理性是為了讓人類具有更廣闊的生存空間。所以必須承認，「後現代」也是啟蒙的結果之一，只有出現成熟的個體，才會形成差異需求，也才會有後現代理論的基礎。「後現代」理論在現代已經十分成熟的西方，無疑具有解放的意義，但對於現代「未完成」的中國，並不一定有這樣的作用，這值得學界警醒。

# 六、

在現代「未完成」的狀態下，更準確地說，在「現代」依然有效的背景下，「民國文學」的存在價值在何處呢？我的回答是：「尋找未完成的現代性」。「未完成的現代性」是現代性（啟蒙）受到激烈抨擊時，一部分學者做出的判斷，借此表達某種立場或某種理論。對於中國現代文學研究來說，「未完成的現代性」對於挽留現代、堅持啟蒙，保持學科的生命力有不可或缺的意義，但它對於解決學科面臨的問題，推動學科向前發展，並沒有開闢出一條新的道路。在我看來，如果「現代」代表了一種進步，如果我們不想在西方現代性的背後亦步亦趨，「未完成的現代性」還需要不斷去「尋找」。

尋找未完成的現代性，就是要全面考察和梳理中國現代歷史出現的現代性探索，考察它們與時代的聯繫，以及得失成敗，從而為「未完成的現代性」找到更理性的出路。對於

並不漫長的中國現代，學界似乎瞭解了全部的歷史，但實際並不是如此，「民國文學」提出後出現的一批研究成果，令人耳目一新之處，在於它們指出了過去歷史認識中的誤區或盲區。張中良在提出「民國史視角」時，對過去很多歷史看法提出質疑，其中如「辛亥革命失敗了嗎？」的質疑，矛頭直指中國現代史上一個常見的誤區 —— 或者說需要重新認識的地方。「辛亥革命失敗了」，是中國歷史教科書中確定無誤的「知識」，也成為很多歷史研究者常常直接引用的「常識」，幾乎沒有對這種判斷進行過質疑。一次革命成功或失敗，歷史對它做出某種判斷，都需要一個標準，「辛亥革命失敗」背後的標準是什麼？是否合理？並非沒有理性思考的空間。對一個學者來說，使用某種歷史判斷，有必要對其判斷的前提有所警醒，否則在此基礎上得出的新的研究結論就站不住腳。很長一段時間，對於魯迅的小說，我們常常有「反思辛亥革命失敗的原因」的說法，問題不僅是「辛亥革命是否失敗」，還應該考慮到在魯迅的眼裡辛亥革命是否失敗了，如果沒有考慮到這兩個因素，又何來魯迅「反思」之說呢？「辛亥革命失敗說」的背後，是新民主主義革命史思維對學界的長期影響，如果不破除這些歷史上的觀念壁壘，就不能保持理性的心態，去完成「未完成的現代性」。

　　「民國機制」的提出者李怡與「民國范兒」的提出者丁帆，讓我們看到尋找「未完成的現代性」另外的必要性和可能。「民國機制」指導下的研究實踐，注重在文學與民國政治、經濟、法律、教育、軍事等諸種因素之間，發現它們的豐富聯繫。從已經出現的研究成果看，很多歷史的細節都給

人豐富的啟示，譬如李哲關於北京大學專業「分科」與新文學建設關係的考察[26]，以一個微小的細節，讓人看到新文化發生前後，中國社會的微妙變化以及對文學的影響。王永祥關於《新青年》上「國家主義」的探討[27]，發現了五四新文化運動之前豐富的思想湧動。類似的成果還有很多，而且我相信隨著研究的深入，還會有新的成果湧現出來。為什麼中國現代文學研究還存在如此多的空白呢？這還需要在我們的研究史中去找原因，中國現代文學史在學科建立之初，因為與「新民主主義革命史」在時間上有較大重合，受這種史觀影響是必然的結果。在這種史觀指導下，文學與社會（包括政治、經濟、法律等很多內容）的豐富聯繫被單一化、固定化，研究者很難從這種史觀中抽身而出，發現文學史更多豐富之處。在革命史觀受到批判後，「重寫文學史」開創的文學史觀強調「文學史」的獨立性和自足性，對文學與社會的聯繫保持警惕，這實際也限制了學界對二者豐富性的探索。正因為以上這些原因，文學與社會之間豐富的聯繫，其實被擱置下來，而這些內容，也是完成「未完成的現代性」需要搞清楚的內容。「民國范兒」引出的，是另一個重要內容── 文學（文化人）的精神氣質。在古典文學研究中，文學（文化人）的精神氣質是重要的考察物件，譬如文學史常使用的概念：「建安風骨」「盛唐氣象」「魏晉風度」等等，都說明了這種內容。文學的精神氣質，是文學史應該考察的

---

26 李哲：《「分科」視域中的北京大學與「新文化運動」》，《文學評論》，2013 年 2 期。

27 王永祥：《〈新青年〉前期國家文化的建構與新文學的發生》，《文學評論》，2013 年 5 期。

重要物件，為什麼這個時代的人物會體現出趨同的精神氣質，而在這個時代結束後，這種精神氣質也隨之改變？其中有豐富的內容值得探索。

為什麼尋找「未完成的現代性」，在「民國文學」中反而獲得了極大空間？問題的關鍵在於兩個方面：首先，在「尋找未完成的現代性」中，「現代性」的內涵發生了變化，它不再是單一的宏大敘事，而是包含著差異的具體實踐，「現代」的總體性只是代表一種進步的傾向，而不在於某種具體所指。在這種「現代性」視野下，五四新文化運動也只是若干「現代性」實踐中的一種，並不存在所謂「主流－支流」「中心－邊緣」的說法，「未完成的現代性」獲得一個廣闊的展示空間。其次，「民國文學」是一種「空間化」的文學史結構，便於展示歷史的豐富性。現代性宏大敘事的局限性，在於它是一種線性的文學史結構，在這種文學史結構中，歷史的豐富性能夠得到一定的揭示，但它必然會有所偏重和選擇，形成「主流－支流」「中心－邊緣」的存在，對於那些「支流」或「邊緣」，文學史很難給予充分的關注。空間化的文學史研究則不同，它注重的是歷史的寬度，將同一時期文學納入同一平臺，側重考察其中的橫向關係，在這種結構下，線性文學史被忽略的很多部分將被照亮。

在「民國」重識「現代」，重點是回到中國語境，梳理民國時期文學背後紛繁複雜的歷史。「現代」不是一個外來的標準，也不是恪守某種理念，而是要尋找，只有更深刻地理解了歷史，才可知「未完成」的中國現代的來龍去脈，才能更堅定地走向未來。

# 上編　空間的史學

# 引　論

　　新世紀伊始，中國現代文學研究界出現了力圖用「民國」來重新結構、研究中國現代文學史的設想或實踐，它主要包括三種聲音：「民國文學史」[1]「民國史視角」[2]和「民國機制」[3]。為了便於把握這一新出現的研究現象，本文將之統稱為「民

---

1　據李怡先生考證，「民國文學」的最早提出者為陳福康，在《「現代文學」，應該退休的學科名稱》中，陳先生提出了「民國時期文學史」的概念。2003年，張福貴先生在《從意義概念返回時間概念 ── 關於中國現代文學史的命名問題》中（《文學世紀》〈香港〉，2003年4期）提出「中華民國文學」的概念。之後，湯溢澤、廖廣莉、楊丹丹、趙步陽、陳學祖、李光榮、王學東等學者發表文章支持用「民國文學」代替「中國現代文學」。2011年，丁帆先生連續撰文支持「民國文學史」的提法，代表文章有《新舊文學的分水嶺 ── 尋找被中國現代文學史遺忘和遮蔽了的七年（1912-1919）》（《江蘇社會科學》，2011年1期）、《給新文學史重新斷代的理由 ── 關於「民國文學」構想及其它的幾點補充》（《中國現代文學研究叢刊》，2011年3期），「民國文學史」的構想再次受到廣泛注意。

2　「民國史視角」的提出者張中良先生（筆名秦弓），在論文《現代文學的歷史還原與民國史視角》（《湖南社會科學》，2010年1期）、《三論現代文學與民國史視角》（《文藝爭鳴》，2012年1期）中，系統論述了「民國史視角」的意義和針對問題。

3　「民國機制」的提出者李怡先生，最早在論文《「五四」與現代文學「民

國視野」。準確地講，「民國視野」的三種聲音在研究目的、研究思路和文學史觀上有很大的差異，將它們歸於一類並不科學，但由於三種聲音都尚處於構想階段，還沒有推出體現個性色彩的具體研究成果，又因為三種聲音都是以「民國」作為研究和構想的出發點，本文暫以這種方式統稱。

從大文化的視野出發，大陸中國現代文學研究中出現「民國視野」並不偶然。就在「民國視野」出現前後，大陸文化界出現了一股「民國熱」，民國題材的圖書、電視劇、電視節目、雜誌欄目等等，雖不能說鋪天蓋地，但至少是絡繹不絕；民國人物、民國故事、民國情調、民國範兒……一時之間，成為街談巷議的熱門話題。大陸「民國文化熱」出現的原因很多，其中政治語境的鬆動是最根本的原因，只有「民國」「國民黨」不再成為禁忌，才有可能成為公共話題。「民國視野」的出現也離不開政治語境的寬鬆，如用「民國文學史」取代「中國現代文學史」、在研究中採用「民國史視角」、探索中國現代文學的「民國機制」，在過去都是極為禁忌的事情。

不過，「民國視野」出現的根本原因還是出於學科發展的需要，更確切地說，是不滿於既有研究框架而做出的調整和探索。研究框架是一個學科內部確定研究邊界、承載問題譜

國機制」的形成 》(《鄭州大學學報》(哲學社會科學版)，2009 年 4 期)中使用了「民國機制」的概念，在論文《民國機制：中國現代文學的一種闡釋框架》(《廣東社會科學》，2010 年 6 期)中，「民國機制」得到系統論述。與此同時，四川大學主辦刊物《現代中國文化與文學》自第 9 輯開始創辦「文學的『民國機制』」專欄。2011 年在雲南召開「民國經濟與中國現代文學」專題學術研討會，《文學評論》《北京師範大學學報》《山東師範大學學報》等雜誌給予關注。

系的平台，它由學科的性質所決定，同時反映一個時期學者對自身學科的認知。大陸中國現代文學研究自學科建立之後，大致經歷了「政治革命史研究框架」和「社會文化史研究框架」兩個時期。在前一個階段，中國現代文學被認為是中國新民主主義革命史的一部分：「中國新文學史既是中國新民主主義革命史的一部分，新文學的基本性質就不能不由它所擔負的社會性質來規定」，「這種新民主主義革命的性質和路線也就規定了中國新文學的基本性質和發展方向。」[4]在這種研究框架下，「民主革命勝利初期的時代氛圍和社會心理」[5]不免要對研究產生影響並形成偏見，用政治態度取代文學眼光來選擇作品、評價作品，也就成為文學史研究和寫作中不可避免的現象。20 世紀 80 年代以後，「改革開放」引發了中國現代文學研究框架的變革，學人們紛紛擺脫政治革命史框架對研究的束縛，從社會文化史的角度重新審視中國文學的現代化問題。「所謂『現代文學』，即是『用現代文學語言與文學形式，表達現代中國人的思想、感情、心理的文學』」，「這樣的『文學現代化』，是與本世紀中國發生的『政治、經濟、科技、軍事、教育、思想、文化的全面現代化』的歷史進程相適應，並且是其不可缺少的有機組成部分」[6]。很顯然，這個研究框架突出了文學的獨立性和自足性，它力求最大程度

---

4 王瑤：《中國新文學史稿·緒論》，《王瑤全集》，河北教育出版社，2000 年，第 40 頁。
5 王瑤：《中國現代文學三十年·序》（修訂本），北京大學出版社，1998 年，序 1 頁。
6 錢理群、溫儒敏、吳福輝：《中國現代文學三十年·前言》（修訂本），北京大學出版社，1998 年，前言 1 頁。

避免政治對文學研究的干擾，突出文學自身的規律和特點。社會文化史研究框架極大地激發了中國現代文學的活力，特別是其對西方「現代化」和「現代性」理論的借用，使中國現代文學研究從純粹革命史的視角中擺脫出來。但值得注意的是，雖然社會文化史研究框架衝擊了政治革命史研究框架，但在一些中國革命的敏感問題上，歷史的禁忌依然存在，譬如：如何看待辛亥革命的文學史意義，如何看待國民黨主導下的文藝思潮和文學創作等問題，文學史研究還是諱莫如深。

　　然而，社會文化史研究框架在上世紀 90 年代又遭遇到腹背受敵的困境。首先是其強調文學自律的「純文學」立場受到質疑：在實踐層面，一些研究者對「純文學」立場上自由主義作家過於走紅、左翼作家普遍受到壓抑的格局表示不滿，以此為出發點，很多學者在「純文學」的背後透析出另外的政治意識形態；在理論層面，理論家們引用伊格爾頓「審美意識形態」，更進一步指出「純文學」的虛妄性，通過「知識考古」的方式，也探索出「純文學」背後的真實用意。對「純文學」立場的質疑，打破了一部分研究者企圖將「文學」與「政治」完全剝離的幻想。

　　在另一個側面，一些研究者則對社會文化史研究框架下的「現代性」話語表示質疑。社會文化史框架下的中國現代文學研究在進入上世紀 90 年代後，「現代性」成為最炙手可熱的理論話語，學科存在的意義需要用「現代性」來闡釋，作家作品的成就也是用「現代性」來評價。依託這個詞語及其背後的理論，中國現代文學研究似乎找到了既能內在統一又能與世界接軌的最佳尺規。然而這個「尺規」並沒有通行

很久，伴隨後現代主義理論在中國的傳播，一批學者借用「後殖民主義」理論，指出中國現代文學的「現代性」不過是「『他者化』的現代性」[7]「被譯介的現代性」[8]，總之以此對中國現代文學的合法性產生懷疑。「現代性」成為中國現代文學的「原罪」自然引起諸多學者的不滿，很多學者重新梳理西方現代性知識譜系，力圖對中國文學的「現代性」進行重新解讀。由於學者們「現代性」標準的差異和對中國現代文學的表面理解，現代性陷入「歧義叢生」[9]，該書認為之前在中國學界出現的「現代性批評話語」至少有四重含義，而且各種含義相互膠著，致使「現代性」概念極度模糊的境地。最終，大陸的「現代性」話語自己解構了自己。

「現代性」話語的破產，使一部分學者力圖對中國現代文學史的「現代」規定性發起挑戰，如果「現代性」不過是被建構起來的神話，那麼「現代」就應該僅僅是一個時間概念。落實到文學史構建上，一些在中國現代時期出現的舊體詩詞、通俗文學，數量大、影響面廣，過去沒有被納入中國現代文學史，現在就應該理所當然納入文學史的框架內；其次，由於過去「現代」的規定性，「中國現代文學」是一個半開放式的結構，導致了「不能承受之長」的問題，如果「現

---

7　參見張法、張頤武、王一川：《從「現代性」到「中華性」 —— 新知識型的探尋》（《文藝爭鳴》，1994 年 2 期）。該文稱：「中國『他者化』竟成為中國的現代性的基本特色所在，也就是說，中國現代變革的過程往往同時又呈現為一種『他者化』的過程。」

8　劉禾：《跨語際實踐：文學，民族文化與被譯介的現代性（中國，1900-1937）》（修訂譯本），宋偉傑等譯，生活·讀書·新知三聯書店，2008 年。

9　參見李怡：《現代性：批判的批判 —— 中國現代文學研究的核心問題》（人民文學出版社，2006 年）

代」僅僅是個時間問題，這個問題也得到了解決。「現代」神話破滅的最終結果，引發了大陸學界編寫「中國現代文學史」的熱潮，在「文學史多樣化」的旗幟下，各個高校、各個出版社都競相組織出版文學史著，一時之間，出現了幾十種不同版本的文學史。文學史著的大量出版，有商業利益的考慮，但因「現代性」神話破滅而造成「文學史」神聖地位的淪落是更重要的原因。當然，在眾多的文學史中，也不乏編寫者希望在文學史「亂局」中異軍突起，為中國現代文學確立一個新的框架。

　　新世紀以來的中國現代文學研究，便是在既有研究框架相繼破產的境況下進行：舊的「政治革命史研究框架」的積弊尚未完全解決，新的「社會文化史研究框架」又出現了諸多問題。在此境況下，學者們都在尋找能夠推進學科發展的新的研究框架，「民國視野」便是在這種背景下成為中國現代文學研究中的新現象。不過，這種視野下的各種聲音針對的問題、思考的方式並不相同，它們究竟能為現代文學提供哪些突破，需要從學科史的角度進行深入探析。

# 第一章　對「文學性」的反思

　　1988 年，陳思和和王曉明在《上海文論》主持並開闢「重寫文學史」專欄，至次年專欄結束，共發表 40 餘篇重評 20 世紀中國文學重要作家及作品的文章，在文學界掀起了「重寫文學史」的大討論。關於「重寫文學史」的目的，陳思和與王曉明在「主持人語」中有明瞭的表述：「要改變這門學科原有的性質，使之從從屬於整個革命傳統教育的狀態下擺脫出來，成為一門獨立的、審美的文學史學科。」陳思和：《筆走龍蛇》，山東友誼出版社，1997 年，第 109 頁。在此基礎上，「重寫文學史」還提出了從「文學角度」研究文學史的方法：「從文學角度進行的現代文學史研究的方法也就必然要和那種政治學的方法不同，它的出發點不再僅是特定的政治理論，而更是文學史家對作家作品的藝術感受，他的分析方法也自然不再僅是那種單純的政治和階級分析的方法，而是更深入運用各種不同的方法，尤其是審美的分析方法。」[1]現在看來，「重寫文學史」之所以能在當時受到廣泛關注，並成為當今文學史研究的一面旗幟，關鍵在於它明確地提出了將文學與政治文化進行分離的意願和想法，傳達了

---

1　王曉明、陳思和：《主持人的話》，《上海文論》，1989 年第 6 期。

時代的心聲。

　　熟悉「重寫文學史」掌故的學者都知道，在陳思和與王曉明在《上海文論》開闢專欄之前，陳平原、黃子平和錢理群對於「二十世紀中國文學」的三人談，已經涉及「重寫文學史」的問題（只是沒有明確提出這種概念）。在他們的三人談中，對於 20 世紀中國文學的發展理念，他們摒棄了以往文學史堅持的「新民主主義革命論」和「反帝反封建論」，提出了「文學現代化」的概念：「就是由上世紀末本世紀初開始的至今仍在繼續的一個文學進程，一個由古代中國文學向現代中國文學轉變、過渡並最終完成的進程，一個中國文學走向並匯入『世界文學』總體格局的進程，一個在東西方文化的大碰撞、大交流中從文學方面（與政治、道德等諸多方面一道）形成現代民族意識（包括審美意識）的進程，一個通過語言的藝術來折射並表現古老的中華民族及其靈魂在新舊嬗替的大時代中獲得新生並崛起的進程。」[2]在這種論述中，文學首次脫離了「政治經濟」（新民主主義革命論）和「革命」（反帝反封建論）束縛，成為文學史的主角，雖然這只是一種文學史的設想，其實質的內涵就是要將文學與政治文化進行分離。

　　20 世紀 80 年代「重寫文學史」將文學與政治文化分離，在文壇形成了「純文學」和「文學性」的神話，即將文學認知為一種完全獨立自足的藝術，不能與政治或權力發生任何關聯。這種文學史觀在 20 世紀 80 年代力圖讓文學擺脫政治

---

2 黃子平、陳平原、錢理群：《論「二十世紀中國文學」》，《文學評論》，1985 年第 5 期。

束縛的特殊語境中有著不可磨滅的意義，但由於太過於強調文學的自足性，因此「再一次顛覆了『文學史』」[3]。「文學性」神話在 20 世紀 90 年代達到頂峰，它不僅對於清除之前的「庸俗社會學」仍有效果，又恰逢消費文化和圖像文化的興起，兼具守護文學「疆界」的功能。然而，隨著文學史研究的深入，這種「自律」日益成為文學研究的一種負擔，需要對其存在的問題深入反思。

## 一、「文學性」的中國譜系

「文學性」作為一個術語，首先出現在俄國形式主義批評家的文論中。由於不滿歷史主義文學研究方法對文學批評的強烈干預，形式主義批評家試圖將文學與社會、文學與政治、文學與文化等一切外在因素割裂開來，認為文學之所以存在是因為「文學性」存在：「文學科學的對象並非文學，而是『文學性』，即使一部既定作品成為文學作品的特性。」[4]在俄國形式主義者看來，「文學性」的秘密就在文學的形式之中，更具體地說就是文學語言。俄國形式主義對「文學性」的論述汗牛充棟，其對語言哲學及結構主義和後結構主義的影響功不可沒，但在文學研究中是否合理卻引起眾說紛紜。儘管如此，俄國形式主義批評家提出的「文學性」觀點是第

---

3　曠新年：《「重寫文學史」的終結與中國現代文學研究轉型》，《南方文壇》，2003 年第 1 期。

4　〔加〕馬克·昂熱諾等：《問題與觀點：20 世紀文學理論綜論》，史忠義、田慶生譯，百花文藝出版社，2000 年，第 30 頁。

一次對文學本身進行本質主義研究，「文學性」的存在為其後學者堅持「文學獨立性」「文學自足性」提供了充足證據。

　　「文學性」在中國文學批評界廣泛出現肇始於 20 世紀 80 年代中期，其意義指「文學的自足性」，因此常常與當時另一活躍術語 ──「純文學」孿生出現。（在 20 世紀 80 年代，「文學性」與「純文學」是同構關係。）80 年代出現的「文學性」和「純文學」，用現在的眼光加以甄別，實際包含了兩種含義：一、文學審美具有獨立性；二、文學在審美獨立的前提下可以進入社會公共話題的建構和討論。這是 20 世紀 80 年代中國文學批評界出現的「文學性」與俄國形式主義批評家提出的「文學性」不同的地方，它沒有割斷文學與社會、文化等外界因素的聯繫，因此在指導創作實踐上擁有巨大的靈活性。縱觀在「文學性」和「純文學」口號後中國出現的文學：反思文學、尋根文學、先鋒文學等等，莫不具有豐富的審美內涵和巨大的社會文化影響力，這些文學絕不是在象牙塔內就可以編造出來的。但 20 世紀 80 年代「文學性」和「純文學」的雙重內涵並不是並列結構，而是因果關係：因為文學審美具有獨立性（自足性），所以在保證審美獨立前提下文學題材可以自由馳騁，當然可以參與社會公共話題的建構和探討。其實，在 20 世紀 80 年代的文學接受者的內心裡，也可以說是因為文學可以獨立的參與社會公共話題探討，因此文學審美才具有獨立性，文學才具有自足性。但作為一種政治修辭，20 世紀 80 年代的「文學性」和「純文學」表述者只認可前者的邏輯關係，因為這個概念「我們是針對文革帶來的極端的意識形態，政治對於文學構成的一

種困境，當時是為了擺脫這種困境才提出的」。「在八十年代也存在著文學與政治的關係。我們遮蔽了它，遮蔽是帶有策略性的，因為我們處的位置不便點破。但是，實際上遮蔽了文學與政治的關係以及文學與權力的關係。」[5]

　　如果對 20 世紀「文學性」再進行「譜系學」的探源，「文學性」在中國出現的淵源可以追溯到上世紀 20 年代出現的革命文學批評。在革命文學批評中，文學批評的整體性被撕裂，成為有前後秩序的兩個部分：「這是說：當我們批評一種文藝作品的時候，在檢查它的結構和技巧之成功與否以前，應該先分析這個作品是反映著何種的意識」。[6]這種文學批評範式在 40 年代延安文學和建國後十七年文學和「文革」文學中得到延續並強化。此時，「文學性」的代名詞就是「藝術性」，也就是文學審美性，不過它還不是文學存在的基礎，而是文學的一個要素。正是因為文學審美不能作為文學合法性的全部理由，所以在這段文學歷史當中，文學都是政治依附品。20 世紀 80 年代的「文學性」和「純文學」口號的提出就是為了反撥這種文學的理解方式，通過對「文學性」的極端強調使文學獲得存在的獨立性。所以，從文學「藝術性」到「文學性」，雖然內涵變化不大但標誌著意識形態的巨大轉移。

　　進入 20 世紀 90 年代，社會、文化轉型使文學面臨了前所未有的新境況：一方面，隨著文化消費時代的到來和圖像文化、大眾文化的興起，文學在世紀末面臨日益邊緣化的危

5 錢理群：《重新認識純文學》，北京大學校友網。
6 李初梨：《普羅列塔亞文藝批評底標準》，《「革命文學」論爭資料選編》，
　人民文學出版社，1981 年，第 521 頁。

機，「文學是否會消亡」不再是危言聳聽而成為文藝理論家必須論證的話題；另一方面，在大眾文化和其他學科的理論著作中，我們又發現大量文學性因素的存在，這也就是所謂「日常生活審美化」的問題。社會、文化轉型使 80 年代的「文學性」理解方式遭遇前所未有的衝擊，其兩層內涵為社會現實無情解構：「一方面，文學審美的獨立性被文學、商業、文學、政治的複雜關係所衝擊，所謂獨立已無從談起；另一方面，文學在消費文化擠壓下也無力參與社會對話。」[7]新的「文學性」理解在 90 年代中期開始出現：「所謂『文學性』並非一個自足的範疇，而始終與一些相關對立範疇相參照而提出，比如文學/政治、文學/社會、文學/商業化等」，「文學性並非文本自身的特性，而是如 T.伊格爾頓（Terry Eagleton）所說的一種『關係性的存在』」。[8]這種開放的文學性理解方式將文學從所謂「文學自足性」的自身束縛中解脫出來，使文學可以從容地在社會和現實間遊走，不必為所謂純文學/俗文學、嚴肅寫作/商業寫作等等二元對立將自己逼上社會的邊緣。

但是，必須意識到的一個現實問題是：80 年代中國現代「文學」學科的出現是建立在「文學自足性」無可爭議的科學性基礎上。「文學自足性」決定了「文學」研究的範圍、途徑、目的和意義，如果「文學自足性」被打破，無疑也打

---

7 周維東：《新世紀文學研究：如何面對「文學性」》，《文藝評論》，2007 年 2 期。

8 賀桂梅：《文學性：「洞穴」或「飛地」── 關於文學「自足性」問題的簡略考察》，《南方文壇》，2004 年 3 期。

碎了中國「文學」學科存在的合理性和科學性，更進一步說，中國成千上萬從事文學研究的工作者的身份也值得懷疑。所以，90年代後出現的「文學性」話語，文學研究者既質疑「文學自足性」的合理性，又對「文學性」是否存在心存焦慮；既勇敢對傳統文學研究所不涉及的文學現象做出自己的解釋，又緊緊擁「文學性」這個概念以尋求自己的學科歸屬。這使得「文學性」不可避免地充滿多種含義。

一、「文學性」—— 文學屬性。90年代後，「文學性」廣泛運用是因為其是一個「話題」—— 文學的屬性問題，探討的內容包括文學是否具有自足性；文學理論研究的疆界；文學如何面對文化轉型等等。無論研究者對這些問題持何種看法，他們使用的「文學性」都有特定的內涵，即文學的屬性問題。

二、「旁逸的文學性」。文藝學家們苦苦追尋也不能找到一個科學而合理的「文學性」的定義，但又輕易在日常生活和其他學科裡發現了「旁逸的文學性」。這也就是所謂「日常生活審美化」問題，文學性旁逸到房地產廣告、咖啡館、家居裝修、街心花園等日常生活，並進入到如哲學、心理學、歷史學等其他社會科學學科的理論創作當中。「後現代的遊戲狀態，必然伴隨著消費狀態、表演狀態的出現。無論是遊戲、消費還是表演，其實都是生活的原生素。越生活化，就越遊戲化，也就越充滿文學性。」[9]在這裡，「文學性」含義指文學中的「語言遊戲」和「寫作技巧」因素。

---

9 董馨：《文學性探究與文學理論的建構》，《西南師範大學學報》（人文社會科學版），2004年5期。

三、「殘餘的文學性」。90 年代後，文學創作的姿態也發生了變化，「個人化寫作」「無姿態寫作」的出現割斷了文學批評家對 80 年代以來文學解釋的連續性，於是「殘餘的文學性」就成為批評家連接 80 年代以來文學連續性的一種方式，這也增添了一種新的「文學性」理解方式。「在現代性和後現代性並存的歷史語境中，文學性觀念正在悄悄地發生變化。宏大的歷史敘事很難在當代敘事文學中出現，小人物、小敘事、小感覺構成了小說的基調，它們僅僅憑藉文學敘述、修辭與故事本身來打動我們對生活的特殊體驗。也就是說，文學性就在敘事話語本身的展開中存在、生成或呈現出來」。[10]在這裡「文學性」就指現代性「宏大的歷史敘事」「生活的真相」，因為 90 年代後小說只通過小人物、小敘事、小感覺來探究人性深處的真實，所以「是歷史事件的剩餘物，也是宏大文學史的剩餘物，這就是文學性的最小值，也只有最小值的文學性，構成最真實的審美感覺」[11]。

四、「文學審美特點」。當不斷討論文學性的時候，90 年代文學批評中仍然不乏將「文學性」理解為「文學審美特點」的用法，譬如電影的文學性、某某作品的文學性等等。

## 二、理論的風險和現實的問題

在歷史上，「文學性」的提出都意味著文學和文學研究

---

10 陳曉明：《小敘事與剩餘的文學性 —— 對當下文學敘事特徵的理解》，《文藝爭鳴》，2005 年 1 期。
11 同上。

的一次危機，俄國形式主義批評家第一次提出「文學性」問題、20 世紀 80 年代中國文學界「純文學」口號的提出以及本次「文學性」討論莫不如此。但不同的是，俄國形式主義批評家和上世紀 80 年代中國文學界提出「文學性」問題是為了使文學擺脫意識形態的控制，使文學和文學研究走向獨立和自律，是文學陷入貧瘠的一次反撥，而本次「文學性」討論則是文學過度膨脹使文學自身邊界變得模糊，文學陷入迷茫的表徵，是文學研究者對於文學和文學學科的一次自衛。現實境遇的差別使得本次「文學性」討論存在著某些可能的理論風險。

風險之一在於力圖用某種具有普世意義的「文學性」概念來劃分文學和文學研究的邊界，用以約束日漸模糊的文學和文學研究。「文學性」話題的出現讓人產生直觀的聯想就是俄國形式主義批評家提出的「文學性」：認為「文學科學的對象並非文學，而是『文學性』，即使一部既定作品成為文學作品的特性」[12]。這與當前文學面臨的邊際問題聯繫在一起，很自然將這個話題的具體所指落實到通過「文學性」來圈定文學邊界的具體問題。「文學性」談論的諸多參與者也的確將這一問題作為核心話題。北京大學曹文軒教授就非常堅持有一個持久永恆的文學性存在，儘管他並沒有歸納出一個普世的文學性概念用以約束當前文學，但這種信念仍然也反映出「文學性」話題的某種走向；[13]而在 2006 年北京師

---

12 〔俄〕雅各森：《詩學問題》，巴黎瑟伊出版社，1973 年。
13 曹文軒、李雲雷、柳春蕊；師力斌、徐則臣、唐文吉：《堅守文學性 ── 曹文軒教授訪談》，《北京大學研究生學志》，2005 年第 2 期。

範大學文藝研究中心組織的一場「文學性」問題討論中，眾
多參與者圍繞的核心問題也是「文學性」的概念探討，儘管
各自得出的結論不一，但背後的指歸依然在追尋是否具有普
世的「文學性」存在。[14]我認為「文學性」作為一種對文學
理解的信念無可厚非，但一進入研究領域，其針對的是文學
和文學研究在當前面臨的現實問題，如果將「文學性」討論
落實在「文學性」概念本身，不僅不能正面回應這些現實問
題，還可能將這一話題引入「偽命題」的危險。第一，從俄
國形式主義批評家第一次提出「文學性」，「文學性」就是
一個形而上的命題。有學者總結出文論史上五種文學性的概
括方式：形式主義定義、功用主義定義、結構主義定義、文
學本體論定義以及文學敘述的文化環境的定義，但無論哪一
種都存在著致命的缺陷，都不能涵蓋文學的全部特徵和存在
外延。[15]這說明力圖通過歸納法的方式總結出一個普世的「文
學性」概念只能是一種理論的徒勞，文學只會如伊格爾頓所
說作為「關係的存在」[16]，即找到一個對應的參照物，如文
學與政治、文學與哲學等關係中相對而存在，在對比中體現
文學自身的特點，不可能存在自足的本質主義的「文學性」。
第二，就「文學性」與文學研究的關係來說，文學研究先于

---

14　見北京師範大學文藝學研究中心文藝學網《文藝學新週刊》第 12 期。
　　（http://www,wenyixue.com/new/wyxxzk/xzkshow.asp?issue=12）
15　史忠義：《「文學性」的定義之我見》，《文藝學新週刊》第 12 期，北
　　京師範大學文藝學研究中心文藝學網
　　（http://www.wenyixue.com/new/wyxxzk/xzkshow.asp?issue=12）
16　〔英〕T.伊格爾頓：《當代西方文學理論》，王蓬振譯，中國社會科學
　　出版社，1988 年。

「文學性」而存在，不可能用「文學性」來指導和約束文學研究的進行。如果沒有自足的文學性內涵，「文學性」則是一個不斷被豐富的概念，隨著文學的流動，我們會不斷認識到文學的新特徵、新姿態，而認識的過程就是文學研究的過程。在文學被認識的歷史上，所謂現實主義文學、浪漫主義文學、現代主義文學等等，都是文學研究者通過文學特徵的變遷而不斷認知、總結、命名的過程，只是中國現代文學發生的過程中，因為借鑒到西方不同文學流派的創作，因此出現中國現代文學研究中先有理論概念後有文學研究的境況，但這種研究方式的庸俗性也同樣受到中國文學研究者的質疑和批判。所以，力圖通過「文學性」約束文學研究的動機本身就是錯誤的。

　　風險之二在於對於後現代主義文化的敏感可能導致「文學性」討論無視當下文學與文學研究的現狀。「文學性」討論針對的「日常生活審美化」和「文化研究」問題都是後現代文化的症候，因此「文學性」話題的前瞻性就在於在中國文化還處於「現代」與「後現代」的交替期就提出了文學如何保證自身獨立性的思考。但這一話題包含著的「後現代」文化必然取代「現代」文化成為社會主流的理論邏輯，以及對於中國社會後現代文化的比重的判斷都值得再思考。後現代文化是一種多元化、遊戲化、平面化的文化，在文學領域則表現為大眾文化的狂歡，這種文化表徵背後的哲學基礎是後現代主義對於理性、真理和中心的解構，其背後的社會基礎是晚期資本主義的文化邏輯。但值得注意的是，後現代文化作為一種主張多元、非中心化的文化，不可能完全取代現

代性成為社會新的主流和權威，其在打破現代性文化之後必然又會包容現代性文化，這也就意味著作為現代性產物的「文學性」在後現代社會不會完全缺場。這種情況表現在理論界則是在後現代主義批評家對現代性進行摧枯拉朽的解構之後，意識到後現代文化是一種「破」而非「建」的文化，開始重新認識或者說再回歸現代性。哈貝馬斯首先指出「未完成」的啟蒙，企圖改造作為現代性基礎的理性，建構一種「交往理性」；詹姆遜也認識到後現代主義者向現代性回歸的情況，認為可重新建立一種「可選擇」的現代性。[17]在文學的領域，大眾文化的盛行也並沒有使現代性意義上的純文學完全離場，早在 20 世紀 60 年代，蘇珊·桑塔格和約翰·巴思就宣佈「小說滅亡」，但他們理想中的後現代小說是先鋒實驗小說，並不是無須探索的大眾文學。這種情況在中國更加明顯，雖然大眾傳媒的發達使文學的界限日漸模糊，但文學並沒有失去自己的領地，《人民文學》《詩刊》《收穫》《十月》等各種各樣的純文學期刊依舊存在；各個高校的文學院、中文系，各類文學研究所主要進行的還是純文學研究 —— 只是文學和文學研究相對於商業操縱下的大眾文化被邊緣化了而已。文學邊緣化正如童慶炳教授所言，對於文學和文學研究並非壞事，但是，如果我們不甘於寂寞，力圖通過「文學性」來匡複文學就顯得有點自討沒趣。

　　90 年代後，中國文學批評界出現的四重「文學性」歧義的直接原因是：關於「文學性」理論「預演」和實踐「命名」

---

17　〔美〕弗雷德里克·詹姆遜：《單一的現代性》，王蓬振主編《詹姆遜文集》（第 4 卷），中國人民大學出版社，2004 年。

之間的偏誤。在理論「預演」中,「文學」作為世界普遍存在的學科,當然有其研究的疆界和學科屬性 —— 文學的屬性。不光如此,在文學理論家眼裡,文學的屬性應該具有普世意義,具有科學性和嚴密性,既保證它具有強大的面對新生文學現象的整合能力,又不至於讓自己落於不倫不類的泛化邊緣,所以「文學性」可以作為一個話題供理論家不斷探討、整合。而對於實踐在文學批評現場的研究者而言,文學屬性固然是重要問題,但為伴隨文學轉型出現的諸多文學現象及時「命名」則更為重要,所以「日常生活審美化」中「旁逸的文學性」、在 90 年代後文學中「殘餘的文學性」就脫穎而出。就實踐層面來說,他們所命名的「文學性」不一定嚴密,但誰也不能否認他們所說的「文學性」是文學的特點。

對於前一種「文學性」的理解,其存在的理論風險是:力圖用某種具有普世意義的「文學性」概念來劃分文學和文學研究的邊界,用以約束日漸模糊的文學和文學研究。這種做法至少存在著兩點危險:第一,對「文學性」進行本質主義考究是一個形而上的命題。文論史上出現了多種文學性的概括方式,如形式主義定義、功用主義定義、結構主義定義、文學本體論定義以及文學敘述的文化環境的定義,但無論哪一種都存在著致命的缺陷,都不能涵蓋文學的全部特徵和存在外延。這說明力圖通過歸納法的方式總結出一個普世的「文學性」概念只能是一種理論的徒勞。第二,就「文學性」與文學研究的關係來說,是文學研究不斷改寫「文學性」的內涵,而不可能用「文學性」來指導和約束文學研究的進行。

對於後一種「文學性」命名,雖然開放的「文學性」描

述回避文學本質主義難題，但過於隨意的「文學性」命名必然使「文學性」作為一個術語壽終正寢，因為其內在的一致性已經喪失。

而在我看來，「文學性」作為一個批評術語並不是一個科學的概念，我們完全可以用更準確的術語去命名我們所看到的文學現象，其之所以在 20 世紀 80 年代末出現並在 90 年代被廣泛運用並成為話題，完全是一種文學學科獨立性的情結：80 年代「文學性」出現是因為文學要擺脫政治意識形態的束縛；90 年代後「文學性」再次興起是因為文學面對文化轉型帶來的衝擊。「文學性」話語帶給我們發現問題的視野，但太拘泥於它也會形成文學研究新的意識形態。

所以，就新世紀文學理論本土化來說，面對「文學性」，不必棄身於其預設的理論陷阱，需要的是向文學研究原初動機的回歸：文學研究就是要捕捉住不斷流動的新的文學特徵，通過文學文本參與社會對話，揭示人性與世界的秘密。文學研究要求研究者的是發現和創新，是保持文學研究的有效性 —— 這或許是我們面對「文學性」最理性的態度吧！

# 第二章　對「客觀化」文學史的反思

　　從「重寫文學史」開始的文學史反思，已經從對一種文學史觀的反思拓展到對文學史建構中一切先在觀念的全面批判，在當前很多學者的眼裡，「文學史」已經成為「權力」「遮蔽」「壓抑」的代名詞。對傳統文學史、文學史理論的「破」也催生了文學史家對理想文學史的「建」：一些學者對文學史「原生態」[1]、文學史「多樣性」[2]等力圖無限接近文學史變遷客觀現場的追求日漸在學界成為一股潮流。由於這種理想文學史模式在學界命名不一，為了表現其統一的特徵，我將之概括為「客觀化」文學史。典型的例子如：有學者認為「中國現代文學史」應該改為「現代中國文學史」，將「現代」「中國」這個空間裡所有發生的文學，包括文言文學、國民黨文學、鴛鴦蝴蝶派文學、翻譯文學等都容納進文學史，以形成文學史的「客觀化」面貌。[3]

　　「客觀化文學史」追求反映出當代學者力圖擺脫籠罩在

1 陳思和：《恢復文學史的原生態》，《南開學報》（哲學社會科學版），2005 年 4 期。
2 朱壽桐：《解構文學史的學術霸權 ── 文學史寫作的多樣性》，《文藝爭鳴》，2005 年 2 期。
3 曾紹義：《是中國「現代文學」史，還是「現代中國」文學史 ── 關於中國「現代文學」治史的一點思考》，《廣播電視大學學報》，2005 年 4 期。

文學研究上的二元對立思維，實現文化多元化的決心和期望，它的背後也有著當前文化接受多元走向的現實支撐。但是，因為「客觀化文學史」追求主要的出發點依然建構在對傳統文學史、文學史觀弊端的反撥之上，且有意無意受到當前後現代文化理論對現代性批判的時尚影響，所以在追求「客觀化」的同時缺乏了對自身學理可靠性的反思，也忽略了這種文學史理想進入實踐層面可能出現弊端的估測，使文學史「客觀化」追求呈現不合常理的「一邊倒」普遍認可。本文試圖從反向角度出發，對當前文學史反思和「客觀化文學史」追求的合理性進行質疑。

## 一、相對主義的陷阱

　　文學史反思能夠在中國掀起一股討論的熱潮，源於中國文學史寫作中存在的兩種意識形態：左翼話語和現代性話語。這兩種意識形態在當代中國 ── 特別是文學研究當中 ── 的確產生了桎梏研究者思維的力量，壓抑或遮蔽了很多應該受到重視的文學現象和文學作品。而且，兩種話語制約下的文學研究也與當前越來越多元化的文化語境、文學事實相隔離，使文學研究失去了解碼當下文化現象、參與社會公共話題建構的功能。因此，學者通過文學史反思抨擊這兩種意識形態既言辭灼灼，又皆大歡喜。然而，文學史反思對傳統文學史「破」的積極意義並不能成為「客觀化文學史」「建」的合理化基礎。「客觀化文學史」可以拋棄制約文學史建構的左翼話語和現代性話語，但並不意味著可以拋棄一切文學

史預設，實現絕對意義的「客觀」。文學史反思追求的所謂
「原生態」「多樣性」只能是就相對意義而言，左右文學史
建構的其他觀念，如「精英主義」思維習慣、「文學性」理
解模式等，因為關涉文學的本質和文學學科的存在意義，必
然會繼續左右文學史敘述的面貌。如果文學史反思者意識到
這些問題，他們也就會陷入相對主義的陷阱，難以自圓其說。

　　就 20 世紀中國文學史而言，文學史反思所追求的「客觀」
無非是既要看到 20 世紀中國文學中發生的左翼文學、自由主
義文學，也要看到國民黨文學、漢奸文學；既要看到在五四
新文化運動上發生的現代白話文學，也要看到延留在 20 世紀
的文言文學、舊體文學；既要看到為了現代民族國家構建而
產生的嚴肅文學，也要看到如黑幕小說、鴛鴦蝴蝶派小說等
通俗文學；既要看到在具體時間段上公開出版發行的文學，
還要看到存在的「潛在寫作」。並且，文學史寫作對待這些
文學要一視同仁，不容偏私，讓讀者自己體會 20 世紀中國文
學多彩、繁複、立體的文學存在。這種文學史設想相對于傳
統文學史著的確顯現出公允、客觀的姿態，但如果仔細考量，
依然不可能擺脫「精英主義」的先在偏見。

　　鍾敬文先生將中國傳統文化分成三個層次：上層文化（精
英文化）、中層文化（市民文化）和下層文化（俗文化）。[4]
這種文化的劃分儘管隨著新中國的建立失去了政治基礎，但
隨著當前社會分層理論的重現，以及 20 世紀一半時間的舊中
國事實，三種文化形態其實一直在 20 世紀中國文學中存在。

---

4 鍾敬文：《鍾敬文文集》（民俗學卷），安徽教育出版社，2002 年，第
　252-253 頁。

就 20 世紀中國文學而言，左翼文學、國民黨文學、漢奸文學、自由主義作家文學等牽涉現代民族國家構建的文學可以說是精英文學；黑幕小說、鴛鴦蝴蝶派文學、部分市民小說等具有文化消閒功能的文學可以算作市民文學。也就是說，文學史反思所要建構的最大程度接近「客觀」的文學史只包含了精英文學和市民文學，而沒有包括俗文學。難道 20 世紀中國就沒有俗文學嗎？顯然不是。童謠、民謠、民間曲藝、流行歌曲、網路文學等等「俗文學」在 20 世紀中國不僅力量壯大，還對精英文學、市民文學的發展產生不容低估的影響，無論追求文學史「客觀」，還是考慮文學史研究需要，都不能忽視它們。略舉一例說明，近代文學的現代轉型中，「歌謠」就起到不可忽略的過渡作用，「出於啟迪民智的需要，作家們爭相仿民間歌謠創作」[5]，「學堂樂歌」、革命歌謠等種類繁多的歌謠在當時甚為流行，而且其中很多作品已經完全具備了現代白話文學的語體和文體特徵。有研究歌詞的學者指出，如果完全按照新詩語體和文體特徵來考察中國現代新詩的起源，發軔之作就不是胡適的「『新詩』成立的紀元」[6]《關不住了》，而是 1902 年沈心工創作的「學堂樂歌」──《體操》：

　　　　男兒第一志氣高，/年紀不妨小。/哥哥弟弟手相招，

---

5　劉納：《嬗變 ── 辛亥革命時期至五四時期的中國文學》，中國社會科學出版社，1998 年，第 72 頁。
6　胡適：《胡適文集》（卷 3・文論），人民文學出版社，1998 年，第 154 頁。

來做兵隊操。‖兵官拿著指揮刀，/小兵放槍炮。/龍
旗一面飄飄，/銅鼓咚咚咚咚敲。‖一操再操日日操，
/操到身體好。/將來打仗立功勞，/男兒志氣高。[7]

　　所以說，如果不將俗文學納入文學史當中，所謂「客觀
化文學史」不過是自欺欺人的「客觀」而已。而就當下文學
格局而言，大眾文化的猖獗：流行歌曲、小品戲劇、網路文
學、手機短信等等，無論在接受影響力，還是在作品數量，
都不只是當下「客觀化」文學的半壁江山，但文學史反思者
都只意識到一些有精英文化取向的大眾文化作品的重要性，
對絕大多數的「俗文學」都不屑談及。這樣做的原因可以說
因為「俗文學」藝術品位元低，而且作品數量大、更替速度
快（不容易為文學史編纂者把握）── 但最根本的原因還是
文學史家不能擺脫精英主義思維，在更大的空間上去認識和
理解文學。

　　此外，文學史反思的學者也往往忽略文學史建構中，「文
學」本身也是一種先在觀念。在我們的心理當中，「文學」
似乎不言自明，直接聯想就是小說、詩歌、散文、戲劇等具
有想像性、虛構性的文字作品，因此將「文學」與「非文學」
比較清晰地區分開來。但是，就當下文學現狀而言，「文學」
與「非文學」的界限日漸模糊，「文學」作品的「文學性」
日漸式微；「非文學」作品，譬如廣告、理論著作、新聞報
導等，又普遍開始了「詩性」追求，如何甄別「文學」已經

---

7 傅宗洪：《學堂樂歌與中國詩歌的現代轉型》，《中國現代文學研究叢刊》，
　2006 年 6 期。

非常困難。當下學界對「文學性」的反思已經拋棄了傳統「文學自足性」理解，開始接受 T.伊格爾頓在相對主義立場上理解文學的方式[8]。也就是說，文學已經不可能再為自己劃定獨立清晰的疆界，只能在與政治、社會、商業化等對比中反觀自己的存在。這樣一來，不光是我們理解的小說、詩歌、散文、戲劇，包括翻譯作品、理論著作、影視作品、廣告作品等都可以納入文學的範疇當中。文學史如果不能全面囊括，只能說明它依然是一元化思維下的文學史，歸根結底還是現代性宏大敘事的產物。但是，這種文學的認同方式顯然超出了文學史所能承載之重，文學史沒有這個能力，也不可能完全窮盡一個時代的文學「原生態」，因為那只不過是一個文學史的烏托邦而已。

所以，對於當下的文學史反思來說，追求文學史的「客觀」與「客觀」本身具有的相對性是其無法逾越的兩難。追求文學史的「客觀」，打破現代性話語和左翼話語對文學史敘事的束縛使其具有積極意義，但「客觀」本身具有的相對性又使這種追求只會不知所終。

## 二、文學批評的困境

文學史「客觀化」意味著文學史成為一個開放的結構。接納進在文學史時間段上所有發生的文學事實，文學研究界將面臨一場批評機制的危機，即能否用一套統一的文學批評

---

8 〔英〕T.伊格爾頓：《二十世紀西方文學理論》，北京大學出版社，2007 年。

術語、立場來解釋這個文學場域內包含的文學現象？如果不能，所謂文學研究是否又陷入各自為陣、混亂不堪的局面，「文學史」變得意義全無呢？這樣的事實在 20 世紀中國文學研究中並不是沒有出現，「金庸現象」就是一個典型的例子。

　　在 20 世紀主流文學批評中，金庸很長時間都被排斥在「文學史」之外。因為對於長期從事嚴肅文學研究的文學史家而言，作為通俗讀物的金庸武俠小說還不具有進入文學史的合法資格。但是，金庸作品雄厚的讀者基礎，對古典武俠小說的突破，具有的現代意識，在藝術上的圓熟，又對排斥了金庸的文學史產生巨大壓力。在此背景下，1996 年，嚴家炎先生率先在《文學評論》發表《論金庸的現代精神》[9]，用「嚴肅文學」的批評方式對金庸作品具有的六方面現代精神進行了總結，標誌著文學史對金庸的接納。之後，雖然學界對金庸作品是否應該被納入文學史爭論不已，但金庸作品具有的優秀品質還是被研究者一一挖掘，並被常常與大仲馬、福克納等世界大師的作品進行比較研究[10]。金庸也被奉為 20 世紀中國文學的大師，金庸作品也逐漸被認同為 20 世紀中國文學的經典。但是，當金庸「熱」過之後，我們再冷靜地看

---

9　嚴家炎：《論金庸的現代精神》，《文學評論》，1996 年 6 期。
10　金庸被納入文學史之後，有不少學者將之與西方文學大師做橫向比較，譬如嚴家炎：《似與不似之間 —— 金庸與大仲馬小說的比較研究》（《南京師範大學文學院學報》，2002 年 3 期）；黎明：《福克納與金庸小說比較研究》（《西南師範大學學報》〈人文社會科學版〉，2005 年 4 期）；黎明、江智利：《人性扭曲：福克納與金庸小說的共同主題》（《西南師範大學學報》〈人文社會科學版〉，2006 年 3 期）等，將金庸作品的批評體系昇華至嚴肅文學批評的範疇，提高了金庸作品的地位，但也造成金庸作品評價的失衡。

待金庸作品，發現其作為「經典」與魯迅、茅盾、沈從文、張愛玲等人的「經典」又似乎不是同一個概念。其具有的諸如「現代精神」「人性深度」「民族意識」「思想藝術高度」等特徵，不必說與魯迅等一流作家相比，就是與 20 世紀文學史上許多被認為的「二流作家」相比也似乎難出其右。這也就是說，當作為通俗作家的金庸被納入 20 世紀中國文學史，文學批評的統一性被打破了：同樣一套批評術語，卻具有兩種不同的所指系統。文學研究者探討魯迅作品人物的「人性深度」與探討金庸小說人物的「人性深度」不是在一個水平線，前者指涉整個 20 世紀中國文學，後者則只指涉 20 世紀武俠小說。

「金庸現象」說明：當我們放棄任何一種文學史觀念，採用開放式的文學史結構時，文學批評機制將面臨瓦解的危險。一個金庸就使 20 世紀中國文學批判分裂出兩套標準，如果文學史將 20 世紀中國文學發生的所有文學事實都盡囊懷中，文學批評因為標準太多導致自身紊亂就在所難免。

當然，在金庸文學批評中也有學者指出妥善的處理之策：首先進行「文化定位」。具體說來，即將金庸定位在「大眾文化」的範疇之內再進行批評、評價，這樣既可避免對金庸評價的失衡，也可保證整個文學批評內部的秩序[11]。按照這個邏輯，「客觀化文學史」就可以採用對 20 世紀中國文學進行不同「文化定位」的方式保證文學批評機制的正常運行，但我覺得這種做法與文學史反思「客觀化」的追求並不能吻合。

---

11 田智祥：《文化定位 —— 金庸武俠小說批評的理論前提》，《雲南社會科學》，2005 年 2 期。

　　首先，文學史反思力圖拋棄一切文學史寫作的預設觀念，用平等眼光看待一個時間段上發生的所有文學事實，但如果把文學分成嚴肅文學/通俗文學或者精英文學/大眾文學兩個系統，兩者之間顯然不是平等的關係。因為，我們當下採用文學批評術語、批評手段，亦至整個批評機制都是在「嚴肅文學」或「精英文學」的經驗中誕生的 —— 包括「大眾文學」「通俗文學」等概念本身也是在這種語境下被「發明」出來的。所謂「大眾文學」「通俗文學」，表面看來是「容易被大眾接受的文學」，但實際包含了「審美水準不高」的前理解。因此，如果「大眾文學」與「通俗文學」本身的特殊性不被平等認同，符合其特徵的批評系統沒有建立起來，定位在「大眾文化」視野中的文學研究只是「矮子裡面挑將軍」，「大眾文學」並不能擺脫天然低劣于「嚴肅文學」的命運。這樣，所謂「文學史反思」就好似「文學史擴軍」：在精英文學的「紅花」中添幾片「綠葉」而已。

　　換言之，如果「大眾文學」研究形成了自己獨立的批評系統，「大眾文學」被文學讀者與「精英文學」平等對待，「客觀化文學史」帶來的文學批評機制的危機同樣無法解決：首先，怎樣判定一部作品是「精英文學」或「大眾文學」，它們之間有沒有嚴格的標準？我們可以說魯迅作品是「精英文學」，金庸作品是「大眾文學」，是因為他們都具有各自文化系統的典型性，而如果我們問老舍的作品、張愛玲的作品、衛慧的作品屬於什麼文化系統，我們能判定嗎？再者，即使文學史家規定出「大眾文化」與「精英文化」或更多文化系統的區別標準，一個文學史裡出現兩套、多套獨立的批

評體系，「文學史」的意義不也就消失殆盡，文學史不也就
形同虛設了嗎？

# 三、文學市場化的危險

文學史的功能不僅僅是作為文學學科存在的依據，同時
也通過塑造「文學經典」，影響整個社會的審美習慣、審美
趨向。而且，因為文學在整個藝術領域受眾最多、傳播最廣、
引起的關注度最高，「文學史」標準常常成為整個社會的審
美標準，「文學史」也在無形當中成了整個社會審美的仲裁者。

文學史干預社會審美的功能使其具有雙重意義：一方
面，因為文學史編纂者多由精英知識份子組成，所以文學史
制定的審美標準實質是精英知識份子制定的審美標準，當其
對整個社會產生影響的時候，不可避免會以精英知識份子的
審美情趣壓抑非精英大眾多元的審美情趣，形成審美霸權。
但另一方面，通過文學史，知識份子獲得了社會審美批判的
權力，保證了社會審美趨向不至於完全被大眾審美所牽引。
這兩重意義在文學史的變遷中表現得非常明顯：因為受到精
英知識份子審美標準的壓抑，20 世紀文學史上的鴛鴦蝴蝶
派、新感覺派、張愛玲、沈從文、錢鐘書等長期被排斥在文
學史之外，大眾對類似這些作家的審美需求也自然被壓抑，
被斥為不良的審美取向。但另一方面，也是因為精英知識份
子的不懈努力，在改革開放不久，這些作家又都一一被納入
文學史當中，促使了整個社會的審美大解放。當前的文學史
反思往往注意到文學史干預社會審美功能形成的「文學史權

力」，但忽視了文學史也賦予了知識份子進行大眾審美批判的意義。特別是在市場經濟興起、文學史「權力」降低的時候，我覺得後者的意義更不能忽視。

在當代中國，隨著市場經濟日漸成熟，文學史已經不是文學經典唯一的誕生之地，市場通過量化標準，如銷售量、點擊量、影響力評估體系等，也成為製造文學經典的新場域。當代許多文學經典，如痞子蔡的《第一次親密接觸》、韓寒的《三重門》、郭敬明的《夢裡花落知多少》，甚至包含餘秋雨的散文，都是首先在市場中成為經典，並產生了文學經典的社會效應。相反，當下文學史的處境倒有幾分尷尬，文學批評家奉若神靈的經典作家、經典作品，並不一定能夠受到社會的廣泛接受，也不一定能產生文學經典的社會影響力。所以就當下而言，文學史已經不再是精英文化對大眾文化產生壓抑，而是精英文化會不會在大眾文化面前一敗塗地的問題。

當然，並不能認為代表大眾審美趨向、在市場中形成的文學經典就一定品味低下，是下里巴人；精英知識份子在文學史中塑造的文學經典就品味高雅，是陽春白雪。但不能否認，大眾審美品位的良莠不齊，有很多作品品質不錯，但有些作品的確粗製濫造、墮落不堪 ── 造成的社會影響越大，產生的社會危害越強。此外，市場上形成的、被很多讀者捧為「教父」級的作家、作品，本身品質能否與其產生的社會影響力之間成正比也很難說。所以，對於大眾文化，我們要尊重大眾的文化選擇，但也要對其保持批判的態度。

保持大眾文化批判的一個重要途徑就是堅守文學史的標

準。儘管市場為了利潤目的可以製造（或者說是炒作）出許多「文學經典」，但這些「文學經典」的最終完成又必須在文學史中。也就是說，只有進入文學史的「文學經典」才可能具有持久的影響力，否則只會是曇花一現。這在無形中實際左右了大眾文化的走向，保證了整個社會審美不至於迷失在大眾文化良莠不齊的欲望當中。

　　文學史的這種功能在近、現代文學史上表現得十分明顯。在現代文學史上，實際出現了許多在市場上形成的「文學經典」，如郭沫若的《女神》，張資平的「三角戀愛」小說，張愛玲、蘇青、梅娘、無名氏等人的都市情感小說等等，它們趣味不一，參差不齊，非常類似當下的大眾文化境況。如果沒有文學史的「擇取」，如同許多學者所說不帶任何預設「客觀」地描述當時文學事實，讓大眾自己甄別這些文學現象，整個社會審美趣味流向何方實在無法判斷。我們今天還會不會有人來探討文學史問題也未為可知。而就大眾文化的發達程度來說，當下較近、現代時期已不可同日而語，大眾文化已經對文化消費市場成席捲之勢，讀者真的具備了甄別各種文化現象的能力嗎？任由大眾文化自由蔓延就能帶來文化的「多元化」嗎？文學批評家就不應該持有文學史的眼光對各色各樣的大眾文化保持警惕和批判嗎？我覺得不是的。文學史不僅需要有自己的立場和標準，而且在今天還應該將這種標準深入到大眾文化當中，與大眾文化展開對話和碰撞：這才是真正的「多元化」。

# 第三章　「民國視野」的多個維度

## 一、從「現代文學」到「民國文學」

　　「民國文學史」是「民國視野」諸種聲音中出現最早、影響力最大的一個。它給人耳目一新的感覺，是用純粹時間意義的「民國」取代了讓人浮想聯翩的「現代」，從而避免了由於「現代」引發的諸如文學史邊界、文學史性質的爭論。從概念明確、便於操作的角度看，「民國文學史」優勢明顯：所謂「民國文學史」，就是在民國時期出現的文學，它包括這一時期的白話文學，也包括了這一時期出現的文言文學、舊體詩詞以及通俗文學；它的時長可以靈活考慮，既可以僅僅包含 1912～1949 年的中國文學，也可以在此基礎上加上 1949 年之後的臺灣文學；它的編寫方式可以靈活多樣，可以有所側重，也可以採取「博物架」式的寫法，總之避免了「中國現代文學」可能出現的一切問題。

　　「民國文學史」在提出之初並沒有得到學界足夠注意，另一種命名方式「現代中國文學史」[1]更受到學術界的追捧。

---

1 僅以概念的使用情況看，最早使用「現代中國文學史」概念的學者為著作《現代中國文學史》的錢基博先生。但針對「中國現代文學史」闡釋框架

實際上，「民國文學史」與「現代中國文學史」針對的問題
及解決的途徑大同小異，兩者都是針對了中國現代文學研究
中由於「現代」的規定性而導致的文學史問題，解決的途徑
都是消解「現代」的性質內涵，用純粹時間的概念擴大文學
史的包容度，並力圖呈現「客觀化」的文學史。在這種文學
史觀下，「現代中國文學史」最初因為更加中性而受到學界
歡迎，但「現代」作為一個時間概念，其跨度又受制於其性
質內涵，這使得作為時間的「現代」具有不確定性。為了使
文學史的內涵更加明確，「民國文學史」最終超越「現代中
國文學史」，得到很多中國現代文學研究權威的肯定。

　　「民國文學史」在大陸提出的時間不短，但成型的民國
文學史著並沒有出現，因此對其意義的評估只能在理論上進
行。在我看來，「民國文學史」預設的很多優勢其實並不存
在，學界對它的熱捧和期待頗有「病不擇醫」的味道。從理
想的角度，「民國文學史」似乎避免了「中國現代文學史」
存在的諸多困擾，但如果回到文學史研究實踐，很多問題並
沒有真正避免。譬如中國現代文學史如何面對這一時期的「通
俗文學」「文言文學」和「舊體詩詞」的問題，表面上看這
是「要不要入史」，在本質上卻是「能不能入史」「怎樣入

中的問題而使用「現代中國文學史」的學者中，朱德發先生嘗試得最早，
在《重建「現代中國文學史」學科意識》（《福建論壇》〈人文社科版〉，
2002 年 2 期）、《「現代中國文學史」學科的四個基本特徵》（《河北
學刊》，2008 年 5 期）等論文中，朱德發先生有意超越「中國現代文學
史」而提出「現代中國文學史」的可能性。在此之後，曾紹義、周海波、
汪應果、周曉明等學者也使用了這個概念，並有學者編纂出以「現代中國
文學史」命名的文學史著作。

史」，更直白地講，是有沒有一套評價體系能夠同時將通俗文學/嚴肅文學、白話文學/文言文學、新詩/舊詩囊括其中，打破它們的芥蒂和隔膜。這才是真正的困難所在。類似的努力在中國現代文學研究中曾經有過，早在 20 世紀 90 年代，北京大學嚴家炎教授就力圖將金庸的作品納入中國現代文學史中，為此撰文闡述金庸作品的「現代性」[2]。雖然嚴先生的努力取得了很好的效果，金庸成功地從一位「通俗小說家」躋身到「嚴肅小說家」的行列中，但他並沒有改變文學史「列席」人員的尷尬：金庸小說的「現代精神」，無論怎麼講，都無法與魯迅、巴金、茅盾的小說的「現代精神」等同起來，它們是兩種不同的「現代性」闡述方式。這樣的問題，在「通俗文學」「舊體詩詞」研究中同樣存在。就研究實踐來說，這些現象一直都有人關注，而且不乏這方面的著名學者，它們沒有被寫進文學史的根本問題還在於闡釋框架 —— 這個問題「民國文學史」並不能解決。

其次，「民國文學史」回避的「性質」問題在實踐中也不可能迴避。如果「民國文學史」的名稱得以運用，民國之後的文學只能命名為「共和國文學」，這就會出現一個斷代文學比較的問題 —— 這是文學史研究中不可避免的。在這種語境下，「民國文學史」就不可能僅僅是一個時間的概念，研究界必然要去找尋「民國」涵蓋的「質」的意義，這實際又回到「中國現代文學史」遭遇的問題：我們如何去闡釋「現代」？正是這些問題的存在，「民國文學史」看似避免了「中

---

2 嚴家炎：《論金庸小說的現代精神》，《文學評論》，1996 年 4 期。

國現代文學史」遇到的很多難題，實際並沒有能真正回避，在具體研究實踐中，它並沒有帶給研究者更大的自由。

　　那麼，「民國文學史」的提出是不是毫無意義呢？我覺得也不是。相較於「中國現代文學史」，「民國文學史」的意義在於恢復了中國現代文學的「主體」。有人將「民國文學史」的命名方式與中國古代文學中以「朝代」命名文學相提並論，其實二者並不相同，它們之間的最大差別在於：「民國」不僅是一個時間概念，同時相對于古代王朝具有現代內涵。因此，「民國文學史」在本質上並不是一個單純的斷代史，它包含了「中國現代」的雙重意義。並且，與意義模糊的「中國現代」相比，「民國」具有更強的明確性，「中國現代文學」的主體就是民國時期的文學。為什麼說「民國文學史」恢復了中國現代文學的「主體」？這是就文學發生的具體的語境而言。「中國現代」是個極其模糊的概念，在近現代史上，「中國」本身就具有多義性，而「現代」更是一個極度不明確的概念，這兩個詞語組合起來指稱歷史，歷史就成為「他者」的附屬：它要麼被想像成中華人民共和國的前史，要麼被想像成為資本主義的前史，總之其自身的屬性總是被遺忘。實際上，在「中國現代」還處於進行當中的歷史階段，它的內涵只能從具體的史實中去搜尋，具體到 1912 至 1949 年大陸文學，它就是「民國文學」，是在民國社會框架下展開的文學，其文學色彩與民國息息相關，其現代色彩也與民國息息相關，脫離民國語境空談「中國現代」就會是一廂情願、觀念先行。

　　「民國文學史」的這種意義註定與很多提倡者的想法大

相逕庭，它不是為了擴大文學史的包容度，而是回到文學發生的具體語境；它不是拋棄了「現代」，而是要在民國中尋找「現代」。當然，「民國文學史」如果意識到這個層面，其具體做法就會選擇其他的策略。

## 二、還原歷史的「民國史視角」

相對「民國文學史」較晚出現的「民國史視角」，並沒有打破「中國現代文學史」既有框架的意圖，它只是針對了「現代文學的歷史還原」的問題。所謂「歷史還原」，「民國史視角」的提出者張中良先生概括為三個方面：「一是要追溯現代文學的傳根源；二是還原現代文學的歷史面貌與發展脈絡；三是探究現代文學的社會文化背景」。[3]在張先生看來：中國現代文學學科在建立之初受到新民主主義史視角的深刻影響，雖然改革開放後歷史視角有所擴大，學科在「歷史還原」上已經取得了「顯著的成績」，「但新民主主義史視角對文學史研究和敘述仍有很大影響」，「歷史還原」刻不容緩[4]。由此可見，張先生要進行的歷史還原，便是要繼續清理新民主主義革命史觀對文學史現象的遮蔽和誤解，而其在論文中列舉的現象，如「應該全面解讀現代文學中的辛亥革命」，「應該勇於正視民國為中國現代文學提供的發展空

---

3 秦弓：《現代文學的歷史還原與民國史視角》，《湖南社會科學》，2010年1期。
4 秦弓：《現代文學的歷史還原與民國史視角》，《湖南社會科學》，2010年1期。

間」，「應該還原面對民族危機的民國姿態」，更重要的是
從政治的視野上進行歷史還原。[5]

　　在政治視野上進行歷史還原，對於改革開放之後的中國
現代文學研究來說，並不是一個新鮮的話題。改革開放之初
的「撥亂反正」，既是對「極左」時期大量冤假錯案的「反
正」，也是對一大批現代作家、一系列現代文學現象在政治
上的「歷史還原」。「撥亂反正」後「現代化」思潮的興起，
「文學主體性」在研究中得到重視，又有一大批作家和文學
現象得到「歷史還原」。可以說，改革開放後中國現代文學
的發展過程就是「歷史還原」的過程。在改革開放後 30 多年
的「歷史還原」中，「民國史視角」的新意在於觸碰了國共
積怨的敏感問題，「還原」的力度最大，當然這背後離不開
大陸政治開放的擴大和兩岸關係的融洽。

　　從文學研究的意義來講，「民國史視角」的提出的確為
中國現代文學提供了新的視野。譬如「民國為中國現代文學
提供的發展空間」的問題，實際是中國現代文學一直以來研
究的盲區。在此之前，研究界也關注到中國現代文學的生存
空間問題，它被作為中國現代文學制度研究或具體文學現象
歷史背景研究的一部分。就中國現代文學制度而言，研究者
關注了與中國現代文學同時出現的文學體制問題，譬如職業
作家、社團文學、報刊出版、論爭和接受機制等。它們既被
認為是中國現代性追求的產物，又被認為是推動中國文學現
代化的因素：「文學制度的建立和完善，推動了中國文學的

---

5 同上。

社會化和現代化，並成為其重要組成內容。」[6]文學制度的這種特點，決定了它對於詮釋中國現代文學生存空間的有限性，作為中國現代文學的伴隨產物，用它來說明現代文學發生、發展的根本問題必然會陷入闡釋的迴圈。對具體文學現象的背景研究，深入的挖掘可以發現文學背後的政治、經濟、社會、思想的根源，但由於研究者的目的常常並不在於闡釋背景，因此無法延展到中國現代文學的發展空間問題。實際上，「中國現代的發展空間」是個宏大而深刻的問題，即中國現代文學（包括制度）是在一個怎樣的社會格局中展開，這其中包含了政治體制、經濟體制、法律制度、教育制度等等因素。這些制度決定了中國現代文學的格局，但他們怎麼對中國現代文學產生影響，學界並沒有深入系統研究。

再譬如「還原面對民族危機的民國姿態」，這實際涉及中國現代文學史上一大批因政治原因被忽略的文學及思潮。張中良先生在提到這一點時，主要指稱的是抗日戰爭時期的民國姿態，因此涉及的文學及思潮僅為抗戰時期的正面戰場文學和右翼民族主義思潮。其實，民族危機伴隨了整個民國時期，如果考慮到這一層面，「歷史還原」就應該重新審視在「三民主義」旗幟下的一切文學理論和創作。如果我們對於民國在面對民族危機時的姿態給予積極評價，那麼就必然要正視其指導下的文學和創作，這其實是一個很大的領域，因為政治原因被遮蔽了很久。

從中國現代文學「歷史還原」的角度，「民國史視角」

---

6 王本朝：《中國現代文學制度研究》，西南師範大學出版社，2002 年，第 1 頁。

無疑具有不可取代的意義，如果不能正視中華民國對於中國現代文學（文化）的積極作用，就無法全面把握這一時期文學（文化）的整體面貌，更無法在更深層次把握這一時期文學的發展規律。這一點，上述的兩個例子便是最好的證明：如果不能正視民國在面對民族危機時的積極作用，我們就無法全面把握中國現代文學史的全部內容；如果我們不能看到民國為中國現代文學發生、發展提供的生存空間，也就無法真正瞭解中國現代文學的「發生」問題。但是，「民國史視角」下「歷史還原」的限度也是我們注意的內容。首先，「民國史視角」下的「歷史還原」，主要是政治意義上的還原，在很大程度上，其政治的意義大於文學的意義；而且，政治上的歷史還原，涉及很多政治評判問題，孰是孰非並無定論。譬如張中良先生在「民國史視角」下提出的關於「全面解讀現代文學中的辛亥革命」的問題，「辛亥革命」固然是中國現代文學研究中值得重視的一次事件，但其成功與否對中國現代文學研究是否有決定性影響值得探討。在我看來，辛亥革命的成功與失敗更重要的是個政治問題，很難說清孰是孰非，而對文學研究而言，我們更側重看到其對社會產生了怎樣的影響，評判並不是一個重要問題。其次，在「民國史視角」下發掘的文學史「盲點」，其對既有文學史研究框架的影響力和衝擊力究竟如何也有待考察。譬如抗戰時期的正面戰場文學，固然數量巨大，但其創作成就是否能夠改變抗戰文學史的既有格局，尚需時間的證明。再譬如在政治陰影下的「三民主義文學思潮」「民族主義文學思潮」，究竟有多大的文學史影響力，也尚待繼續挖掘。在一定程度上，「歷

史盲點」的文學史意義決定了歷史視角的文學史意義，如果在「民國史視角」下發掘的文學現象難以對既有文學史產生一定的衝擊，那麼這種視角的學術價值也就形成了自己的限度。

不過，僅僅如此概括「民國史視角」的文學史價值，並沒有窮盡這種研究視角的學術意義，從「民國史視角」下進行的研究實踐看，這種視角實際產生的文學史影響並不止於政治袪蔽，還在於拓展了文學史的史學視野[7]。大陸中國現代文學史研究在歷史視野上並不是十分開闊，它要麼被局限在逼仄的政治史框架中不能動彈，要麼強調文學的自足性在文學的思潮史中打轉，文學史與政治史、經濟史、社會史、思想史、文化史等的豐富聯繫並沒有深入開掘，從而造成文學史研究視野的局限，很多文學史現象之間的深層聯繫不能發現，很多文學史判斷只知其一不知其二。「民國史視角」實際將「文學史」複歸到「大歷史」的框架中，在「大歷史」的框架下審視文學，文學與政治、經濟、思想、社會、文化等因素在歷史中的豐富聯繫因此得以呈現。在我看來，這才是「民國史視角」的真正價值所在。

## 三、「民國機制」的嘗試與難題

「民國機制」是「民國視野」中最晚出現的一種聲音，

---

7 張中良先生（及其指導的學生）近年來在「民國史視角」指導下的具體研究，譬如關於抗戰期間的正面戰場與文學的關係，其學術意義不僅是清理了文學史盲點，更擴大了中國現代文學研究的縱深，讓學界意識到，中國現代文學研究可以在更寬廣的歷史視野上進行。

它所針對的是大陸中國現代文學研究中廣泛存在的「二元對立」思維 —— 要麼將政治與文學對立起來，要麼將中、西文化對立起來。在「民國機制」宣導者李怡先生看來，「純文學」「客觀化」文學史觀的根本問題，便是學界無視文學事實，不能走出二元對立思維的局限：「如果政治文化本身就構成了我們社會文化（包括文學）的重要組成部分，或者說某種政權形態的元素已經明確無誤地滲透進了文化與文學的活動，那麼，我們的闡釋框架又如何能夠刻意地驅除這些元素呢？」[8]但這並不僅僅是「民國機制」針對問題的全部，「我以為探討一種切合中國社會文化實際生態的闡述方式……在保持對西方學術思想的開放的前提下當盡力呈現中國自身的實際狀態，或者說主要應該讓中國的問題『生長』出我們的研究方法與闡釋框架」。[9]這裡針對的問題，是對中國現代文學史研究中存在的「中/西二元對立」思維的不滿，更主要是對西方理論支配下的中國現代文學研究現狀的不滿。在很長時間內，中國現代文學都被認為是「中西文化交融下的產物」，不論這種判斷是否準確全面，其導致的後果是中國現代文學「主體」的缺失：中國現代文學逐漸由中西文化交融的「產物」變成中西文化的「組合」，對其歷史的研究也因此淪為中西理論的演兵場。在這種研究視野下，中國現代文學自身的特色不可能得到充分的挖掘和展示。正是如此，李怡先生將「民國機制」理解為一種新型「闡述框架」，這種

---

8 李怡：《民國機制：中國現代文學的一種闡釋框架》，《廣東社會科學》，
　2010 年 6 期。
9 同上。

框架「是從清王朝覆滅開始在新的社會體制下逐步形成的推動社會文化與文學發展的諸種社會力量的綜合」，它包括「作為知識份子的一種生存空間的社會保障，作為現代知識份子文化傳播管道的基本保障以及作為精神創造、精神對話的基本文化氛圍」等內容[10]

　　從研究的內容看，「民國機制」著意挖掘了中國現代文學的「發生」問題，更具體地來說，是力圖在民國社會中挖掘出對中國現代文學的發生、發展起到了至關重要作用的因素──這些因素又體現出中國現代文學的自身特色。作為一種全新的設計，我們無從知道哪些因素對中國現代文學的發生、發展起到重要作用，因此「民國機制」框架下的研究實踐，實際與「民國史視角」有相似之處，都是要將文學研究納入「大歷史」的視野中，從而發掘中國現代文學發生、發展的內在規律。不過，「民國機制」框架下的「民國史」與「民國史視角」中的「民國史」並不相同。「民國史視角」中的「民國史」，重在體現與中國史學界存在的「中國新民主主義革命史」「中國近現代史」「中國革命史」「中國共產黨史」的不同，其政治袪蔽的意義大於這種歷史本身的意義。而且，從「民國史視角」提出者習慣參引的《中華民國史》著作看，這種「民國史」的立場主要是站在中華人民共和國的立場上，並沒有讓「民國」真正成為歷史的主體[11]。

---

10 李怡：《民國機制：中國現代文學的一種闡釋框架》，《廣東社會科學》，2010 年 6 期。

11 秦弓在《現代文學的歷史還原與民國史視角》中經常參引的《中華民國史》（張憲文等著，南京大學出版社，2005 年），為大陸學者編著的中華民國史。關於該史著的指導思想，編者在《導論》中說：「一百多年

「民國機制」中的「民國史」，「民國」是歷史的主體，因
為這種民國史視角的意義不在於袪蔽，而在於發現中國現代
文學與民國歷史的豐富聯繫；其次，「民國機制」中的「民
國史」，「社會」是重要的維度，它並不強調對政治評價的
追究，而是注重要在與文學息息相關的社會要素中發現文學
與歷史的豐富聯繫。正是這些不同，使「民國機制」與「民
國史視角」拉開了距離。

　　應該說，「民國機制」是「民國視野」諸種聲音中對民
國資源把握最準確的一個，它認識到了「民國」與「中國現
代」的同構關係，從而使中國現代文學恢復了歷史的主體；
它意識到文學與社會的豐富聯繫，從而擴大了認識文學的視
野。「民國機制」對民國資源的把握，在我看來，實際是對
「文學是人學」的重新堅守。「民國」對於中國現代文學研
究的重要意義，根本在於它是中國現代知識份子的生存空間
── 知識份子的生存、發展、思考和創造都離不開這種空間，
離開了這種空間談文學，就是抽象地談文學，就會出現前文
提到的種種問題。中國現代文學研究過去忽視「民國」的意
義，不僅是因為政治的遮蔽，還在於文學史研究對「人」的
忽略。早在 20 世紀 90 年代，著名學者王富仁先生就曾指出

---

來，中國人民不怕犧牲、前赴後繼為之奮鬥的目標，就是要建設一個獨
立、自由、民主、統一、富強的現代中國，把中國從封建專制的傳統社
會引向現代國家的發展道路。」「如果我們以這樣一個指導思想和研究
思路，去分析和認識民國史上發生的各種問題和歷史事件，並以此去構
建民國史的基本框架和學科體系，在視野上將更加寬廣，對歷史的認識
將更加透徹、更全面，更符合客觀實際。」這種指導思想實際是 20 世紀
80 年代出現的「現代化」思想的延續，其目的是為了避免政治爭議對歷
史研究的影響，其歷史主體是虛擬的「中華民族」，而並非中華民國。

過這種缺陷:「在文化與人的關係上,文化永遠是服務於人的,是中國近、現、當代知識份子為了自己的生存和發展吸取了中國古代的文化和西方的文化,而不是相反,因而他們在人類全部的文化成果面前是完全自由的,我們不能漠視他們的這種自由性。」[12]的確,文化的主體永遠是「人」,要更深刻地認識中國現代文學的特質,就必須回到「民國」的語境,清理「民國」與「人」的豐富聯繫。

「民國機制」作為一種研究框架或研究視野的意義不容小覷,它可以衍生出諸多學術增長點。但這又是一項十分具有挑戰性的工作,在民國歷史中尋找中國現代文學的「機制」,難免要陷入歷史的瑣碎、繁複與無序當中,任何一個事件都可能與諸多社會因素有豐富聯繫,如何在瑣碎中把握歷史的規律,如何在瑣碎中提煉出中國現代文學的整體特色,將成為擺在研究者面前必須克服的難題。不過,萬事開頭難,在中國現代文學既有框架出現危機的境況下,唯有勇於嘗試,才可能打開學科發展的新局面 —— 這不正也是中國現代文學的基本精神嗎?

---

12 王富仁:《對一種研究模式的質疑》,《佛山大學學報》,1996 年 2 期。

# 第四章　走向「空間」史學 (一)

## —— 文學史中的時間、空間與人

　　作為中國現代文學研究中的一種全新視野，「民國」已經成為學界的熱門話題。不過「民國熱」的背後也暴露出諸多的隱憂，譬如：如何從概念走向問題，從而切實開拓出文學史研究的新範式，整體推動研究的發展；如何有效整合不同提倡者對「民國」文學史意義的發掘，使「民國」與中國現代文學的關係由紛繁變得單一，從而以更有包容度的姿態吸納更多的研究者參與等。這些問題關係到「民國視野」的有效性問題 —— 新的視角只有推動具體研究的新發展才算是有效的視角。在推動具體研究的方面，「民國視野」中的不同視角需要取長補短、交流對話，形成更有整合力的理論體系，只有這樣「民國視野」才能形成一個開放性的研究框架，容納更多的參與者。

　　在「民國視野」不同視角中整合理論資源，「『民國』的文學史意義」是首先值得思考的問題。當「民國」之後被加上不同的尾碼，諸如「民國文學史」「民國史視角」「民國機制」，研究者對「民國」文學史意義的理解及對其限度的認識自然有所不同。但值得注意的是，研究者對「民國」

文學史意義理解的差別，很大程度緣於針對了學科發展中的不同問題，也就是說，因為不同研究者意識到學科發展中的不同問題，才產生了「民國視野」的內部差異，只要我們換個視野，從正面直接去探討「『民國』的文學史意義」，很多不必要的紛爭就可以迎刃而解。不過，從正面探討「民國」的文學史意義，就不能局限於文學史的表面問題，只有從表面問題之後挖掘出中國現代文學史建構中的基本理論問題，才可能對「民國」的文學史意義進行較為客觀的評估。從這個角度出發，本文擬從中國現代文學史建構中的時間、空間和人三個側面，對「民國」的文學史意義進行探討。

## 一、「民國」與中國現代文學史的時間問題

中國現代文學自學科誕生以來，出現了多種建構文學史的理念和框架，這些理念和框架推動了學科的發展，但變更較為頻繁。文學史觀的變化、更迭是史學研究的必然規律，但變化太過頻繁、更迭中斷後延續卻容易造成學科發展的不穩定，不利於學科走向成熟。中國現代文學研究一再敏感地將視野投入到文學史理論，正是出於學科發展的焦慮。不過，就反思中國現代文學學科困境而言，與其急於找到一種更好、更科學的文學史框架，不如靜下心來重新審視中國現代文學的自身特點 —— 很多文學史觀的出現都是為了推翻或更替另一種文學史觀，至於其自身的合理性和限度，學界並沒有認真深刻反省；造成的結果是，一種文學史觀在前期被全面肯定，而到後期又被全面否定，這本身便不符合學術的精

神。重新審視中國現代文學的自身特點，中國現代文學研究中文學史觀念變更頻繁的問題，可以從「時間」上進行探討，問題的根本可以從中國現代文學的「未完成」狀態談起。

　　中國現代文學的「未完成」狀態是個相對的判斷，相對於中國文學在 19、20 世紀之交的變革，新興的「中國現代文學」在一個多世紀的歲月裡雖然幾經顛簸，但終究未有終止或另立新宗的跡象。雖然為了研究的需要，文學史家分割出諸如狹義的「現代」「二十世紀」等斷代區域，但都未能提供公認、有充分說服力的理由。從理論上講，歷史研究的物件在時間上應該處於「完成時」的狀態 —— 唯有如此，才可能有蓋棺論定的結論，才符合科學的精神；「未完成」意味著不確定性，對不確定事物的任何判斷都只能算是「假說」「猜想」，難以構成具有穩定性的信史。當年，一些中國現代文學的開創者認為「當代文學不宜作史」[1]，理由便是如此 —— 其實深究起來，與之相對的「現代文學」何嘗不是如此呢？

　　不過，「未完成」狀態似乎並非是中國現代文學難以作史的全部原因，中國古典文學在長達兩千多年的歷史發展中，期間不乏有為前朝文學作史的經驗，而且所成著述還往往成為傳世經典，諸多觀點被沿用至今。要回答這個問題，我們必須再次從中國現代文學的特點出發去考慮。相對于中國古代文學的發展歷史，中國現代文學是一種「異質性」的文學，雖然它與中國古典文學有千絲萬縷的聯繫，但在語言、思想、情感、形式、生態等等方面還是發生了巨大的變化，

---

1　唐弢：《當代文學不宜作史》，《文匯報》，1985 年 10 月 29 日。

因此中國現代文學研究的一個重要任務，便是要探究這種「質」到底是什麼。不能回答這個問題，文學史家便難以說清這種文學之變的來龍去脈，就難以清晰地描述這種文學。中國古典文學在發展過程中，雖然「一個時代有一個時代之文學」的說法，但文學並沒有發生「異質性」的變化，因此只需沿用既有的文學理論知識，就足以說清文學的變化，也足以勾勒一個朝代的文學面貌。所以，雖然中國古典文學在發展過程中，也有為前朝文學撰史的成功先例，但在同質的文學當中，一個朝代就足以構成封閉的文學史狀態，並非是此處所說的「未完成」狀態。

中國現代文學自發生至 1949 年，似乎構成了一個較有說服力的「完成」狀態，但就文學發展的事實看並非如此。「二十世紀中國文學」提供了另一種文學斷代的可能，但文學史專家依然無法提供其與之後文學進行有效區分的理由。是否可以依照古典文學做法，在中國現代文學之內按照政治時期進行斷代，進而得出「信史」呢？這種想法在理論上可行而且是必要的：如果中國現代文學如同古典文學一般形成自己的傳統，那麼「斷代作史」無疑非常必要。然而，斷代作史碰到的難題，依然是「新文學」的「質」的問題，即這種新型的文學史究竟如何發生。不能回答這個問題，也很難說清一個時期文學與之後文學發生的變化。

所以說，中國現代文學的「未完成」狀態和「異質性」的存在，構成其史學研究的內在困境：「未完成」狀態決定了任何對這種新型文學傳統的概括都缺乏足夠的穩定性和全面性，而「異質性」的存在使對這種新型傳統的解釋成為其

史學研究的前提和基礎。這種困境在中國現代文學學科史上表現十分明顯，自這個學科誕生以來，出現了諸多文學史的架構方式和命名方式，如：「新文學」「中國現代文學」「二十世紀中國文學」等，每一種架構和命名都在很短的時間內就暴露出弊端和不足，都會出現文學史研究的偏頗和失衡──這是中國現代文學研究必須正視的問題。

以「民國」為期對中國現代文學作斷代研究，能不能解決中國現代文學研究的內在困境？答案是否定的。因為一旦涉及中國現代文學的「質」，「民國文學」的封閉性就自行解體──「現代文學」的外延顯然大於「民國文學」。不過，在建構成熟的中國現代文學史的條件尚不充分的境況下，以「民國」來結構文學史卻不失為很好的嘗試。與「中國現代文學史」相比，「民國文學史」是一種不同的文學史架構方式：它不強調「現代/古典」「新/舊」文學的變異性，因此可以避免如何解釋「現代」的問題；在不強調文學變異的前提下，「民國」作為一段較為明確的歷史時期，也不存在史學研究忌諱的「未完成」狀態。當然，在民國文學史的架構下，新、舊文學的混融狀態，會模糊文學史對新文學清晰發展脈絡的展示，會出現如何跨越「新/舊」「嚴肅/通俗」評判文學的標準問題。但這些新的問題也會激發新的思考，譬如在民國文學框架下可能出現的問題：在現代文學已經發生的空間下，新、舊文學創作的關係探析；嚴肅文學與通俗文學的「文學性」考辨；民國體制與現代文學發展的空間探微；「左」「中」「右」文學所形成的文學生態問題等等──其實也是充分理解「中國現代文學」的必要基礎，是推動學科

發展的新的「學術增長點」。以一直以來頗有爭議的現代舊體詩詞入史問題為例，它之所以引起爭議，不在於文學史背後的「權力」因素，而是我們找不到它在「現代」空間下的合理位置。只有我們明瞭了「新」「舊」文學在現代空間下的關係，更深刻理解了「現代」的內涵，自然就能夠給出理性的選擇。從這些問題出發，增進對這些現代文學中的異質文學的瞭解，比簡單將之棄之門外顯然更加科學。

## 二、「民國」與中國現代文學史的空間問題

在「民國視野」出現的背景中，「現代性」理論框架失效造成文學史評價體系的紊亂是重要原因。作為一種被命名為「現代」的新型文學傳統，探索其「現代性」是天經地義、水到渠成的選擇，但這種本可以推動學科發展的做法，不能說沒有為學界帶來新的契機和思考，卻造成學科內部根本性的分歧。譬如，同樣是探討文學的現代性問題，有人在中國古典詩詞中發現了「現代性」[2]，有人在晚清文學中發現了「被壓抑的現代性」[3]，有人卻在中國現代文學中發現了「近代性」

---

2　參見江弱水著《古典詩的現代性》，正如該書題名，作者對古典詩歌的「現代性」進行系統闡述。當然此時的「現代性」就成了一種標準。（生活・讀書・新知三聯書店，2010年）

3　王德威在《被壓抑的現代性：晚清小說新論》中認為「『現代』一義，眾說紛紜。如果我們追根究底，以現代為一種自覺的求新求變意識，一種貴今薄古的創造策略，則晚清小說家的種種試驗，已經可以當之。」（北京大學出版社，2005年，第5頁）

—— 不具有「現代性」<sup>4</sup>，這就形成了極為荒誕的效果：如果中國古典文學已經具備了現代性，那麼何來古典與現代的區分呢？如果中國現代文學不具備「現代性」，那麼中國現代文學被命名的依據何在呢？

其實問題的癥結在「空間」上。「現代性」歧義產生的背後，有一個微妙的空間關係，那便是以西方現代文學為標準來參照中國現代文學。但是，「西方現代文學」是多樣化的存在，它並沒有形成某種千篇一律的標準，不同的人對其整體特徵的認識並不相同 —— 這就形成了一個極為荒謬的結果，不同的人用不同的尺子來丈量中國現代文學，最終評價體系的崩潰是必然的後果。其實不論「西方現代文學」是否構成了本質主義的「現代性」，單純從用西方標準來衡量中國文學的做法來看，也充滿荒謬。中西文學有不同的傳統，步入現代後的發展路徑理應不同，預設中國現代文學沿著西方現代文學發展的軌跡前行，不僅是文化的無知也是文學的無知 —— 如果文學的發展只是為了步人後塵，又豈有存在的理由？歸根結底，中國現代文學的「現代性」困境，在認識論上的癥結，便是在把握文學史時缺少「空間」思維，換句話說，學界在認識「中國現代文學」時，並沒有將之視為一個獨立的空間。

中國現代文學研究中，「空間」思維缺乏表現是否明顯，最突出的表現為兩個方面：中國現代文學的時空結構長期處於不穩定的狀態，文學史家常常根據對「現代」的不同理解

---

4 楊春時、宋劍華：《論二十世紀中國文學的近代性》，《學術月刊》，1996年12期。

而改變「中國現代文學」的外延；其次，「中國現代文學」
對自身的定義也是「非空間性」的，它常常被視為一個「過
程」，而不是一個有獨立意義的空間[5]。正因為如此，中國現
代文學史研究中，時間成為異常突出的因素，學界對「中國
現代文學」內涵認識的深入，常常直觀地外化成文學史「時
間」的改變；而通過對文學史「時間」的調整，「中國現代
文學」的內涵也就發生了相應的改變。我們可以從建國後出
現的有代表性的文學史著中，非常明顯地看到「現代」內涵
與文學史「時間」的關係。具體見下表：

| 「現代」的內涵 | 「中國現代文學」發生時間（標誌） | 「中國現代文學」終止時間（標誌） | 代表文學史著作 |
| --- | --- | --- | --- |
| 反帝反封建 | 1919（五四運動） | 1949(第一次全國文學藝術工作者代表大會) | 王瑤：《中國新文學史稿》（1951、1953）；唐弢《中國現代文學史》（1979） |
| 現代化 | 1917 年（《文學改良芻議》發表） | 1949 年（第一次全國文學藝術工作者代表大會） | 錢理群、溫儒敏、吳福輝：《中國現代文學三十年》（修訂本）（1998） |

5 在「中國現代文學史」建構的敘事中，它常常被認為是一個「過程」，譬
　如王瑤《中國新文學史稿》中對中國新文學的定位：「中國新文學的歷史，
　是從『五四』的文學革命開始的。它是中國新民主主義革命三十年來在文
　學領域中的鬥爭和表現，用藝術的武器來展開了反帝反封建的鬥爭，教育
　了廣大的人民；因此它必然是中國新民主主義革命史的一部分」。（《王
　瑤全集》〈第三卷〉，河北教育出版社，第 35 頁），如果聯繫毛澤東對
　「新民主主義」是中國革命一個階段的論斷，「新文學」顯然就是一個過
　程。再如錢理群、溫儒敏、吳福輝《中國現代文學三十年》（修訂本）中
　的論斷：「這樣的『文學現代化』，是與本世紀中國所發生的『政治、經
　濟、科技、軍事、教育、思想、文化的全面現代化』的歷史進程相適應，
　並且是其不可或缺的有機組成部分。」（北京大學出版社，1998 年，前
　言 1 頁）

| 現代性 | 1898 年前後（甲午戰敗） | 世紀末 | 朱棟霖、丁帆、朱曉進：《中國現代文學史》（1917-1997）（1999）嚴家炎：《二十世紀中國文學史》（2010） |
|---|---|---|---|

　　在歷史把握中忽略「空間」維度，是歷史決定論的結果，更具體地講是現代性宏大敘事的產物。歷史決定論認為歷史具有必然性、規律性和因果性，它在現代社會的表現形式便是「宏大敘事」。宏大敘事將歷史設計成一種完整的、全面的十全十美的敘事，「由於將一切人類歷史視為一部歷史、在連貫意義上將過去和將來統一起來，宏大敘事必然是一種神話的結構。」[6]在這種敘事面前，「空間」被不斷壓縮直至成為似有似無的「線」。從對研究的影響而言，在歷史把握中忽略「空間」之維，對文學史實的把握就不免要受到「當代思維」的影響，因為在線性敘事的習慣中，任何歷史事件都不可避免地被視為某個相關歷史事件的「前史」或「後史」。對狹義的「中國現代文學」而言，「前史」出現的前提是「當代」概念的出現，這意味著「未完成」的中國現代文學，被人為分割成狹義的「中國現代文學」和「中國當代文學」，由於前者並不具有獨立性，因此就會被不由自主地置於「前史」地位。歷史研究雖然不可避免地要受到「當代思維」的

---

6 Dorothy Ross, Grand Narrative in American Historical Writing: From Romance to Uncertainty, The American Historical Review, 100（1995），P. 653.

影響，但在主觀上，避免先入為主的態度也是史家的共識，因為只有如此才可能對歷史有較為穩定的看法。譬如學界對「五四新文化運動」的理解，無論是將其視為「新民主主義」的起點[7]，還是中國現代啟蒙運動的開始[8]，或是「一體化」的開端[9]，或是「文化大革命」的源頭[10]，無一例外都是將其視為某個不同歷史時期的「前史」。正因如此，五四的形象才會出現如此巨大的反差，而五四究竟是一種什麼樣的面貌卻缺乏深入的刻畫。這正是「前史」思維的弊端。

　　除了「前史」思維的弊端，文學史研究「空間」意識的缺乏，可能導致對歷史發展中具有穩定性、永恆性的精神產物缺乏把握。中國現代文學學科奠基者之一的王瑤先生，就曾經對文學史研究中的習慣思維進行過反思：

　　經常注視歷史的人容易形成一種習慣，即把事物或現象看作是某一過程的組成部分；這同專門研討理論的人習慣有所不同，在理論家那裡，往往重視帶有永恆價值的東西，或如愛情是永恆的主題，或如上層建築決定於經濟基礎之類。

---

7　毛澤東：《新民主主義論》，《毛澤東選集》（第二卷），人民出版社，1991 年，第 662-711 頁。

8　參見李澤厚：《中國現代思想史論》，生活・讀書・新知三聯書店，2008 年。

9　洪子誠：《中國當代文學史》，北京大學出版社，1999 年，第 4 頁。

10　林毓生在《中國意識的危機》中認為：這種當代的文化曖昧性（或當代的文化危機）的直接歷史根源，可以追溯到 20 世紀初中國現代知識份子起源的特定性質，尤其可以追溯到 1915-1927 年五四運動時代所具有的特殊知識傾向。在中華人民共和國的歷史中，又重新聽到了五四時代盛極一時的「文化革命」的口號，其中最富有戲劇性的場面就是 1966-1976年間「偉大的無產階級文化革命」。這絕非偶然。這兩次「文化革命」的特點，都是要對傳統觀念和傳統價值採取嫉惡如仇、全盤否定的立場。（貴州人民出版社，1986 年，第 3 頁）。

研究歷史當然也需要理論的指導或修養，但他往往容易把極重要的事物也只當作是歷史發展過程中出現的一種現象；這是否有所遮蔽呢？我現在只感覺到了這個問題，還無力作出正確的答案，這或者正是自己理論修養不足的表現。[11]

王瑤先生這裡所說的「遮蔽」，到底意味著什麼？這是個仁者見仁的問題。不過，從其將「歷史－理論」「過程－永恆」對立起來的觀點看，他所要強調的是「歷史中的永恆事物」，也就是說很多被視為「過程」的東西，是不是具有「永恆」的價值呢？換句話說，他是對決定「過程」的文學史觀的懷疑；從歷史哲學的角度，他是在對歷史的時間把握中，樹立一種「空間」意識 —— 如果中國現代文學是一個獨立的空間，很多被視為過程的事物是否擁有了永恆的價值呢？

在今天的立場上，王瑤先生所說的文學史中「永恆價值的東西」，至少在兩個層面上值得學界深思：第一，當「進化式」的線形歷史成為過往，「現代」的內涵便不一定隨時間的發展呈現日趨豐富的趨勢。也就是說，今天的文學（包括文學制度、文學生態）並不一定比過去的文學更具現代內涵，過去的文學也不一定比今天的文學缺乏現代內涵，因此，簡單地將過去的文學視為一個過程，顯然不利於對中國現代文學「現代」內涵的揭示。與之相適應，學界應該從「空間」上把握中國現代文學的「現代」內涵，「現代」應該是由不同時期人類文明的「制高點」形成的空間結構，在這種結構下，歷史當中的每一個點都有可能成為「制高點」，就有可

---

11 王瑤：《王瑤全集》（第五卷），河北教育出版社，1990 年，第 662 頁。

能成為「永恆價值的東西」。第二，與拋棄線性歷史相對應，中國現代文學也應該從中西二元對立的思維中解放出來。如果「現代」是由不同時期人類文明的「制高點」形成的空間結構，那麼「中國現代文學」的空間不可能與「中國古代文學」或「西方文學」的空間重合或被遮蔽，因為人類文明的向度並非一致，因此成就並不具有完全的可比性。因此中國現代文學創造出的在人類文明中的「制高點」，也是「永恆價值的東西」。在過去研究中，很多學者將「現代性」視為全球普世的某種標準，由此來衡量中國現代文學，得出所謂「二十世紀文學的近代性」「譯介的現代性」等看法，都是用西方標準來消解中國現代文學的獨立性。這也是對中國現代文學研究中「永恆價值的東西」的漠視。

　　從確立中國現代文學研究的「空間」意識的角度看，「民國」的重要文學史意義在於它也是一個「空間」，雖然「民國空間」與中國現代文學的「現代空間」並不能簡單地畫上等號，但它對於增進學界對「現代空間」的認知卻大有裨益。作為兩種不同的歷史認知方式，「民國空間」與中國現代文學的「現代空間」是平行結構，雖然兩者的具體所指可能有重合之處，但它們所要展示的歷史內容卻存在差異：「民國空間」所要揭示的是一種政權形式為文學提供的生存空間，「現代空間」則是現代文學在一定時空內創造出的精神空間。如果將「民國空間」等同於中國現代文學的「現代空間」，就等於將「民國文學」視為中國「現代文學」的標準。這不僅不符合歷史實際，在認識上也犯了機械主義的錯誤。不過，在「現代」的時間邊界尚存在爭議之時，「民國」至少在以

下三個方面對於中國現代文學研究有不可忽視的意義：首先，它可以說明我們將歷史物件認識固定在一定的時空內，避免「前史」思維對歷史物件的人為變形和歪曲；其次，它將民國時期的文學視為一個獨立的空間存在，在方法論上克服了「中西二元對立思維」的思維「瓶頸」；最後，民國空間中涉及國家體制與文學發展複雜關係的重要內容，本身也是「現代」的重要內涵之一，對這些現象的揭示也是對「現代」的深刻揭示。

## 三、民國與中國現代文學中的「人」的問題

「民國」在中國現代文學研究中出現的重要原因之一，在於它補充了中國現代文學研究中的很多缺失，譬如張中良先生提出的「民國為中國現代文學提供的發展空間」「還原面對民族危機的民國姿態」等問題，李怡先生提出的「民國機制」問題，都是中國現代文學研究中的「盲點」（或是重視不夠的領域）。這些問題的出現，可以歸咎於文學史研究中「空間」維度的缺乏，因為這些問題都屬於「空間」問題，如果我們恢復了中國現代文學發生發展的空間，這些問題就可能不會成為盲點。但是歷史畢竟是歷史，歷史空間的恢復只能依靠後人的想像，即使我們填補了這些盲點，其實依然可能還有很多新的盲點存在著。就恢復歷史的空間的角度，我們必須在文學史中加入「人」的維度，因為任何空間都是為人的實踐所創造，只有牢牢地把握了「人」的維度，才可能充分還原歷史的空間。張中良先生和李怡先生指出的研究

「盲點」，從「人」的維度去思考，是中國現代文學史研究的基礎問題，文學是由「人」創造的，人的活動離不開所處時代的社會語境，不考慮「人」與時代的關係來談文學 —— 至少不符合史學研究的規範。

但是在既往的中國現代文學研究中，「人的文學」的傳統常常被忽略 —— 或者說並沒有被充分體現出來。王富仁先生在 20 世紀 90 年代批判「中西二元對立」思維時曾指出了這一問題。他指出：

> 這個我們過去常用的研究模式有一個最不可原諒的缺點，就是對文化主體 —— 人 —— 的嚴重漠視。在這個研究模式當中，似乎在文化發展中起作用的只有中國的和外國的固有文化，而作為接受這兩種文化的人自身是沒有任何作用的，他們只是這兩種文化的運輸器械……[12]

王富仁先生在具體分析中，指出「人」在中國現代文學發展中的作用主要體現為兩個方面 —— 選擇和創作。具體說來，在中西既有文學傳統和文學資源下，「人」的「選擇」推動了歷史的具體進程；「人」的「創造」為歷史發展注入了「各不相同的個人因素」。其實這也是美國學者安德魯·芬伯格認為「可選擇的現代性」[13]的存在原因，正是「人」

---

12 王富仁：《對一種研究模式的質疑》，《佛山大學學報》，1996 年第 1 期。
13 〔美〕安德魯·芬伯格：《可選擇的現代性》，陸俊等譯，中國社會科學出版社，2003 年。

的參與，歷史發展並非理想狀態的客觀公正，而不可避免地加入了「人」的痕跡。

準確地說，過去的文學史研究也並非沒有注意「人的文學」的重要意義，只是僅僅將其理解為文學的性質問題，將「人」理解成某種觀念和主義。這就將「人的文學」的內涵偏狹化了，「人的文學」不僅是中國現代文學的一面旗幟，也是文學史研究中的一個常識；它不僅是文學性質的區分標準，也包含了「人創造的文學」的動態內涵。忽略了後一個內涵，就忽略了人的具體性，就是對「人」的理解的偏狹。

其實，在文學研究中忽略了「人」的作用，也是對「文學」理解的偏狹。文學研究中「二元對立」思維的背後，有一個抽象的「文學」存在，即文學是某種樣態。正是有這種思維的存在，研究者便可以在一部文學作品、一個文學思潮中發現「本源」的因素。這種對文學抽象理解的弊端十分明顯，它肢解了文學（作品或思潮）的完整性，同時也僵化了文學傳承的豐富性。

對「人」和「文學」的抽象理解並不僅僅是人為的結果，在某種程度上，它可以視為「現代」歷史框架的必然局限。按照法國社會學家列斐伏爾對「空間」歷史的考察，「現代」是資本主義「抽象空間」的表徵。「抽象空間」是列斐伏爾根據資本主義生產方式而界定的一種社會空間，它的顯著特點是「擦除區分」[14]，資本主義的本性，決定了資本主義的抽象空間必然以消除各種空間性差異，實現世界空間的一致

---

14　Henri Lefebvre. The production of space. Translated by Donald Nicholson-Smith. Oxford UK Blackwell, 1991 P48.

性為目標。「現代」作為抽象空間的表徵，是構想出來的人類歷史的發展階段，它被假想為全人類的必經選擇，其內涵也被進行了本質主義的界定，否定了差異性「現代」存在的可能。在此歷史框架中，人的差異性和文學的豐富性自然便受到壓制，「人」和「文學」都變成扁平化的存在。

因此，在中國現代文學研究當中，不僅應該在認識論上加入「空間」之維，還應該注意到這個「空間」不是一個「抽象的空間」，而是一個「差異空間」。「差異空間」是列斐伏爾對資本主義「抽象空間」的批判後創造出的一種理想空間。所謂「差異空間」，即強調差異性，從而給個體充分的自由。其實，只要中國現代文學研究中體現「人的文學」的精神，中國現代文學的空間自然是一個「差異空間」，因為「人」是豐富的。只要注意到「人」在中國現代歷史中的具體存在，中國現代文學必然呈現出豐富性、差異性、多元性。反過來，只有我們在意識中認識到「現代」是差異性的存在，中國現代文學本身便是多元並呈的格局，「人的文學」的精神也自然會在研究中得到貫徹和體現。

就「空間」的性質而言，「民國」建構的歷史時空屬較為中性的「歷史空間」，其特點是它並不強調內部事物的有序性，既不強調抽象的統一，也不強調差異的多元。就恢復「人」在文學發展中的主體地位而言，在「差異空間」尚難以建構的境況下，中性化的「歷史空間」是有效的補充。「民國文學」將「文學」回歸到「民國社會」的廣闊空間，在這個空間中，「文學」和「人」的具體性都可能得到極大還原，它有助於我們建構中國現代文學的「差異空間」。

# 結語：史學的「民國」與方法的「民國」

概括起來，「民國」的文學史意義可以從史學和方法兩個層面上進行考察。在史學上，民國在時間上的確定性，可以為「未完成」的中國現代文學史提供了一種斷代考察的可能，這對於尚處於無限發展中的中國現代文學而言，可能是長期採用的權益之舉；其次，作為一種用「空間」結構文學史的新範型，可以幫助中國現代文學研究回到正常的時空結構之中，打破現代性「宏大敘事」和中西「二元對立」思維造成的文學史認知的先在偏見，突出中國現代文學的獨立性和創造性；最後，「民國」作為一個中性歷史空間，可以避免「現代」抽象空間對「人」和「文學」豐富性的壓制，從而可以最大可能地彰顯中國現代文學的內在豐富性。

「民國」的史學意義對於具體研究而言，可以生髮出許多新的研究點，如「民國史與中國現代文學」，「民國機制」中涉及民國法律、民國出版、民國政治、民國經濟等因素與中國現代文學的關係，再如國民黨政權主導下的文學現象和文學思潮等等。在過去的研究中被忽略，或者有研究但考察不深入，對這些問題的深入研究，可以豐富我們對中國現代文學的認知。

「民國」的史學意義，決定了「民國文學」作為一個歷史框架在當下的必要性 —— 甚至在未來的文學史研究中，「民國文學史」可能成為長期的斷代策略。但在具體研究中，我並不認為可以拋棄「現代」，雖然「現代」作為一種本質化、

抽象化的歷史建構策略顯出了諸多弊端，但正如美國學者斯蒂芬·埃裡克·布隆納在啟蒙受到質疑後「重申啟蒙」一樣，「現代」和「啟蒙」作為一種「進步思想」，「保留了一種批評的維度，因為它意味著質疑現有的確定性」[15]。這種批評的維度對於當下中國來說，具有不可或缺的意義。

在「民國」的史學意義中，我們還能覺察到「民國」作為一種「方法」的存在，那便是在文學史研究中加入了「空間」維度。其實，無論是「民國文學史」「民國史視角」，還是「民國機制」，背後體現的都是一種「空間思維」，更具體地說，都是將中國現代文學置於「民國空間」中去認知、理解和研究。這個過程，看似彰顯了「民國」，實際體現出的是「空間」精神。中國現代文學研究過去太注重時間的延續性，認識事物習慣於前後聯繫、左右參照，以便形成一個時間的敘事，這種做法導致的結果，便是對歷史物件的認識遮蔽與彰顯同在，大到整個「中國現代文學」，小到具體的思潮、流派、作家，文學史都不能為其塑造一個正面的、確定的形象。其實，這正是在文學史研究中缺少「空間」維度的弊端，如果不能在「空間」上把握一個物件的存在，這個物件便失去了它的獨立性和確定性，沒有獨立性的事物怎麼可能會有確定的形象呢？

「中國現代文學」長期處於這樣曖昧不明的境地，作為一個獨立學科，它老是被置於中國古典文學和西方現代文學的「夾縫」當中，似乎具有自己的獨立性，又似乎不過是另

15 〔美〕斯蒂芬·埃裡克·布隆納：《重申啟蒙：論一種積極參與的政治》，殷杲譯，江蘇人民出版社，2006年，第23頁。

外兩種文學的一個「影子」。真的是這樣嗎？問題的根本是，我們從來沒有去認識中國現代文學的「空間」，沒有認識到在這個新型文學傳統的背後，有一個更加確定更加獨立的「現代空間」——有了這個「空間」的存在，「中國現代文學」必然與「中國古典文學」和「西方現代文學」拉開了距離。

為了說明中國現代文學的獨立性，王富仁先生曾經創造性地提出了「對應重合論」，他以魯迅為例對此理論進行了具體說明：

> 魯迅對周圍現實的反諷態度與果戈理等外國作家對他們自己的社會的反諷態度、與吳敬梓等中國古代作家對他們那時的中國社會的反諷態度在魯迅這裡構成了一種重合的關係，由於這種重合，三者的界限在魯迅這裡已經不具有實際的意義，你同時可以用三種不同的方式指稱它，你可以說它是外國文學的影響，也可以說它是中國古代文學傳統的繼承，又可以說是魯迅個人的獨立創造，但不論怎麼說，都不意味著中外文化的簡單對立。[16]

其實，如果從空間的角度認識這一問題，魯迅的創造性更容易得到彰顯。魯迅的反諷與果戈理和吳敬梓的反諷最根本的差別，是它們存在的社會空間的不同，更具體地講是魯迅與果戈理、吳敬梓社會遭遇的差別，這決定了他們進行反

---

16 王富仁：《對一種研究模式的質疑》，《佛山大學學報》，1996 年第 1 期。

諷的動力、對象已經包含情感的差別，直至最終審美效果的
差異。不僅是魯迅，中國現代文學的很多作家的獨創性，只
要在空間的範疇中去認識，都能得到更加深刻的認知。

在這裡，為了更清晰地說明中國現代文學研究中增加「空
間」維度的必要性，很有必要對「空間」的具體內涵作更進
一步的說明。「空間」不是一個假想之物，它的基礎是人的
實踐活動；「空間」之所以應該成為歷史考察的重要維度，
是因為人的實踐活動首先在「空間」中展開。因此，「空間」
的第一層內涵是與人的實踐活動相關聯的諸多社會因素所形
成的社會關係。就文學研究而言，它便是張中良先生所要進
行的「歷史還原」之後的社會空間，也是李怡先生在闡述「民
國機制」時指出的「是從清王朝覆滅開始在新的社會體制下
逐步形成的推動社會文化與文學發展的諸種社會力量的綜
合」[17]。其次，就人的實踐而言，它不僅在一定的社會空間
中展開，同時又創造出新的社會空間。「（社會）空間是（社
會的）產物」[18]，這對於文學研究的啟發意義在於，在一定
社會空間中形成的文學思潮、流派、分類又構成了一個新的
空間，譬如現代文學中左/右、新/舊、雅/俗的關係，也形成
一種「空間」存在，也是文學研究的重要內容。「空間」的
兩個層面內涵在具體歷史過程中形成辯證的關係，「空間」
既是因又是果，既是產物又是前提，正是這個動態的過程，
「空間」與「歷史」不可分割地結合在一起。

---

17 李怡：《民國機制：中國現代文學的一種闡釋框架》，《廣東社會科學》，
　　2010 年 6 期。
18 Henri Lefebvre. The production of space. Translated by Donald Nicholson-
　　Smith. Oxford UK Blackwell, 1991 P26.

　　從「空間」的角度，許多中國現代文學研究的難題更容易得到合理的解決。譬如中國文學的現代之變，過去從文學的思想、語言、制度、形式等等方面進行分析，得出的結果基本上都是「傳統之中有現代，現代當中有傳統」——這種模棱兩可的說法等於沒有做出回答。實際上，中國現代文學之變是形成了一個新的文學「空間」，在這個空間中，即使是同質的文學技巧、類型，因為與周圍事物關係的變化，自身也已經發生了變化。譬如上文提到的魯迅作品中的「反諷」，再譬如飽受爭議的「舊體詩詞」，再譬如學界常提的「抒情傳統」「中國經驗」種種，當它們出現在不同的敘事結構、文類結構、表意習慣中，與不同的精神個體相聯繫，自身已經發生了變化。

　　準確地講，過去的中國現代文學研究，並非全然沒有注意到「空間」，譬如「階級分析法」也注意到政治、經濟環境對文學發展的影響；「純文學」觀下的外部研究也挖掘出現代傳媒制度等因素的重要意義；包括「純文學」要將文學從政治的陰影下獨立出來，都是從「空間」出發進行的思考。但是，這些對空間的思考，都存在著各種各樣的偏狹，最終並沒有改變文學史被時間主宰的事實。「階級分析法」對文學政治經濟制度的考察，「外部研究」對文學工業的研究，都只是將「空間」理解為文學生產的「物質空間」，忽略了文學生產、空間與「人」的豐富聯繫，因此並不能對中國現代文學所形成的空間進行整體把握。而「純文學」將文學視為一個獨立的空間，在「物質空間」之外認識到人的「精神空間」的存在，但它將「精神空間」與「物質空間」對立起

來，忽略了「人」的完整性，因此也難以全然揭示中國現代文學的空間內涵。正是這些原因的存在，文學史研究留給了「民國」歷史文化框架豐富的闡釋空間。

# 第五章　走向「空間」史學（二）

## —— 以延安時期文學研究為例

　　「民國視野」出現後，最容易受到質疑的地方，是其與延安時期文學的關係問題。作為 20 世紀中國文學兩條重要的「傳統」之一，延安時期文學似乎游離於民國之外，不僅「外部空間」與「民國機制」有一定距離，文學形式也與「民國文學」具有異質性。正是如此，延安時期文學研究在某種程度上成為判定「民國視野」有效性的「試金石」：如果「民國視野」能夠成為延安時期文學研究不可或缺的新視野，則說明其具有推動學科發展的「范式」意義；反之，只能說明這種視野具有一定的局限性，只適宜在具體研究領域內使用，並不適用於整個中國現代文學。這也是本文寫作的重要目的：以延安時期文學研究為例，檢討「民國視野」的文學史意義；同時，也借這個問題糾正「民國視野」在傳播中出現的種種誤解和誤讀。

## 一、「解放區文學」中的文學史問題

　　對於「延安時期」（1936～1948）的文學，學界習慣將

其稱之為「解放區文學」。暫且不論這種命名的方式是否科學，這個命名的由來，已經決定了學界對這一時期文學認識的眼光和視野。在某種程度上，關於這一時期文學研究的問題和困境，都可以從這種命名方式中找到答案。

「解放區文學」的由來，可以追溯到周揚在 1949 年 7月召開的中華全國文學藝術工作者代表大會（史稱「第一次文代會」）上的報告。在這一次會議上，周揚、茅盾和傅鐘分別作為解放區、國統區和部隊文藝工作者的代表在大會做主題報告，周揚的報告 ── 《新的人民的文藝》中，使用了「解放區文藝」的概念。「解放區文藝」概念的存在，為後來學者在研究中使用「解放區文學」奠定了基礎。在第一次「文代會」上，「解放區」「國統區」都是特定時期的概念：「解放區」出現在解放戰爭當中；「國統區」稱謂出現較早，但最早也僅在抗戰爆發後開始使用。在解放戰爭尚未結束的1949 年，第一次「文代會」根據大會代表的來歷，使用「解放區文藝」和「國統區文藝」等概念無可厚非，但直接將之轉化為學術研究的概念，特別是用來指稱一段時期的文學史，其實欠缺了必要的嚴謹性。「解放區文藝」的問題，在於「解放區」存在的時間較短，雖然周揚在使用這個概念時，為了溯源將其起始時間提前至1942 年，但還是無法指稱 1936～1942 年之間的文學 ── 而今天的學者已經將之劃歸到「解放區文學」的外延中。「國統區文藝」的問題更加明顯，單純從字面上來說，中國現代文學史都可以說是「國統區文藝」── 因為其大多數時間和大部分地區都是「國統」── 如果這樣，這個命名就失去了意義。

　　不過，學者們在後來沿用「解放區文藝」「國統區文藝」
等概念，用它來指稱一段時期的文學史，也並非簡單迷信權
威，在這一次會議上，兩個概念被賦予了新的內涵，這些新
的內涵要求學界在研究相應的文學史時必須使用這兩個概
念。第一次「文代會」的初衷，是為即將誕生的新中國做文
學藝術上的準備工作，新中國文藝未來的走向，都具體包含
在報告者對於「解放區文藝」和「國統區文藝」的評價態度
上。因此，「文代會」過後，「解放區文藝」和「國統區文
藝」就不再是簡單的文學指稱，更是指導新中國文藝走向的
一個「座標」——「座標」是不能隨意變動的。就「解放區
文藝」而言，它對於新中國文藝的「座標」意義，在於代表
了「新的人民的文藝」的發展方向，即新中國文學的「正統」，
這個地位也決定了學界對其研究的方法和視角。

　　「解放區文藝」代表了「新的人民的文藝」的發展方向，
這裡的「解放區文藝」的具體所指值得探討。從宏觀上來說，
「解放區文藝」這種地位的獲得，主要是相對於「國統區文
藝」的正統性，但即便如此，能夠指導新中國文藝走向的「解
放區文藝」也並非解放區文藝的全部，這在周揚的報告和新
中國文藝的諸多動向中鮮明地表現了出來。在周揚的報告《新
的人民的文藝》中，他從「新的主題，新的人物，新的語言、
形式」，「工農兵群眾的文藝活動」，「舊劇的改造」三個
方面闡述「解放區文藝」的特徵和成功經驗[1]，三個方面包含
的文藝作品、文學思潮、文學活動的數量和種類顯然是對解

---

1 周揚：《新的人民的文藝》，《中華全國文學藝術工作者代表大會紀念文
　集》，新華書店，1950年，第69-98頁。

放區文藝實際的簡化。與周揚報告的內容相匹配，為了給新中國文藝提供更加直接的指導，周揚主編的「中國人民文藝叢書」也是以解放區文學作品為主，但更是對解放區實際創作的極大簡化。文學史研究本身具有去偽存真、去粗取精的功能，但周揚對解放區文藝的簡化卻有其自身特點：首先，其簡化的標準是從建構國家意識形態的需要出發，而不是從文學藝術的角度出發；其次，其簡化的目的是為了指導未來的文學創作，而不是直接說明這一時期文學的自身特徵。這兩種傾向，也沿留到建國初期的「解放區文學」研究中。

從反思的角度，學界對第一種傾向的反思和批判已經完成，即擺脫純粹從建構國家意識形態的角度來研究「解放區文學」的視角和方法；與之相適應，新的研究範式也初步建立起來 —— 80 年代出現的「重寫文學史」思潮，完成的便是這項工作。但學界對第二種傾向的反思卻鮮有出現，這種傾向可以簡稱為「溯源式文學史研究」，即為了說明後一段文學史的某種特徵，對前一段文學史進行溯源式的研究。周揚對「解放區文藝」的分析和評價，是從指導新中國文藝實踐的角度溯源；當下學者為說明當代文學的某種走向，從而展開對「解放區文藝」的研究，也是一種「溯源式的文學史研究」。

「一切歷史都是當代史」，在歷史研究中投注當代視野本無可厚非，但如果完全為了溯源來認識一段文學史，也可能出現盲人摸象式的結局。「溯源式文學史研究」容易出現的問題有兩個方面：一是習慣將歷史本質化；二是預設的痕跡比較明顯。從歷史研究的角度，這兩個問題具有矛盾性：

力圖將歷史本質化，首先應該從歷史的事實出發，而不是站在某種立場上預設歷史。換句話說，從預設的角度瞭解歷史，可以體現歷史的一個側面，但絕對不能認為是歷史的「本質化」。但是，「溯源式文學史研究」常常出現的結果是二者同時出現，因為歷史在這種研究當中成為了一種工具，為了證明或批駁某種文化觀念，必須將歷史本質化才更有說服力。試想，當周揚將「解放區文藝」視為「新的人民的文藝」的方向，如果學界並不認為它代表了解放區文藝的「本質」，就是對這種看法有力的駁斥。實際上，學界後來對周揚觀點的駁斥，就是通過這種方式實現的。在「重寫文學史」運動中，通過對解放區文藝作品的「再解讀」「再闡發」，學界完成了對解放區文藝的認識改變。都是相同的材料，卻得出迥然不同的結果，這不由得讓我們反思「溯源式文學史研究」的弊端：究竟我們對所謂「歷史本質」認識的改變，是對歷史認識的加深，還是不過是當下文化環境的轉變？

從歷史研究的角度，「溯源式文學史研究」的根本缺陷是造成了研究物件的不確定。舉個例子來說：學界對「中國現代文學」的認識，在新民主主義史觀和「重寫文學史」後建立的啟蒙史觀下，具體所指並不相同：前者強調了「左翼」傳統下的文學實踐，忽略了游離於這種傳統之外的文學；後者則強調了所謂具有「文學性」的作品，對於「左翼」傳統表現出有意的規避和忽略。也就是說，兩者雖然統一在「中國現代文學」之下，但實際各自談論的事物並不相同。延安時期文學研究也是如此，在周揚強調解放區文藝代表「新的人民的文藝」的方向時，它的具體所指主要是指 1942 年之後

的文藝。啟蒙史觀興起後，一部分學者開始「反思」「重新認識」這一時期的文藝，主要依託的史實是 1942 年之前的文藝 —— 兩種認識主要依據的史實並不相同，只是它們統一在所謂「延安文藝」或「解放區文藝」的名號下。正因為此，中國現代文學研究史上兩種極具影響力的文學史觀，並沒有產生實質性的交集，它們之間的分歧最終演變為純粹話語權力的爭鬥。

　　因為研究物件的不確定，「溯源式文學史研究」對於歷史豐富性的把握不可能深入，為了文學史敘事的合法化和權威性，這種研究方法不僅要「擇取」歷史，對於已經「擇取」的歷史，還必須進行有意簡化。舉個簡單的例子，在新民主主義史觀指導下的文學史敘事，五四新文學、30 年代革命文學、40 年代延安文學和新中國文學，被視為一脈相承的傳統，而熟悉這段歷史的學者都知道，這種敘事下，每一個階段的文學豐富性都被極大簡化。同樣的道理，啟蒙史觀下的文學史敘事，將五四新文學、三四十年代的自由主義文學和新時期文學連綴在一起，認為它們是一脈相承，對每一個具體階段依然是極大的簡化。正是由於「溯源式文學史研究」對「敘事」的渴求大於歷史研究本身，造成了「中國現代文學史」遠落後於「中國近現代史」對歷史的把握，很多文學史研究成果，常常讓人感覺無視歷史的常識。實際上，中國近現代史研究也存在著「溯源式」研究的影響 —— 這本身就是中國近現代史的一部分，但歷史研究因為方法的多樣性，而且因為其研究物件更為具體，對歷史豐富性的把握自然大於了文學史研究。

今天看來，「重寫文學史」的根本局限，就在於沒有在方法論上與新民主主義史觀下的文學史研究拉開距離。「重寫文學史」的意義，是通過文學觀（價值觀）的轉變發現並啟動了一大批被遮蔽的文學史實。就延安時期文學來說，「重寫文學史」發現了「紅色經典」之外的一大批作品。發現了所謂「丁玲現象」「何其芳現象」等知識份子精神中複雜的成分，發現了延安「雜文運動」等這一時期文藝中存在的衝突和矛盾。不過，「重寫文學史」對這些現象的發現，是對歷史的「補充」，而不是對歷史的「豐富」。這是因為，那些被「遮蔽」的文學現象本身就不該被遮蔽，「重寫文學史」發現了它們並賦予其存在的合理意義，是對歷史的「補充」；但「重寫文學史」並不能給原有文學史敘事中的文學現象以新的內涵和意義，而是在文學史中注入了新的偏見，所以它並不能說是「加深」或「豐富」對歷史的理解。

　　這種局限，隨著「新左翼」的興起得到了充分暴露。「新左翼」思潮興起的背後有著深刻的社會原因，可以肯定的是，它是因為中國當下社會問題而產生出的文化情緒和需求。這種文化情緒和需求為了獲得合法表達的依據和方式，與歷史上的左翼文化思潮聯繫在一起，重新為「左翼文化」賦予新的內涵和意義，並將之與「重寫文學史」時形成的啟蒙史觀對立起來。中國現代文學研究中的「二元對立」現象，正是在這樣的背景下形成的，其背後的根本原因便是思想界在觀念上日新月異，但在歷史研究的方法論上沒有更新造成的。在「二元對立」的背後，值得警惕的是，當我們輕易將某種當下文化欲求投射到歷史，歷史真如我們想像的那般面目

嗎？如果不是，其造成的文化誤讀，很可能讓我們陷入歷史的迴圈不能自拔。

# 二、為什麼是「民國」？

應該說，與「重寫文學史」後形成的啟蒙史觀相比，「現代性」理論框架從其出現就帶有明顯的超越性。拋開「現代性」煩冗的理論背景，僅從這個詞語的構詞方式，就大致明白其問題意識的由來。「現代性」就是追問「現代」的性質，將其運用到「中國現代文學」研究中，就是追問「中國現代文學」最根本的特點是什麼。這也比較符合中國現代文學研究中，「現代性」問題出現的原委。[2]正是「現代性」框架的這種特點，就對歷史研究的推動而言，它在兩個方面超越了啟蒙史觀和新民主主義史觀：第一，在時間上，「現代性」研究不是「溯源式」的倒敘結構，而是順時考察一段歷史的整體特徵。第二，在觀念上，「現代性」研究沒有刻意對抗某種文學史觀念，也沒有強制推行某種價值觀念，而是力圖從歷史中發現某種具有本質性的規律。應該說，「現代性」框架的這兩個特點，使它更適合於歷史研究：只有不帶任何

---

2 汪暉在《我們如何成為「現代的」？》（《中國現代文學研究叢刊》1996年 1 期）曾經提到自己思考「現代性」問題的由來：「1985 年，我初到北京念書，向唐弢先生請教的第一個問題是：我們說現代文學是現代的，那麼怎樣解釋『現代』或者文學的『現代性』？唐先生說，這是個很複雜的問題，很難一言以蔽之。因為『現代』概念似乎不是一個時間概念，或者不僅是一個時間概念」。可以看出，作為早期思考中國現代文學「現代性」的學者，汪暉對「現代性」思考起點是：中國現代文學的「現代」特徵是什麼？

預設觀念走進歷史，才能充分發掘歷史的幽微，也才可能不斷加深對歷史的認識。中國學界較早對「現代性」問題進行深入研究的汪暉，他對「中國現代性」的認識，從問題意識到最終論述，都延續了這一思路。然而，從汪暉後來被認為是中國「新左派」代表人物的事實看，他的超越並沒有化解「左翼」與「啟蒙」的鴻溝。在汪暉之後，「現代性」話語叢生，就中國現代文學研究領域來說，能夠超越汪暉的「現代性」研究成果並不多。「現代性」話語在一陣喧囂之後，並沒有對中國現代文學史研究有太大推動意義。[3]

　　「現代性」討論的夭折，具體原因很多，最根本的有兩個方面：在現實層面，「中國現代性」未完成的事實為學界探討「現代性」問題造成巨大障礙。在這種現實境況下，知識份子任何對中國現代性的判斷和認知，都帶有對未來中國道路作出選擇的意味和假設，也無不帶有對於當下政治的表態和評判 —— 它註定是一種必然夭折的理論話語。在學理層面，「現代性」所要解決的問題與其方法論之間嚴重分歧。「現代性」在中國興起的原因，是要在「左翼」和「啟蒙」之外，找到統攝整個中國現代文化與文學的理論框架。然而，「現代性」雖然在名義上超越了「左翼」或「啟蒙」，但在方法論上卻與這兩種史觀如出一轍，它們都力圖用一套「宏大敘事」來說明中國現代的一切問題。「宏大敘事」的特點是唯一性和排他性，是一元文化的外在表現。在當代紛繁複

---

3 參見李怡：《現代性：批判的批判 —— 中國現代文學研究的核心問題》，作者對「現代性」話語在中國興起與衰落的原因有深入的分析。人民文學出版社，2006 年。

雜的現實下，任何一元敘事都不可能滿足人們對於「現代」
的想像。正是如此，「現代性」除了讓很多學者對於當下的
處境感到無所適從之外，很快又陷入「左翼」和「啟蒙」的
二元對立當中。

　　「民國視野」的出現，最重要的意義就是要在方法論上
打破「宏大敘事」的思維習慣。它用固定的時間和特定的空
間，將歷史的豐富性和複雜性釋放出來，借用後現代理論的
話語方式，使文學史研究回到「小敘事」或「地方敘事」。
但「民國視野」與所謂文學史的「客觀化」又不相同。所謂
「客觀化」文學史，就是擺脫一切宏大敘事造成的陰影，使
一個時期每一種文學景觀都被發現並被研究。「客觀化」文
學史觀念看似打破了「宏大敘事」但由於不能深化對一個時
期文學現象之間關係的認識，實際並沒有走出「宏大敘事」
的陰影。譬如在「客觀化」的文學史研究中，「左翼文學」
會被研究，「右翼文學」也會被研究；「新文學」被研究，
「舊文學」也可以被研究；「嚴肅文學」被研究，「通俗文
學」也被研究，看似都沒有被「遮蔽」，但研究者在獨立審
視這一文學現象時，卻常常以忽略對立面的存在為前提：研
究「左翼文學」並不會考慮「右翼文學」存在的價值和意義；
研究「新文學」也不會考慮「舊文學」的現代意義和價值；
研究「嚴肅文學」依然忽略「通俗文學」的廣泛存在，這樣
的「客觀化」，只不過是將宏大敘事「分解化」而已，其行
為等同於掩耳盜鈴。

　　在所謂「客觀化」文學史觀念下，中國現代文學研究中
出現的問題並沒有得到解決，譬如所謂「延安道路」和「啟

蒙思潮」的矛盾、「嚴肅文學」與「通俗文學」的分離、「新文學」和「舊文學」的阻隔，只不過它們的存在方式由一方壓倒一方變成二者分庭抗禮。其實如果再深究下去，在這些詞語的內部，我們依然可以看到「不客觀」的文化霸權和「宏大敘事」的痕跡。譬如「延安道路」，如果考慮到 1942 年前後的具體情況，它是否構成了一條線性的「道路」，值得思考；再譬如「啟蒙思潮」，從五四時期到 20 世紀 80 年代，它們之間真的構成了本質性的聯繫？還譬如所謂「嚴肅文學」和「通俗文學」，它們在 20 世紀 20 年代、30 年代和 40 年代是否具有一致性的標準，也值得推敲。

　　與文學史「客觀化」訴求相比，「民國視野」更強調了「空間性」和「具體性」，這個看似可有可無的要素，卻是文學史研究走出「宏大敘事」進入「小敘事」關鍵。「客觀化」文學史，之所以難以走出「宏大敘事」的陰影，是因為失去具體時空的依託，一種文學現象與另一種文學現象之間的聯繫只能依靠「宏大敘事」的「殘餘」來完成。單純考察「新」「舊」文學、「中」「西」文學、「革命」與「啟蒙」的關係，他們之間只會出現對立、比較、選擇的可能，其中更深層次的關聯不可能被發現。但在具體空間當中，事物之間的聯繫變得十分可感，譬如「新」「舊」文學，它們可能同時出現在一個人、一本刊物、一篇文章當中，在這種具體的語境下，「新」「舊」文學的關係就不能一概而論（甚至「新」「舊」文學的說法都站不住腳），只能針對具體的對象做出具體的判斷。再譬如「革命」與「啟蒙」，兩者在具體語境下更難以辨別，不僅很多作家身上同時保持著「革命」

和「啟蒙」的欲求，一個文學思潮的內部也往往出現多種聲音 ── 二者的關係與今天的「新左派」和「自由主義」的矛盾不可同日而語。如果繼續沿著這種思路進行，今天所謂「新左派」和「自由主義」的關係，也不過是當下中國語境中的具體現象，並不具有超越時空的借鑒性。在具體問題中，發現事物具體的聯繫，在我看來就是「小敘事」，它與「宏大敘事」的差別，就在於具體性。

那麼為什麼必須是「民國」呢？為什麼不直接到更加具體的文學現場呢？我覺得這是「民國視野」最微妙的地方，也是它與「現代性」視野之間必須完成的對話。在很多學者看來，「民國視野」重要的意義，在於它取代了懸置已久的「現代」，這種說法既沒有充分說明「民國」的文學史意義，更曲解了「民國」視野與「現代性」視野的關係。雖然「現代性」話語的夭折使中國現代文學的「現代」變得沒有歸宿，但必須承認，「民國文學」與之前的清代文學 ── 乃至整個中國古代文學，都發生了根本性的變化，這是研究「民國文學」不可回避的任務：說明這種改變的重要特徵是什麼？而它與「現代性」討論的最終指向並不衝突。所以，雖然「民國文學」在表面上取代了「現代文學」的命名方式，但在具體研究中並沒有（也不可能）消解「現代性」包含的歷史意義和當下價值，只是它們對「現代性」探尋的方式發生了改變。在我看來，「民國」就是「中國現代」的縮寫，在「中國現代」的框架中探尋現代性，「宏大敘事」容易將「現代性」絕對化、抽象化；而在「民國」中探求「現代性」，只要我們理清了民國文學的諸多史實，實際也就理清了「中國

現代」的基本內涵，它並不玄虛。也就是在這個意義上，「民國」變得不可或缺，打破了這個共同體，也就意味著放棄對於「現代」的探尋。

## 三、民國視野與延安時期文學

就延安時期文學研究來說，「民國視野」對其有沒有啟示意義呢？這個具體的問題，實際包含了「民國視野」中存在的一般問題。在民國文學地理的版圖中，存在著很多「飛地」，譬如：歷史上遺留下來的「租界」、抗日戰爭時期的「淪陷區」、共產黨領導下的割據政權等等。它們雖在「民國」之內，但並沒有受到民國政治、經濟、法律等制度的影響，所產生的文學也自有其自身的特徵，將其視為「民國文學」似乎言過其實。這種看法本身帶有對「民國視野」的誤解，以為「民國文學」就是國民黨統治下的文學，「民國視野」就是換一種立場的國家敘事。這種誤解的根源其實是對「民國」缺少瞭解，「民國」與當下「共和國」的差別，就在於其並沒有對全國實現實質性的統治，其自然特點就是「破碎」──「破碎」本身就是「民國文學」的根本特徵。但民國不是分裂的，在「破碎的民國」裡，每一個民國的「碎片」在文化上都沒有脫離民國，它們以不同的方式相互發生著作用，呈現出文學史的豐富性。

延安時期的文學對於民國文學來說，不是它的「飛地」，而是其特殊的衍生物。從學理上來講，只有在民國視野中，延安時期文學從發生到後來發展變化的整個軌跡，才可能得

到完整的呈現。學界對延安時期文學研究的時間並不短，但其作為一個獨立文學史分期的學理依據卻並不充分，時至今日，這一階段文學史的清晰邊界仍然是懸而未決的問題。問題的根源還在於「溯源式文學史研究」方法，將延安時期文學視為新中國文學（或「中國當代文學」）的前史，這一時期文學發生在民國時期的根本特徵就被忽略，作為一個文學史分期，其整體特徵也難以得到準確的概括。

作為中國共產黨直接領導下的文學，發生在「民國」還是在「共和國」，之間的差別十分值得注意。這種差別不能簡單用「語境」來概括，因為延安時期文學雖然發生在民國，但由於政權割據，文學與民國文藝制度並沒有發生太多聯繫。它們的差別，主要是中國共產黨現實處境的變化，這直接影響文學決策者對文學的認識和領導，最終影響文學的走向。具體來說，延安時期文學發生在中國共產黨革命過程當中，共產黨為取得革命最終勝利與各種力量的博弈貫穿於這一時期的整個歷史 —— 也包括文學。這種特徵要求我們在認識這段文學時，不能被表面的假像迷惑，必須充分把握其背後的策略性因素。也就是說，雖然今天看來延安時期文學的整體特徵十分穩定，但這一切完全是因為革命成功後將其作為經驗被沉澱了下來，在革命前途未蔔的境況下，一切都具有臨時性和實用性。「新中國」成立後，雖然因為「冷戰」格局和「社會主義革命」的任務，文學發展的背後依然存在著一定的策略性因素，但由於在國內沒有直接的軍事對抗和政治競爭，其策略性更具有長遠性 —— 文學發展更具有建設的意味。兩個時期的不同特徵，體現了兩者之間在延續性背

後的本質差別。

　　從內在特點上來說，延安時期文學與「蘇區文學」更具有同類性，它們都屬於民國政權下中國共產黨治域內的文學，但二者也有差別。就「蘇區文學」來說，國共對立且中共明顯處於劣勢是這一時期文學的總體背景，這使得文學在蘇區不可能得到充分發展，它為服務戰爭而出現、並最終成為軍事鬥爭的一個組成部分。就延安時期文學的總體背景來說，紅軍到達陝北後，原本的國共對抗格局變成國、共、日三方博弈，三方除了直接的軍事對抗外，還增加了輿論博弈的新內容。在這樣的背景下，延安時期文學以嶄新的姿態出現並發展：因為承擔了輿論戰的功能，延安時期文學就不完全是軍事鬥爭的一部分，成為一條獨立的「戰線」，地位與蘇區時期不可同日而語；而由於是一條戰線，其傳播的範圍就不能局限在「邊區」（後稱「解放區」）一隅，必然要輻射到整個民國乃至民國之外。這是延安時期文學與蘇區文學的根本差別。所以說，雖然延安文藝與民國文藝制度沒有發生直接聯繫，但如果認為它是在封閉的環境下進行 ── 與民國語境沒有任何關聯，那無疑是對這一時期文學極大的誤解。

　　有很多史實可以證明這一點。紅軍到達陝北後，文藝工作一個重要的舉措是成立「中國文藝協會」。關於這一協會成立的初衷，《紅色中華》刊登的《「中國文藝協會」的發起》做了詳細的說明：

　　　　極大的創造培養無產者作家，創作工農大眾的文藝，成為革命發展運動中一支戰鬥力量，是目前的重大任

務，特別在現時全國進行抗日統一戰線的民族革命戰
爭中，把全國各種政治派別、各種創作傾向的文藝團
體、文藝工作者團結起來，以無產階級的文學思想來
推動領導，擴大鞏固在抗日統一戰線中的力量，更使
（是）黨和蘇維埃新政策下的迫切要求。[4]

　　在這段論述中，如果說「培養無產者作家，創作工農大
眾的文藝」，延續和保持了蘇區文學的特色，團結「各種創
作傾向的文藝團體、文藝工作者」和「擴大鞏固在抗日統一
戰線中的力量」，顯然是全新的內容和目標 ── 而它被認為
是最「迫切」的要求。這種要求的存在，決定了「中國文藝
協會」開展工作的視野必然不局限在當時的蘇區以內，立場
也不僅局限在無產階級的文學思想之上，而是力圖超越政治
派別和各種創作傾向，向全國施加影響力。
　　紅軍到達陝北後，進行的一項大型創作活動是關於「長
征記」的集體創作。毛澤東和楊尚昆為這次徵文活動專門發
出徵稿的電報和信函，前後歷經半年多時間，最後編輯成五
十余萬言的《紅軍長征記》。如果我們追溯這次集體創作的
原委，就可以發現此時文學活動的立場相比過去發生了轉
變。「長征記」創作的緣起，不是針對蘇區內部的政治教育，
而是「在全國和外國舉行擴大紅軍影響的宣傳，募捐抗日經
費」[5]，可見此時文學活動的眼光已經擴展到「國內外」──

4　《「中國文藝協會」的發起》，《紅色中華》，1936 年 11 月 30 日。
5　艾克恩：《延安文藝運動紀盛（1937・1-1948・3）》，文化藝術出版社，
　　1987 年，第 14 頁。

而非局限在蘇區。在《紅軍長征記》的編輯丁玲看來，該創
作活動的成功還有一個意義：「要使帝國主義的代言人失驚，
同時也是給了他一個刻骨的嘲諷」。之所以這樣說，主要是
針對《字林西報》曾經對長征的評論：「紅軍經過了半個中
國的遠征，這是一部偉大史詩，然而只有這部書被寫出後，它
才有價值」[6]，我們姑且不論丁玲對這段話的理解是否準確，
至少從其認識文藝的角度出發，其關注的視角超越了邊區。

　　延安時期，因為革命形勢的變化，中國共產黨中止了蘇
區時期採取的「關門主義」政策，吸引了一大批外來知識份
子和青年學生進入革命陣營當中，並充當了文學創作的主力
軍。外來創作群體，不僅帶來了延安之外的文學經驗，創作
時的「潛在讀者」也沒有局限在邊區之內。整個延安時期的
文學，從來也沒有停止過與邊區之外的文學聯繫，不僅如《新
華日報》《七月》《希望》《文藝陣地》等報刊長期發表延
安文藝作品，作家中途在邊區和國統區之間來去遊走的現象
也不在少數。正因為延安時期的文藝並不封閉，文藝創作也
呈現出一定程度的豐富性，一些文藝思潮甚至脫離了邊區的
社會現實，譬如延安文藝座談會召開之前出現的「大戲熱」，
就過於強調藝術的提高而不顧接受群體的實際水準。這從一
個側面可以反映延安時期文學的豐富性。

　　延安文藝座談會後，邊區強化了文藝的「本土化」。文
藝「為工農兵服務」的目的就是將邊區作家的視野規訓到邊
區之內，並由此衍生出作家立場、主題選擇、語言方式及具

---

6 艾克恩：《延安文藝運動紀盛（1937·1—1948·3）》，文化藝術出版社，
　1987 年，第 15 頁。

體技巧等等問題，似乎又回到蘇區文學的老路上。但這只是問題的一個方面，在確定文藝「為工農兵服務」的發展方向後，延安文學與外界的交往並沒有停止，只是由原來的個體交流變成整體交流：毛澤東《在延安文藝座談會上的講話》發表後，通過報刊、單冊、宣講等多種手段，在邊區內外被有組織地推廣和傳播；《講話》後產生的新型文藝作品，如《兄妹開荒》《白毛女》等作品，也被有意識地介紹到國統區。準確地說，文藝「為工農兵服務」的方向，只是毛澤東「文藝戰線」思想的最終落實，作為「戰線」，它必然要與「敵人」接觸並施加影響，而這一切必須是在有組織的條件下有序進行。

延安時期文學與邊區之外社會的豐富聯繫，要求我們對其很多具體現象的認識，必須注意到「域外語境」的影響，譬如「新民主主義」文化理論的形成。如果將目光僅僅局限在邊區之內，很容易將其簡單認為是邊區文化「建設」綱領。這種認識不能說錯，但這種建設並不完全出於某種文化理想，而有著國共意識形態博弈的背景和痕跡。延安歷史上關於「新民主主義」的報告和論文，很多都提到「三民主義」的問題，這已經暗示了問題的由來。國共合作後，「三民主義」和「共產主義」的「主義」之爭就一直沒有停止，國民黨企圖用三民主義來瓦解共產主義，而共產黨則希望通過對三民主義的重新解釋，保證共產主義在中國的合法性。正是在這種背景下，「新民主主義」應運而生。在關於文化綱領的問題上，「新民主主義」強調的科學、大眾、民族三個主張，內核主要針對了國民黨的「民族主義」文化主張。只有

在這個立場上，我們才能準確把握「新民主主義」提出的最初內涵，也才能瞭解其之後發生的意義流變。類似的例子還有很多，譬如魯迅在延安接受的過程，毛澤東《在延安文藝座談會上的講話》中包含的思維習慣，「民族形式」討論出現的緣由等，都只有充分把握邊區內外的文化互動，才能對這些現象有清晰的把握。忽視了延安時期文學的這種特徵，就很容易將很多問題簡單化。

延安時期文學與民國的複雜關係，也要求我們在認識其整體特徵時必須保持警醒：首先，對於延安時期的文學（或者說是「歷史」）來說，並沒有出現所謂「延安道路」。「延安道路」說法的直接來源，是美國學者馬克·賽爾登（Mark Selden）在 20 世紀 60 年代創作的著作《革命中的中國：延安道路》。從這本書中作者的自述及題目的時態，大致可以看出所謂「延安道路」產生的原委：首先，它是中西「冷戰」思維下的產物。中國革命之所以能成為一條道路，是因為它與西方資本主義制度相比是一種異質化的存在，而它與蘇聯等社會主義國家奪取政權的方式又有所不同。同時，在資本主義—社會主義二元對立的環境下，西方社會對資本主義制度的不滿，也是他們想像「延安道路」的重要動力。[7]其次，它是一種對已經完成的事物的概括方式。從「The Yenan way revisited」的表述方式可以看出，作者對「延安道路」並沒有本質化的預設，只是因為它是中國革命的一個客觀存在的過程。正因為此，在歷史當中的「延安道路」，如同今天的

---

7 見〔美〕馬克·賽爾登：《革命中的中國：延安道路》，魏曉明、馮崇義譯，社會科學文獻出版社，2002 年。

「中國特色的社會主義道路」一樣，並沒有清晰的理論預設，它們都只是在具體革命和建設實踐中做出的具體選擇，所謂「道路」不過是這種「摸著石頭過河」的方式得到了延續而已。所以，今天的學者用所謂「延安道路」來理解延安時期的歷史和文學，並將其作為某種理論立場的支撐，在很多情況下都是沒有回到歷史，或者說是沒有深入瞭解歷史造成的。

　　這也引發了應該警醒的第二個問題，在延安時期文學中尋找當下文化需求的理論資源和現實經驗，需要提高歷史的辨別能力。對延安時期文學理論資源和現實經驗感興趣的學者大致有兩類：第一類是黨政宣傳機關內的學者；另一類是所謂持「新左翼」立場的民間知識份子。前者強調「延安經驗」，意在強化黨對文藝的領導。對於這種觀念本文不作置評，但需要警醒的是，當下文化發展（或加強「文化軟實力」）的語境與延安時期發生了很大改變，汲取「延安經驗」更應該學習其靈活機動的特點，而不是照搬其文藝領導的現實做法。對於後一種知識份子，他們對「延安經驗」的強調，是為了強調「公平正義」「底層表達」等文化理念。不能否認「新左翼」在當下中國存在的意義和價值，但如果將延安時期文學的諸多特徵，直接與「公平」「正義」「底層寫作」聯繫起來，在很多時候顯得一廂情願。無產階級革命的確包含了對「公平」的追求、對「底層」的關懷，延安時期的「土改」運動、文藝「為工農兵服務」的方向，都體現了這些特徵。但不能忽略的是，在這些具體做法背後，都帶有非常強烈的策略性和實用性，其形成的效果與隔岸的想像並不能直接畫等號，這也是為什麼「極左」思潮會產生極大破壞性的

根源。

# 結語：作為「空間」的民國

「民國視野」出現並產生影響之後，關於這種視野的誤解也隨之而生，譬如將之視為一種「政治視角」[8]，認為其是「啟蒙」史觀的延續[9]等等。這些誤解有些來自外界對「民國視野」的質疑，也有些源自「民國」話語建構者之間的相互出入，它反映了「民國視野」在學界出現的特點。它可以概括為兩個方面：第一，「民國視野」是中國現代文學史研究發展過程中自身探索的結果，不是來自某種理論。「民國視野」從出現到被接受，有一個漫長的過程，關於這種視野的聲音逐漸從微弱走向明晰，但從來都不強烈，這和「重寫文學史」出現時的狀態有很大不同。這種不同正反映了「民國視野」的探索性，它一開始就不是用一種觀念去取代另一種觀念，而是基於現有文學史研究框架中的問題，在尋求突破中艱難前行，期間出現理論不統一的現象，也反映了這種特徵。第二，「民國視野」包含著豐富的可能性，但也存在著內在的複雜性。從「民國視野」出現的過程看，不同研究者通過這個概念實際表達的內容並不完全相同，甚至在不同建構者的理論中，還存在著互相矛盾的地方，但它們對於當

---

8 趙學勇：《對「民國文學」研究視角的反思》，《中國社會科學報》，2013年11月1日。

9 韓琛：《「民國機制」與「延安道路」—— 中國現代文學史研究的範式衝突》，《文學評論》，2013年6期。

下文學研究都具有不同程度的啟發意義。這反映了「民國視野」的包容性和複雜性，在這種視野的背後存在著無限的可能性，但要在理論上對其進行清晰說明，則尚待時日。這種現象並不玄虛，在歷史上，從五四新文化運動到「人的文學」口號的提出，期間也存在著一定的時間差，這也反映了「民國視野」的探索性。也因為此，我覺得學界對於「民國視野」應該適當保持一種包容的態度，這不是說不能對其展開討論，而是不要輕易對其做某種判斷，因為關於「民國視野」的理論並沒有走向成熟 —— 建構方沒有走向成熟，質疑方對其做某種判斷往往也難以嚴謹。

　　本文通過延安時期文學研究的問題，對幾種關於「民國視野」的誤解提出不同看法，總體立場都是從「空間」的視野出發。文學史在過去的研究中，過於強調了「時間性」 —— 「宏大敘事」就是個典型的例子，它以時間為軸，將歷史連綴成一條線性敘事，歷史的豐富性就被簡化了。後現代理論出現後，一切關於文學史的「宏大敘事」都走向破產，但「宏大敘事」的方法論卻延續了下來，這導致了中國現代文學研究呈現出「分裂」的狀態：研究者以領域為依託，各自停留在各自的「宏大敘事」中，同一時期文藝之間的聯繫不能說被忽略，但至少研究得非常不充分：認為延安時期文學與民國沒有關聯，就是一個典型的例子。作為「空間」的民國，像一個巨大的框，它以切斷時間的方式中止「宏大敘事」思維的客觀基礎，從而呈現出歷史的豐富性。

　　將這個問題再深入一下，作為「空間」的民國，實際改變了認識文學史的方式。它不再以「時間」為主要考察單位，

而側重了文學史的「空間」敘事：考察在同一時間段上不同文學區域、物件之間的豐富聯繫。這種小小的轉變，可以幫助我們走出「宏大敘事」的陰影，為中國現代文學研究帶來巨大的空間。不過，正如前文說過的一樣，「民國視野」包含著豐富的可能性，作為「空間」的民國，不管是對「空間」還是對「民國」的意義挖掘，都只是一個微不足道的開始，其背後更為深刻的意義，需要我們在具體研究的突破中去思考、體會和總結。

# 下編：空間的方法

# 引　論

　　中國現代文學史對「空間」的忽視，在某種程度上也影響到學術史 —— 更具體地說是方法論 —— 的省思。從「革命史觀」下主導的「文化社會學」，再到「純文學」觀下習慣使用的「內部研究」，再到「純文學」受到質疑後嘗試打通「內、外部研究」。這期間，推動「方法論」更新的推手到底是什麼？我們對其檢討和反思是否徹底？這是個需要再檢討和再反思的問題。

　　其實，中國現代文學研究對於上述問題並沒有充分反思，原因有兩個方面：第一，由於歷史的原因，很多研究方式在需要被改進時，自身已經完全扭曲 —— 暴露出多種弊端，因此無須反思，研究者自然會主動吸取新的方法。譬如新中國建立初期被廣泛使用的「文化社會學」研究方法，在它受到批判的時候，已經被更名為「庸俗社會學」，在「以階級鬥爭為綱」的指導下，這種研究方法完全變成階級分析，粗暴和荒唐之處顯而易見，當政治環境發生變化時，被淘汰

是必然的命運。再譬如「新時期」開始流行的「內部研究」，這種「新批評」理論指導下的研究方法，在受到質疑時，雖然沒有出現類似「文化社會學」完全扭曲的狀況，但過於瑣碎的弊端依然暴露無遺。第二，由於現代學科劃分的原因，類似「方法論」等理論問題，常常讓人覺得是文藝理論學科討論的話題，文學史研究的重心應該是具體問題，無形中擱置了對此問題的探討。

對於學科內研究方法缺少自覺，一些錯誤的觀念也開始在研究中出現。譬如：認為新的研究方法和研究視野一定來自某種理論——主要是西方文學理論，導致很多學者對於西方文藝理論過度崇拜，研究變成西方文學研究的「跟風」和「模仿」。這樣的例子舉不勝舉，它在一定程度上又反過來影響學術史的反思，如將「文化社會學」視為「現實主義」理論的一部分；將「內部研究」簡單認為是「新批評」傳播的結果，這些認識並沒有錯，但卻會使研究失去內在創造的自覺。再譬如：受到質疑的研究方法一定不能使用，從而使研究視野日趨狹窄。「文化社會學」在受到批判之後，一段時間，很多學者對於這種研究方法退避三舍，似乎用到這種方法，就不可能有創新，研究就很「過時」。這些情況都說明一個事實，中國現代文學研究遠沒有走向成熟，不僅要對其出現的「歷史觀」進行反思，還要對其「研究方法」進行檢討。

「民國文學」所帶來的文學史觀念轉變，也體現在方法論上，在它的背後，西方「空間」理論的蓬勃發展為其提供豐富的理論資源。隨著「空間」的獨立意義在哲學中被重視，

「空間」的認知史也得到了空前的關注，在空間的認知史中，中國現代文學研究的方法論轉變，可以從一個側面得到梳理。

中西思想家對「空間」的認識有豐富的歷史，在亞里斯多德眼裡，空間是一切場所的總和，是具有方向和質的特徵和律動的場；在歐基米德那裡，它是世界的基本次元之一；在康得的眼裡，「空間」則是人類理解力的一個基本的先驗範疇；而在中國古典哲學中，空間是兩種對立力量和諧、動態共存的統一體。雖然，在中西方哲學中，「空間」時常出現，並形成種種觀念，但在哲學界很長時間並沒有對它進行系統梳理，挖掘它獨立的價值和意義。這種情況在法國哲學家亨利·列斐伏爾的《空間的生產》出現後，發生了改變。這本書出現的背景，與西方消費時代的來臨有著深刻聯繫，列斐伏爾注意到，隨著消費時代的到來，「空間」僅僅作為生產資料的情況發生改變，它直接變成了消費的產品。空間直接成為消費品，使「空間」具有了重要的獨立研究的價值。它如何發生這樣的轉變？又怎樣對社會產生影響？要解決這些問題，勢必出現將空間與歷史、哲學、社會學、地理學結合起來研究的局面。列斐伏爾對「空間」研究的實踐，對西方地理學、城市學、社會學等多個領域產生影響，開啟了西方「空間」研究的熱潮。不過，西方「空間」理論的大部分成果主要聚集在地理學、城市研究等領域，並沒有多少成果出現在文學研究領域，這使得「空間的方法」充滿難度，也充滿了機遇，將「空間」研究者具有認識論意義的成果引用到文學中，是空間化的文學史研究 —— 民國文學史研究務必要進行的探索。

愛德華·W·索亞的「第三空間」理論，將歷史上的空間觀念分為三個層次，前兩個層次為歷史上出現的空間觀念，第三個層次當然屬於他的個人創作。將歷史上的空間，簡單分為三個層次，難以說十分周延，但將之與文學結合起來，反思中國現代文學史上的方法論，卻不失為一種捷徑。按照索亞的說法，第一個層次的空間認識，便是物質的空間，即將空間視為可觀可感的場域，譬如房間、村莊、城市、土地等等，這種觀念延續了很長時期，並對人類思想產生深刻影響。馬克思、恩格斯的政治經濟學批判，所秉持的空間觀念，便是「物質的空間」，在他們的論述中，「空間」的具體形態包括土地、廠房、住宅、殖民地等，是重要的生產資料，資本主義產生剩餘價值的生產，必然在空間中完成。這種空間生產的觀念應用到文藝當中，便出現了「文化社會學」研究方法：文學生產離不開生產者的生存環境，文學也必然反映作者所在的社會，體現某種社會本質。

「文學社會學」容易忽視的問題，是文藝作為精神產品，雖然與社會有豐富的聯繫，同時又保持著某種自足性，譬如幻想文學，它與作者生存環境的關係其實並沒有那麼緊密，在幻想的文學空間中，力圖瞭解社會的本相，至少並沒有充分發現這種文學的特質。而且，更為重要問題是，作家是否有責任必須反映現實？他們是否可以從現實中抽身而出，與現實保持一種疏離？這種境況隨著現代主義文學的出現，日漸體現了出來，與此相對應，第二個空間的認識論出現了，它可以用「精神空間」「藝術空間」來概括。「新批評」理論中的「內部研究」體現的便是「第二空間」認識論，在這

種研究中，文學與現實世界的聯繫被抽離，只探討文學與語言、觀念、心理的聯繫，將注意力集中在形式上。在現代主義力圖用藝術來反抗現實的實踐中，內部研究無疑對於解釋文學提供了有效的途徑。但問題在於，精神空間是否完全能夠自足，在一定的時期內，現代主義追求的炫目的形式雖然可以刺激作家的創造力，但一旦沉迷其中，無疑如同沉迷於毒品，文藝也失去了力量。

索亞的「第三空間」認識論，力圖結合「第一空間」和「第二空間」，體現當代大都市中真實與想像交替穿插的情形。在大都市中，人們消費的既是這個城市提供的物質環境，如地鐵、商場、遊樂廳、飯店、公園，同時又在消費這個都市帶來的幻覺，如繁華、機會、身份等等，它們既是真實的，又是虛幻的。對於都市的設計者來說，他們設計的都市既要符合市民現實生活的需要，又要在某種程度上製造各種各樣的幻覺，滿足投資者、創業者、各種人才的想像。想像與現實的交叉，構成了索亞都市研究的根本。然而，這種都市研究的豐富經驗，對於文學研究來說有什麼啟示呢？我覺得它不是直接挪用，而是打開了對空間理解的層次感。

真實與想像的穿插，並非只出現在消費社會，或者說只是在現代大都市中，也出現在歷史當中。譬如現代學院派文化，它的基礎是現代大學制度的形成 —— 這是物質化的空間，但因此生成的學院派文化，如知識份子的自我定位、知識份子的思維特點等等，顯然是精神化的空間，而當學院派文學逐漸成熟，它又會影響知識份子在現實生活中的選擇，精神空間又轉化為物質空間。再譬如個體與社會的關係，按

照唯物主義的觀點，經濟基礎決定上層建築，一定的社會環境會決定一定的文學產品，但這個過程顯然忽略了人的存在，為什麼同樣的環境會出現不一樣的作家和不一樣的作品呢？因為作家對現實認識的程度不同，在某種程度上正是他們對現實的想像，決定了文學的實踐。通過真實與想像的穿插，文學的豐富性可以得到極大的展示。

　　本編的主要內容，為「民國文學」視野下「空間」方法論的具體實踐，在這些章節中，空間大概可以概括為以下兩個層次：

　　（一）遺忘的文學空間。言下之意，是考察一些過去文學史忽略，但卻對文學產生深刻影響的空間關係。譬如民國時期傳媒與現代學院互動機制的形成，既是揭示一種現象，也為報紙副刊文學研究提供新的視野。在民國背景下，傳媒與學院知識份子因為各自的需求走到一起，這既形成了它們相互吸引的一面，同時也必然會成為互相制約的因素。它們在具體的報紙中如何對副刊文學產生影響，通過這個空間的發現，可以更加推向深入。再譬如「抗戰文化的分野與聯動」注意到抗戰時期解放區與國統區之間的文學互動關係，從而在抗戰文學中衍生出新的話題：抗戰時期各個區域的文學相互產生了怎樣的影響？通過對這個文學空間的開掘，抗戰文學研究的格局可能會發生改變。

　　（二）作為產品的文學空間。這個觀點來自列斐伏爾的《空間的生產》，這本著作中，列斐伏爾強調空間不僅是生產的前提，也是生產的結果。借用到文學上，文學生產在一定的社會環境下出現，而它成為現實之後，它又構成一種新

的社會空間，成為之後生產的前提。對民國「語言空間」的考察，正是注意到「作為產品的空間」這個層面。當人的精神需求集中到語言之上，語言本身也會形成一個新的空間，並對這個時代的人產生影響。對《青年雜誌》封面人物的研究，說明的是「青年文化」在五四時期如何與「新文化」合流，從而呈現出獨特的文學空間。總體來說，民國文學研究便是研究「作為產品的文學空間」，這也是它與之前文學史研究有所不同的地方。

本編的最後兩章，關於《藥》和《女神》的研究，是在空間方法論下的作品研究的實踐。「空間的方法」不僅考察歷史中事物的複雜聯繫，也需要對具體作品具有新的闡釋能力，唯有如此，才能構成一個完整的文學史框架。

# 第六章　民國時期傳媒與現代學院互動機制的形成

## ── 以報紙為中心

　　民國時期傳媒與現代學院的頻繁互動，是中國近代社會的重要現象，也是考察許多近代文化現象的社會基礎。傳媒與現代學院的互動，為聚集在學院中的知識份子提供了參與社會改造、實現社會理想的平臺，正是擁有這個平臺，近代知識份子才可能在社會變革中承擔「啟蒙者」「導師」的作用。當然，傳媒與現代學院的互動，也加速了現代思想和知識的傳播，提升了傳媒的文化含量，使傳媒成為近代中國的「公共領域」。新文化運動的興起，便得益於傳媒和現代學院的良好互動，正是傳媒的介入，以「同人」形式開始的新文化運動才迅速在全國形成影響。民國傳媒的輝煌也得益於二者的良好互動，民國著名報紙如：《大公報》《京報》《晨報》《益世報》《申報》《新華日報》等，能在全國乃至全球形成重大影響，離不開現代學院的支持。然而，傳媒與現代學院的互動也造成「學術問題社會化」的現象，它使得民國時期的很多文化討論更加複雜多疑，譬如眾所周知的「科

玄論戰」、「整理國故」之爭、「打倒孔家店」之爭、「民
族形式」大論戰等，純粹知識化的理解和將之放在歷史語境
中理解，效果可能完全不同。正是基於這些原因，本文擬以
報紙為中心，對民國時期傳媒與現代學院互動的歷史成因進
行探討，希望能對我們認識民國時期的文藝與傳媒有所啟示。

# 一、民國報紙與現代學院互動的方式

民國時期報紙與現代學院的互動形式主要表現為三個方面：

## 1.文人論政

「文人論政」是近代報刊形成的重要傳統，學界一般將
這一傳統的源頭追溯至王韜創辦的《迴圈日報》，這份報紙
開創的「論說」欄，為「文人論政」提供了重要陣地，也為
近代報刊的歷史定位立下了標杆。自此之後，中國近代有影
響的報刊，如《時務報》《清議報》《新民叢報》《民報》
《京報》《大公報》《晨報》《益世報》《新華日報》等，
無不以大膽而獨到的「論政」著稱于世，形成自己的聲望。
「文人論政」造就了一大批以論政著名的文人，他們中有職
業報人和社會活動家，如王韜、梁啟超、章太炎、陳獨秀、
英斂之、張季鸞、陳佈雷、邵飄萍、于右任、鄒韜奮、儲安
平等，還有很大一部分則是學院派知識份子，如胡適、傅斯
年、馬寅初、梁實秋、陳衡哲、羅隆基、費孝通、宗白華、
周作人、蔡元培、錢玄同、劉半農、毛子水、馮至、馮友蘭、
梁漱溟、陳垣、林紓、辜鴻銘等；如果再加上如魯迅等階段

性在學院逗留的知識份子，學院知識份子參與「論政」的人
數和規模還會增加。可以毫不誇張地說，民國時期的知識份
子，無論是學院內外，幾乎沒有不在媒體上參與「論政」的人。
正是「文人論政」傳統的興盛，民國時期的「文人」樂於論
政，媒體也願意廣開言路，聘請更多的知識份子參與其中。

### 2.學者辦刊

　　除了參與論政，學者辦刊也是民國時期常見的現象。這
種現象的興起可追溯到晚清，但它成為一種潮流當推五四。
五四新文化運動的革新力量促成了中國近代史上的辦刊潮，
為了弘揚新知、標榜思想，大家紛紛辦報辦刊，其中很大一
部分就誕生在校園之中。大家都知道，五四時期最著名的《新
青年》雜誌是由北大教授同人主辦，而這一時期以北京大學
為中心擴散開來的報刊還有：《新潮》《國民》《國故》《莽
原》《每週評論》《晨報》《歌謠》《語絲》《努力週刊》
等；如果把視野擴大，這一時期出現的校園刊物，如《湘江
評論》、《天津學生聯合會報》、《五七》日刊（北京）、
《上海學生聯合會日報》、《學生週刊》（武漢）、《新生
活》、《新湖南》、《浙江新潮》等等，都是學院知識份子
的產物。

　　民國時期的學院派知識份子除了獨立辦刊，為報紙擔任
專門副刊主編的現象更是非常普遍。如 20 年代享譽全國的
《京報》，除最負盛名的《京報副刊》外，還先後創辦了幾
十種專業副刊，著名的如《海外新聲》《經濟週刊》《婦女
週刊》等，蔡元培、李石、馬寅初、國立女子師大薔薇社與

它們有著密切的聯繫。新記時代的《大公報》先後創辦二十多個專業性副刊，如《科學週刊》《市政週刊》《社會研究》《醫學週刊》《政治副刊》《讀者論壇》《社會科學》《現代思潮》《世界思潮》《社會問題》《經濟週刊》《軍事週刊》《文藝副刊》《明日之教育》《鄉村建設》《圖書週刊》《史地週刊》《縣鎮建設》，張申府、蔣百里、夏堅白、何廉等著名學人在這裡擔任主持，一大批學院派知識份子為刊物撰稿。因為學院派知識份子是很多副刊的主要撰稿人或主持者，為了編輯的方便，一些報紙的副刊編輯部乾脆設在大學校園裡。如《大公報·史地週刊》編輯部設在燕京大學，《益世報·人文週刊》編輯部設在輔仁大學，《北京晨報·社會研究》編輯部設在燕京大學，《大公報·經濟週刊》編輯部設在南開大學，《北京晨報·國劇週刊》編輯部設在清華大學，《益世報·益世小品》編輯部設在國立山東大學，《大公報·文學副刊》編輯部設在清華大學，《益世報·文學週刊》編輯部設在國立北京大學文學院。[1]

### 3.大眾傳媒上的學術活動

　　民國時期媒體與學院文化的互動，除了學者參與論政、編輯，大眾傳媒上的學術活動也是重要的形式之一。1934 年1 月 1 日，《大公報》在要聞版以顯著地位，加框刊出了「本報特別啟事」：「本報今年每星期日，敦請社外名家擔任撰述『星期論文』在社評欄地位刊佈。現已商定惠稿之諸先生

---

1　王曉甯、雷世文：《中國現代報紙文藝副刊的學院派文化特色概述》，《鹽城師範學院學報》（人文社會科學版），2006 年 1 期。

如下：一、丁文江先生；二、胡適先生；三、翁文灝先生；四、陳振先先生；五、梁漱溟先生；六、傅斯年先生；七、楊振聲先生；八、蔣廷黻先生。」[2]此後，任鴻雋、張奚若、吳景超、梁實秋、馬君武、何廉、吳其昌、陳衡哲、竺可楨、太虛、范旭東、蔣百里、穆藕初、雷海宗、郭沫若、茅盾、老舍、費孝通、蔡尚思等不斷加入，成為中國大眾傳媒史上最具特色、最負盛名的欄目之一。「星期論文」的創作隊伍中除個別軍政顯要和一些社會名流外，主要是大學教授；「星期論文」的主題，多數是以時政為主，但也涉及了大量無關時局的基礎研究，而且即使是時政話題，報紙的編輯思想也體現出與單純「論政」的差別，它不在乎政治立場，更關注學術自由，使其成為學術與大眾交流的重要平臺。

如果說僅僅發表專業論文還不能說明問題，孫伏園主編《晨報副刊》時期，副刊與新潮社的互動則更將媒體與學院文化的親密互動表現了出來。作為五四時期北京大學內的著名社團，新潮社以「介紹西洋近代思潮，批評中國現代學術上、社會上各問題為職司」[3]，其中骨幹在走出校門後多以學術研究見長。孫伏園作為新潮社曾經的重要成員，在擔任副刊編輯時為同人的學術活動十分出力，《晨報副刊》廣告欄多次刊登新潮社曾經同人進行學術活動的廣告，如《北京大學研究所國學門風俗調查表》（1923 年 7 月 7 日）、《國立北京大學研究所國學門古跡古物調查會啟事》（1923 年 9 月 22 日）、《北京大學國學門研究所調查河南新鄭孟津兩縣出

---

2　《大公報》，1934 年 1 月 1 日。
3　《新潮·發刊詞》，國立北京大學出版部，1919 年 1 期。

土古物紀事》（1923 年 10 月 18-31 日）、《北京大學研究所國學門方言調查會成立紀事》（1924 年 2 月 12、13 日）、《國立北京大學研究所國學門歌謠研究會常會迎新會員會紀事》（1924 年 3 月 7、8 日）等[4]。這些廣告的刊出，固然因為《晨報》的主要讀者是在校大學生，但也讓人感到有學校校刊的感覺，學院化傾向十分明顯。

民國時期大眾傳媒上的類似學術活動還有很多，中國近代學術史上的許多論戰，如「科玄之爭」「古史辨之爭」「整理國故之爭」「民族形式之爭」等等，都在大眾媒體上有所反映，這也體現出民國傳媒與學術親密互動的一個側影。、

## 二、民國報紙的公信力建設與對學院文化的需求

民國時期報紙與現代學院形成良性互動的原因很多，其中很重要的原因來自報紙運營的需要。1941 年，《大公報》被美國密蘇裡大學新聞學院評為最佳外國報紙，張季鸞在《本報同人的聲明》中說：「中國報原則上是『文人論政』的機關，不是實業機關。這一點可以說是中國落後，但也可以說是特長。」[5]張季鸞的話對於今人理解民國時期的傳媒以及傳媒與學院文化的關係很有啟發意義。

認為中國報「是『文人論政』的機關，不是實業機關」，強調的是民國報業非純粹營利性的特點，聯繫《大公報》以

---

4　陳捷：《現代學術與大眾傳媒的互動 —— 以〈京報副刊〉廣告欄與北京大學研究所國學門為例》，《江西社會科學》，2010 年 1 期。
5　張季鸞：《本報同人的聲明》，《大公報》，1941 年 5 月 5 日。

及民國時期的報業實際，可以從民國報紙的社會定位及運營實際來理解。不將報紙視為「實業機關」，在中國報業發展史上有一個形成發展的過程。中國報業興起之初，辦報者看重的恰恰是報業興起帶來的商機。戈公振在《中國報業史》中說：「我國人民所辦之報紙，在同治末已有之，特當時只視為商業之一種，姑試為之，固無明顯之主張也。」[6]「其時開[7]報館者，惟以牟利為目的」[8]。然而，僅僅將報紙視為營利機關，中國報紙並沒有獲得社會的認同，梁啟超這樣評價此時的報紙：「每一展讀，大抵『滬賓冠蓋』、『瀛眷南來』、『祝融肆虐』、『圖竊不成』、『驚散鴛鴦』、『甘為情死』等字樣，闐塞紙面，千篇一律甚。乃如臺灣之役，記劉永福之娘子軍；團匪之變，演李秉衡之黃河水，明目張膽，自欺欺人。觀其論說，非《西學原出中國考》，則《中國宜亟圖富強論》也。輾轉抄襲，讀之唯恐臥。以故報館之興數十年，而於全國社會無纖毫之影響。」這裡所描述的狀況，大抵是早期報紙為商業操縱而出現的局面，新聞沒有真實性，論說沒有前瞻性，報紙沒有公信力可言。此種境況，可以想像報紙經營之窘況。這種境況在報紙記者的社會地位中也能得到印證，「故一報社之主筆訪員，均為不名譽之職業。不僅官場仇視之，即社會亦以搬弄是非輕薄之」。[9]由於報紙沒有公信力，記者的職業也得不到社會的尊重，由此報業的前景可

---

6　戈公振：《中國報學史》，上海古籍出版社，2003 年，第 121 頁。
7　戈公振：《中國報學史》，上海古籍出版社，2003 年，第 122 頁。
8　梁啟超：《中國報館之沿革及其價值》，楊光輝、熊尚厚、呂良海、李仲明編：《中國近代報刊發展狀況》，新華出版社，1986 年，第 10-11 頁。
9　戈公振：《中國報學史》，上海古籍出版社，2003 年，第 123 頁。

想而知。

　　最初有意提高報紙在國人心目中之地位的報人是《迴圈日報》的創辦者王韜。這份報紙創辦之初，王韜明確指出：「本局是用博采眾言，兼收並蓄。凡民生之休戚，故國之機宜，製造之工能，舟山之往來及山川風土禍福災祥，無不朗若列眉……其有關中外者必求實錄，不敢以杜撰相承」[10]；「俾眾生感發善心，消除惡念，發幽光於潛德，開悔悟於愚民而已。」[11]兩條宣言強調了辦報者嚴肅認真的態度，也有意體現報紙在社會中舉足輕重的作用。王韜的兩條宣言強調了報紙的新聞價值和輿論價值，前者要求報紙有很大的信息量和資訊可靠性，後者則要求報紙參與社會進步的進程。實際上，正是在這兩點上著力，王韜和《迴圈日報》才獲得了崇高的報業地位。王韜之後，中國報紙繼承了王韜的辦報思想，報紙之地位和社會影響為之一變。「甲午挫後，《時務報》起，一時風靡海內，數月之間，銷行至萬餘份，為中國有報以來所未有，舉國趨之，如飲狂泉。」[12]梁啟超對《時務報》風靡海內的描述，可以窺見報業觀念改變後，報紙社會影響的改變。《時務報》是維新派人士創辦的報紙，「以提倡變法為主旨」，「以紀載中外大事，評論時政得失」[13]，可見其辦報思想與早期報紙的差距，而其「數月之內，銷行

10　王韜：《論法在因時變通》，《迴圈日報》，1880 年 5 月 15 日。
11　王韜：《本館日報略論》，轉引自夏啟才：《王韜的近代輿論意識和〈迴圈日報〉創辦》，《歷史研究》，1990 年 2 期。
12　梁啟超：《中國報館之沿革及其價值》，楊光輝、熊尚厚、呂良海、李仲明編：《中國近代報刊發展狀況》，新華出版社，1986 年，第 11 頁。
13　戈公振：《中國報學史》，上海古籍出版社，2003 年，第 171 頁。

至萬餘份」的市場情況，足見報紙在改變自身定位後獲得的
巨大成功。

　　自此之後，中國報非「實業機關」的社會定位逐漸形成：
「其可得而稱者，一為報紙以捐款而創辦，非以謀利為目的；
一為報紙有鮮明之主張，能聚精會神以赴之。斯二者，乃報
紙之正軌。」[14]之後的報紙，《大公報》在創刊之際，英斂
之這樣為報紙「定調」：「報之宗旨，在開風氣，牖民智，
挹彼歐西學術，啟我同胞聰明。」「故本報斷不敢存自是之
心，剛愎自用，亦不敢取流俗之悅，顛倒是非，總期有益於
國是民依，有裨于人心學術。」[15]《益世報》創刊時也宣稱：
「蓋必有良社會，而後有真道德，此本報發刊之唯一宗旨也。」
「必當折中輿論，體察群情，事之有利於社會者詳言以指導
之，事之不便於社會者，直言以糾正之，革舊染而開新機，
使人類享無窮之幸福；然後以智識輔道德之不逮，以道德助
社會之進行。」[16]報業發展到 20 世紀三四十年代，競爭加劇
導致報業運營成本提升，一份報紙在創辦過程中不可能只強
調理想而不考慮營利，但這些大報的「宣言」也並非虛詞。
當中國報業的傳統已經形成，一份報紙要想做大做強，必須
要有承擔社會責任的「非實業」理想，否則這些報紙只能再
回到晚清小報的命運。戈公振在總結民初報業時說：「且人
民因讀報而漸有判斷力，當安福系專政時代，報紙多為收買，
凡色彩濃厚者，俱為社會所賤惡，而銷數大跌。年來報紙之

---

14　戈公振：《中國報學史》，上海古籍出版社，2003 年，第 207 頁。
15　英斂之：《大公報序》，《大公報》，1902 年 6 月 17 日。
16　夢幻：《本報發刊辭》，《益世報》，1915 年 10 月 1 日。

主張不時變易者，雖竭力刷新精神，而終不得社會之信仰。」[17]

此外，從《大公報》和民國諸多報紙的運營實際看，張季鸞認為民國時期的中國報不是「實業機關」，也是指它背後的諸多投資者多不將之視為純粹的經濟活動。《大公報》就是一個典型的例子。新記《大公報》的投資人吳鼎昌在接手《大公報》時，正值賦閑在家，他辦報的目的主要不是賺錢營利，而是利用報紙參政議政，撈取政治資本以東山再起。吳鼎昌有句名言：「政治資本有三個法寶：一是銀行；二是報紙；三是學校，缺一不可。」果然，他在擔任南京政府實業部長後，便辭去了《大公報》社長的職務。與吳鼎昌相似的情況在民國時期比比皆是，這其實與中國報「非實業」的社會定位有很大關係，正是因為中國報紙在大眾當中形成了這樣的公信力，才可能吸引諸多政客以此參政議政，形成對當局的政治影響。張季鸞稱「可以說是中國落後」，指出的也正是這一點，這裡的所謂「落後」是指中國民主政體尚未建立，文人、政客將報紙視為「論政」的領域，忽略了報紙多樣的功能。但其也認為是「特長」，不僅說明這是中國報紙的特點，也是對民國報紙作為「非實業機關」而擁有的社會公信力和言論自由度的肯定。

正是由於民國報紙「開風氣，牖民智」「革舊染而開新機」的自身傳統和社會定位，民國時期的報紙要想獲得市場的認可，要想在激烈的競爭中長期處於不敗之地，就必須始終走在時代的前列，這不僅體現在報紙編輯上，更體現在報

---

17　戈公振：《中國報學史》，上海古籍出版社，2003 年，第 237 頁。

紙與創造知識的學院派知識份子的互動當中。民國傳媒對現代學院的依賴通過兩個例子可以深刻感知。其一是《大公報》百年興衰中與學院文化互動情況的變化。在《大公報》最為興盛的「新記」時期，僅 1929～1936 年間，便先後創辦 20 多個專業性副刊，與清華大學、南開大學、丙寅醫學社等多所高校和科研單位保持緊密的聯繫，涉及學科包括政治、經濟、軍事、醫學、市政、社會學、人類學、文學、藝術學、農學等等，名副其實是一份報紙版「百科全書」。而在《大公報》較為艱難的王郅隆時期，雖然有固定的副刊，「但基本都是小說、詩歌、散文幾類，有文言文，有白話文。在當時的社會潮流來講，絕算不上先進，是當時比較保守的副刊類型」[18]。兩下比較就不難看出學院文化對報紙興衰的重大意義。另一個例子更能說明民國傳媒對於學院文化的依賴，這個例子發生在出版業，它在側面依然反映市場對於傳媒與學院互動的推動作用。1922 年，商務印書館的掌門人王雲五大膽改組編譯所，羅致了一批著名大學者，如：朱經農、胡明複、楊杏佛、任叔永、周鯁生、陶孟和等等。然而這只是這個著名出版社人員更迭的開始，至 1924 年，編譯所職員「除兼職人員外，達 240 人之多，勤務員還不在內。其中 1921 年 9 月（王雲五進所）後新進的共 196 人，許多資格最老的編輯被淘汰」，新舊知識份子完成了交替。[19]與商務的情況

18 方漢奇等：《〈大公報〉百年史》，中國人民大學出版社，2004 年，第163 頁。

19 章錫琛依據該年《編譯所職員錄》統計，轉引自李輝：《激動文化潮流——新文化運動中商務印書館的改革》，《中國出版》，1998 年 4 期。

相類似，民國另一家大型出版公司，在 1920 年以後的兩三年間，編輯所陸續新添了陸依言、黎錦暉、李達、黎明、王人路、吳翰雲、朱文叔、田漢等新派知識份子，他們後來都成為中華書局的骨幹。商務印書館和中華書局大刀闊斧的「大換血」實屬形勢所迫。作為中國近代最有影響力的兩家出版社，在新文化運動發生前，它們是出版界的翹楚，然而這一態勢在新文化運動發生後受到了衝擊。近代新思潮帶來的出版機遇，造就了一批善於審時度勢的中小出版社，如亞東圖書館、泰東圖書局、群益書社、新潮社、北新書局等，都是變革時代的排頭兵。這些新興出版公司以新書為突破口，為自己贏得聲譽和市場，雖然個體還無法與商務印書館相提並論，但因為數目眾多還是對商務印書館產生了衝擊。進入 20 世紀二三十年代，這些以「新書業」為主要業務的出版公司陣營陸續加入了開明書店、光華書店、現代書局、新月書店、真美善書店、創造社出版部、卿雲圖書公司、良友圖書公司、太平洋書店、群眾圖書公司、金屋書店、嚶嚶書屋、新宇宙書店、樂群書店、第一線書店、復旦書店、春潮書店、遠東圖書公司等新成員，對商務印書館的業務產生了更大的衝擊。在此背景下，商務印書館 —— 特別是作為公司橋頭堡的編譯所，開始了人員的更替。不加強與現代學院的合作就會被市場淘汰，民國書業的例子清楚地說明了這一點。

## 三、從「士」到「知識份子」：未盡政治理想的實現之途

　　學者葉啟政曾經談到知識份子的理想和社會現實的關

係，他認為，知識份子之理想要有實現的可能，若不是自己進入政治體系中，一般有兩個主要管道：一是通過種種方法直接或間接影響政權擁有者的認知，二是掌握大眾以集體行動來貫徹。然而要緊的是，無論通過怎樣的方式，很明顯都要求社會有便捷而自由流暢的溝通管道（尤其是大眾傳媒管道），也都必須有相當開放的言論自由保障。[20]葉啟政的話指出了民國時期傳媒與知識份子互動的另一個重要原因。民國知識份子是不幸也是幸運的一代。不幸是指他們是從「士」向「知識份子」過渡的第一代讀書人，接受了「士」的教育和薰陶，但無法正常走上「士大夫」的道路，其中理想與現實的衝突讓他們飽受煎熬。幸運的是，民國相對自由的言論空間，給予了他們「便捷而自由流暢的溝通管道」，他們可以通過媒體完成未盡的政治理想。

中國讀書人在從「士」向「知識份子」的過渡中，大致分為兩脈，一脈如王韜、包天笑至後來的魯迅等，就職於媒體或成為自由撰稿人；一脈進入學術機關，成為學院派知識份子，後者的比例更加龐大。本文研究的主角 ── 中國最早的學院派知識份子，其學術的顯赫與他們的政治抱負不相上下。1927 年 6 月，學術巨擘王國維自沉於北京頤和園，顧頡剛在悼詞中曾痛心發問誰害了王國維：「國家沒有專門研究學問的機關害死了王國維！我們應該建設專門的研究機關。士大夫階級的架子害死了王國維！我們應該打倒士大夫階

---

20 葉啟政：《「理論 ── 實踐」的轉型與安置：知識份子的理想和社會的現實》，葉啟政：《社會、文化和知識份子》，臺北東大圖書公司，1991年，第 112 頁。

級！我們不是士大夫！我們是老百姓。」[21]顧頡剛的追問不可謂不沉痛，而愈是沉痛愈反映出「士大夫」情結對於他們這一代知識份子的壓力之沉、之重。「士大夫情結」源於中國古代社會的「士大夫政治」，「士大夫」在其功能分化或角色分化過程中，經歷了由「合」到「分」，又由「分」到「合」的過程，特別是經歷兩漢四百年的發展，士大夫政治大致確立了其最基本的形態：民間學士「學優則仕」，通過科舉制度進入帝國政府成為文人官僚，由此形成的士大夫階層與「士大夫政治」，構成了古代官僚政治的獨特之處。[22]讓這些立志為國之棟樑的人進入書齋，從「四民之首」變成普通老百姓，雖然有顧頡剛呼喚的迫切，但要徹底去掉這份「情結」並非易事。

　　所以，如果要回顧晚清至民國的學術史，政治是不得不考察的一個維度。我們可以以京師大學堂向北京大學過渡中文科教授的變遷來看待這一問題。京師大學堂成立之初，主要學者和督辦官員有總辦：康有為、梁啟超；官學大臣：孫家鼐、許景澄、張百熙、李端棻；總教習：柯邵忞、勞乃宣、吳汝綸；譯書局總辦、副總辦：嚴復、林紓；經史教習：孫詒讓；副總教習：辜鴻銘、屠寄、林啟、汪鳳藻、羅振玉等。其構成主要是開明官僚和改良派知識份子，而就其學術淵源來說，可分為「康梁」和「桐城」兩脈，是晚清之際的兩大顯學，與清廷的良好關係是二者的共同之處。民國建立前後，

---

21　顧頡剛：《悼王靜安先生》，《文學週報》，1928 年第 5 卷第 1 期。
22　閻步克：《士大夫政治演生史稿》，北京大學出版社，1996 年，第 22 頁。

黃侃、馬裕藻、沈兼士、朱希祖、朱宗萊、沈步洲、沈尹默和錢玄同等章太炎的弟子先後進入北大（京師大學堂），北大的學術風氣為之一變。章氏弟子對中國近代學術的影響頗盛，他們秉承了章太炎獨特的治學方式，從而使現代學院文化形成較為清晰的承傳痕跡。而談到章太炎，這位「有學問的革命家」必須要涉及他的政治理念和革命思想。對近代學術史有深入研究的王富仁先生對章太炎的學術思想有這樣的看法：「章太炎的主要思想基礎是民族主義的，其實質就是清代學者在學術研究活動中自然蘊涵著的民族主義意識的進一步發展，是有清一代漢族知識份子的集體意識或集體無意識的由內向外的爆發。」[23]近代史研究學者鄭師渠、羅志田在研究中也注意到這一點。王富仁先生在這裡所說的「集體意識」和「集體無意識」，是指清代漢族知識份子為尋找人格獨立而產生的民族主義，它在學術上的表現則是由顧炎武、黃宗羲、王船山、戴震、章學誠等開創的清季實學，這種學術傳統也影響到章太炎和他的弟子。不過，章太炎及其弟子與他們前輩的歷史境遇相比發生了很大的變化，清廷動盪和現代傳媒的出現，給了他們更直接地表現政治理想的機會。他們參加「革命黨」的活動，可以在現代傳媒上直接表達自己的政見，這種淤積了幾代人的情感需要一個溝通管道進行排解。

　　我們再回到梁啟超、嚴復和林紓等改良派知識份子，他們曾經在清廷動盪時獲得直接參與政治的機會，但在保守派

---

23 王富仁：《「新國學」論綱（上）》，《社會科學戰線》，2005 年 1 期。

和革命黨的雙重衝擊下，更多時候是「在野」的政治失意者。他們很早就發現現代傳媒可以作為延續其政治活動的一種途徑，因此熱衷於辦報並利用報紙傳播思想，清末民初的許多重要報刊都與他們有著或明或隱的聯繫。

很多學者都注意到從「士」向「知識份子」轉化中的「權勢轉移」[24]，簡單地說，在讀書目的發生變化後，不同的教育背景和知識結構對一個知識份子的命運可以造成重大影響，這種變化便是「留學生」的崛起。在章氏弟子充實北大之後，新一批進入北大的「新貴」，是胡適、陳獨秀、李大釗、周作人等留學生新秀。相對于一直在傳統教育中成長起來的知識份子，意氣風發的「留學生」們受到「士」的牽擾和負累較少，但他們的「精英意識」讓他們的政治理想和社會理想並不亞於其他知識份子，而且他們更善於利用傳媒。

作為中國現代學院派知識份子的代表，胡適曾經在北大校慶大會上反思自己「開風氣則有餘，創造學術則不足」。我們不去討論這是否是其自謙，但「開風氣」和「創造學術」的兩分法，可以看出其對自己人生道路的概括。結合胡適人生經歷，其「創造學術」可以理解為具體的學術研究，而「開風氣」則是他在學界、政界、文化界掀起的種種新潮，這些新潮可以理解為新、舊文化轉型期的必然結果，但對於「開風氣」的人來說，其目的也顯然並非只是為了學術 —— 特別

---

24 鄭思渠先生在著作《晚清國粹派 —— 文化思想研究》（北京師範大學出版社，1997 年），羅志田先生在論文《溫故可以知新：清季民初的「歷史眼光」》（見《裂變中的傳承：20 世紀前期的中國文化與學術》，中華書局，2003 年）中都有類似判斷，只是他們各自論述的角度有所差異。

是那些學界之外「風氣」。學者章清在談到以胡適為代表的新派知識份子的自我定位時說：要擺脫「士」的糾纏，似乎就要自我定位於「老百姓」或「被統治階級」；而知識份子的精英意識及讀書人本身的稀少，又意味著納入「老百姓」亦非易事。因此，在為現代讀書人尋求新的階級定位時，相應凸顯了這一角色類似「士大夫」的使命感。[25]這種類似「士大夫」的使命感，用新式詞語便是「精英意識」，它的外在表現便是「開風氣」，採取的方式則是掌控媒體。章清分析「胡適派學人群」「根深蒂固的精英觀念」，主要例證便是：「他們出來辦刊物，只是其精英意識最真實的寫照；相應地他們所拓展的『論述空間』，尤其重視精英階層對於改造社會的作用，便也不足為怪了。」[26]胡適的精英意識和表現形式在中國現代另一位影響人物——魯迅的身上得到了印證。魯迅在其著名的小說集《吶喊》的自序中，講述了自己為中國強大而苦苦尋覓真理的過程，他最終找到施展自己社會理想的途徑——「從文」和「辦刊」，這兩種途徑都是通過媒體產生社會影響力。在這篇序言中，魯迅沉痛地回憶了自己找到這兩條道路的辛酸歷程，在《新生》失敗後的沮喪和寂寞，他以抄古碑自慰——但這種純粹的學術活動顯然難以平復他內心激昂的情感和抱負——這是在民族危亡時機的責任感和使命感，如果它不是「士大夫」情結，那麼便是知識份

25 章清：《「胡適學人派」與現代中國自由主義》，上海古籍出版社，2004年，第318頁。

26 章清：《「胡適學人派」與現代中國自由主義》，上海古籍出版社，2004年，第314頁。

子的「精英意識」。魯迅複出的標誌也非常有趣，魯迅在自序中這樣描述，那是他與錢玄同的一場對話：

> 「你鈔了這些有什麼用？」有一夜，他翻著我那古碑的鈔本，發了研究的質問了。
> 「沒有什麼用。」
> 「那麼，你鈔他是什麼意思呢？」
> 「沒有什麼意思。」
> 「我想，你可以做點文章……」[27]

　　當時的錢玄同是北京大學語言學教授，見魯迅抄錄古碑，竟質問「有什麼用？」於情於理都有些說不過去。而且，有研究者也證實，魯迅這一時期的古碑抄錄為其中國古典小說研究打下了基礎，這些都是重要學術經典，怎麼能說「沒有什麼用」「沒有什麼意思」呢？問題的癥結，在於在他們這一代知識份子看來，推動社會變革顯然重於純學術研究 —— 這是他們的共識，因此他們的問答能夠達到默契。而錢玄同邀請魯迅複出的辦法也很特別 —— 做點文章，而這也竟引發了魯迅關於「鐵屋子」的聯想和躊躇，可見他們對於實現社會理想方式的看法也很一致 —— 那便是走上媒體。
　　胡適和魯迅的例子可以代表一代知識份子的歷史選擇，他們的社會理想可能不盡相同，他們通過媒體傳遞的東西也可能各有差異，但通過媒體對社會產生影響，是這一代知識

---

27 魯迅：《吶喊·自序》《魯迅全集》（第一卷），人民文學出版社，1981年，第418頁。

份子大致相同的選擇。

## 四、作為背景的民國傳媒與學院文化的互動

從根本上來說，民國報紙與現代學院的互動格局是中國社會近代化過程中的必然產物。報紙在中國的興起，伴隨著近代中國「公共領域」的轉型，它由傳統社會中國家與社會之間潛在的「第三領域」[28]。逐漸變化成具有政治合法性的「公共領域」，雖然兩者的性質並沒有本質差別，但承擔的功能已經發生變化。以報紙（傳媒）作為平臺的「公共領域」，在中國雖然依然是「國家與社會充滿張力的區域」，但它「對政治權力通過社會輿論進行公共監督和批評。這一以公眾輿論為基礎的政治合法性，正是由於公共領域的價值和意義所在。」[29]正是傳媒在近代的「公共領域」功能，被斬斷仕途的學院派知識份子才得以踴躍參與到這一事物當中，而中國近代的民族社會危機更讓他們樂此不疲。

民國傳媒與現代學院互動的意義無須贅言，它推動了近代「公共領域」的建設，也擴大了學院文化在中國現代化過程中的影響力。但值得注意的是，現代學院派知識份子對於「學院」這一特定區域的忽略，可能導致對「公共領域」公

---

28 黃宗智在論文《中國的「公共領域」與「市民社會」？—— 國家與社會間的第三領域》中的觀點，轉引自曹衛東：《哈貝馬斯在漢語世界的歷史效果 —— 以〈公共領域的結構轉型〉為例》，《現代哲學》，2005 年1 期。

29 許紀霖：《近代中國的公共領域：形態、功能與自我理解 —— 以上海為例》，《史林》，2003 年 2 期。

共性的破壞。「新國學」發起者王富仁先生在《「新國學」論綱》中對中國現代文化內在構成的解析，有利於我們認識這一現象。王富仁先生認為：由新文化運動開啟的中國現代文化經歷史分化，逐漸成為三個部分：現代學院文化、現代革命文化和現代社會文化。[30]按照這種劃分，「公共領域」內產生的文化理應屬於「現代社會文化」的範疇，這種文化與「現代學院文化」存在著很大的不同。按照王富仁先生對「現代學院文化」的概括：現代學院是「以培養現實社會需要的各種專門人才而建立起來」，「以知識技能的傳授為主要目的」，因此「不論一個民族當時的社會歷史狀況如何，不論各個受教育者自己將選擇什麼樣的人生道路，學院文化自身都必須以現實社會所需要的知識和技能的培養為基礎，都必須以受教育者在現實社會得到最順利的成長和發展為基本原則。」[31]簡略地說，學院文化具有「體制化」和「專業化」的特點，它追求的是知識的普遍性，而不是文化的公共性。王富仁認為現代社會文化與現代學院文化最大的差別是接受物件的複雜性。[32]參與群體的複雜性，也構成哈貝馬斯強調的公共性：公共領域作為一個變數類型（one variant type），「這兩個變數又『必須嚴格區別於』另一個變數，即『高度發達工業社會中那種公民表決加萬眾歡呼式的、以專制為特徵的、被宰製的公共領域』」。黃宗智在論文《中國的「公共領域」與「市民社會」？ —— 國家與社會間的第

---

30 王富仁：《「新國學」論綱（上）》，《社會科學戰線》，2005 年 1 期。
31 同上。
32 同上。

三領域》中的觀點，轉引自曹衛東：《哈貝馬斯在漢語世界的歷史效果 —— 以〈公共領域的結構轉型〉為例》，《現代哲學》，2005 年 1 期。這裡強調了公共領域的基礎，它包含參與群體的多元性、平等性和現實性。

　　在諸多民國文化事件中，「學院文化」介入公共領域導致「文化變異」的事件不計其數，由於我們缺乏對這一文化背景的重視和瞭解，很多懸案至今依然在學界爭論不休。譬如魯迅與梁實秋之間關於文學寫「永恆人性」的論爭。爭論的本質並不在於文學要不要寫「永恆人性」，而是關涉在公共領域中探討文學的立場問題。作為知識，文學書寫「永恆人性」並沒有錯，但「永恆人性」並不是一個抽象的概念，在不同的環境、不同的境遇中會折射出不同人生樣態和現實要求，而在這些多樣的人生樣態和現實要求中又包含著普遍的東西。魯迅強調的「階級性」在本質上也是「永恆人性」的一個部分，它與「永恆人性」的差別，在於它來自現實人生的體驗，而不是抽象的知識。梁實秋關於「永恆人性」的看法，便是用學院派知識普遍性的思維介入社會事務當中，教條主義的問題便不可避免。另一個例子便是《京報副刊》廣泛徵集「青年必讀書」的事件，在這次事件中，魯迅不僅交了白卷還說出「我以為要少 —— 或者竟不 —— 看中國書，多看外國書」[33]的頗受爭議的話來。關於魯迅在《青年必讀書》中的表態，學界已有廣泛討論，其實最根本的原因還是魯迅對學院文化過分擴張表示不滿。「青年必讀書」本身就

---

33 魯迅：《青年必讀書》，《魯迅全集》（第三卷），人民文學出版社，1981 年，第 12 頁。

是一個學院文化中存在的範疇，將之應用到社會上去必然不合時宜，俞平伯當時就說：「青年既非一個人，亦非合用一個脾胃的；故可讀的，應讀的書雖多，卻絕未發見任何書是大家必讀的。我只得交白卷。若意在探聽我的脾胃，我又不敢冒充名流學者，輕易填這張表，以己愛讀為人之必讀，我覺得有點『難為情』」。[34]在這裡，俞平伯揭示了一個事實，學院文化一旦溢出了現代學院的語境，就可能形成文化霸權，形成哈貝馬斯所特別強調的一種變數 —— 以「專制為特徵的、被宰製的公共領域」。類似的例子在民國時期還有很多，在某種程度上，學院派知識份子對自身文化屬性的麻木造成了對近代公共領域的破壞，這使得民國傳媒與現代學院的互動成為一把雙刃劍。

---

34 王世家：《〈京報副刊〉「青年愛讀書十部」「青年必讀書十部」資料彙編》，《魯迅研究月刊》，2002 年 10 期。

# 第七章 「青年必讀書」：文化錯位與魯迅的側擊

## 一、文化錯位：「青年必讀書」徵求中的邏輯謬誤

　　1924 年底，原《晨報副刊》編輯孫伏園因與代理總編劉勉己發生矛盾，「跳槽」至剛剛創刊的《京報副刊》，為了儘快打開局面，這位「副刊聖手」於 1925 年 1 月 4 日在報紙上刊登「青年愛讀書十部」和「青年必讀書十部」兩大徵求的廣告，「二大徵求」活動由此開始。從副刊編輯的角度，「二大徵求」不失為一記「妙手」，通過與讀者、作者的廣泛互動，既能調動讀者、作者的濃厚興趣，又擴大了副刊的社會影響。

　　然而回顧「二大徵求」的結果，學者們對「青年必讀書」的反應頗有值得品讀之處，他們在一個新創副刊有製造噱頭嫌疑的話題面前表現出超乎尋常的審慎。在副刊收到「青年必讀書」的 78 份答卷中，魯迅、江紹原、俞平伯以各自理由交了「白卷」；徐志摩、朱我農、沈兼士、顧頡剛、邵元仲在回信中都特別強調這個問題「難」「太複雜」；朱我農、

譚仲逵在初次寄出書單後，覺得不妥又進行訂正；林語堂、顧頡剛、李仲廣在交出的書單上特別加上「文學」「史學」「新學」等定語加以限制；此外還有若干徵集者都特別在附注中強調自己選擇的原則和立場。這些學者的舉動除了源於一代學人特有的嚴謹和持重，這個徵求活動自身的複雜性和歧義性也是不得不考慮的因素。究竟這個問題「難」在何處？俞平伯給出的理由頗能讓我們對這個問題有所深入：

> 青年既非一個人，亦非合用一個脾胃的；故可讀的，應讀的書雖多，卻絕未發見任何書是大家必讀的。我只得交白卷。若意在探聽我的脾胃，我又不敢冒充名流學者，輕易填這張表，以己愛讀為人之必讀，我覺得有點「難為情」。[1]

俞平伯給出的理由可概括為兩個方面：（一）「青年」是個很廣泛的群體，其志趣和追求各不相同，不可能有「必讀書」的存在；（二）自己沒有理由也沒有資格以一己之喜好強加于青年，所以不能說出「必讀書」的書目。俞平伯的意見代表了很多人的看法，那些交「白卷」和認為「太複雜」的知識份子，如魯迅、江紹原、徐志摩、顧頡剛、周建人等，基本都是從這兩個角度說明「青年必讀書」不便回答或不好回答。

應該說，俞平伯是十分敏銳的，他對「青年必讀書」的

---

1　王世家：《〈京報副刊〉「青年愛讀書十部」「青年必讀書十部」資料彙編》，《魯迅研究月刊》，2002年10期。

質疑點明了這個問題的複雜性根源。在邏輯上，「青年必讀書」的徵求屬於「複雜問題謬誤」，通俗地說，它將一個複雜的問題有傾向性地化作一個簡單的問題，而後讓回答者落入其預設的陷阱。「青年必讀書」的複雜性在於它包含了前提性的問題：首先，有沒有人有資格為青年指出「必讀書」？其次，青年有沒有「必讀書」？作為一個正常的提問，只有在這兩個問題獲得肯定回答之後，才可能提出第三個問題：「青年必讀書是什麼？」──而「青年必讀書」徵求則直接將這個問題拋給了應徵者──如果他們回答了這個問題，也意味著肯定地回答了前兩個問題。俞平伯因為否定了「青年必讀書」的兩個前提，所以「難為情」地交了白卷。

對於俞平伯等學者的「較真」精神，我們除了欽佩也不禁要發問：作為文藝副刊的一次創意活動，「青年必讀書」具有很大的偶然性和遊戲性，有必要如此較真嗎？更何況在交白卷的學者中，並非沒有開出「必讀書」的事實，譬如魯迅。魯迅一生中為青年人開具類似「必讀」書目的情況還不止一次：他曾經為廣州知用中學的學生指出過讀古書的入門書目，為好友章廷謙開列過研究中古文學的書目，為許壽裳的長子剛剛考取清華大學中文系的許世瑛開過一份包括十二種書的目錄，為曹靖華開出了六種文學史的參考書目。這些開具書目的境況有很多與「青年必讀書」的徵求相似，都是針對青年群體，都是開具閱讀書目，為何魯迅在其他處可為，而偏偏在《京報副刊》的徵求活動中不願為了呢？要理清這個問題，我們還需回到「青年必讀書」徵求活動，回到這個問題的兩個前提問題：有沒有人有資格為青年指出「必讀

書」？青年人有沒有「必讀書」？

　　關於「有沒有人有資格為青年人指出必讀書」和「青年人有沒有必讀書」的問題，只要聯繫俞平伯的表態 ──「青年既非一個人，亦非合用一個脾胃的」，似乎已沒有可以探討的空間：青年人廣泛多樣，當然難以有「必讀書」的存在 ── 更沒有人有資格、有能力為青年人指出「必讀書」。不過，我們在借用俞平伯觀點時往往忽略了這種看法的存在空間，那便是「現代社會」的基礎，更準確地說，只有在現代社會，青年人的多元要求才可能受到尊重，才可能因「亦非合用一個脾胃」而否定「必讀書」的存在。如果在其他文化環境下就不同了，譬如在中國古代社會，在儒家文化的正統地位確立之後，青年人要發展，就必然會有「必讀書」，也必然會有人有資格指出必讀書來。再譬如在宗教文化活動中，作為一種宗教的教徒，當然也會有必讀書，也會有人有資格指出必讀書來。

　　其實不僅在中國古代或宗教文化中，現代社會的特定領域也會有「必讀書」現象的存在，譬如在現代學院裡。現代學院是「以培養現實社會需要的各種專門人才而建立起來」，「以知識技能的傳授為主要目的」，因此「不論一個民族當時的社會歷史狀況如何，不論各個受教育者自己將選擇什麼樣的人生道路，學院文化自身都必須以現實社會所需要的知識和技能的培養為基礎，都必須以受教育者在現實社會得到最順利的成長和發展為基本原則。」[2]正是這種特殊性，雖然

---

2　王富仁：《「新國學」論綱（上）》，《社會科學戰線》，2005 年 1 期。

現代社會裡的青年人廣泛多樣，只要他進入學院，就必然被要求以某種知識或技能為基礎進行培養，而在培養的過程中，就會有入門必讀書，也會有提供必讀書的導師存在。

回顧魯迅開具必讀書的場合，其基本都是出於專業技能培養的目的，準確地講是在學院文化的語境下才做出的舉動。「青年必讀書」徵求活動的情況就不同了。作為一個大眾媒體舉辦的公開活動，「青年必讀書」針對的讀者是不確定的，它的目的也不是出於某種知識和技能的培養，因此作為參與者的魯迅當然不能以現代學院文化的方式開具書目 —— 否則就違背了現代社會文化的精神，回到了類似傳統社會的「大一統」狀態。可以說，是自覺站在現代社會文化的基本立場上，魯迅、俞平伯等人才「較真」地向「青年必讀書」徵求交了白卷。而作為這場徵求活動的策劃者 —— 新文化陣營中一員的孫伏園，他確定的「青年必讀書」主題雖不能說是文化復古，但顯然是一次文化錯位，他將只是在現代學院文化中存在的活動推廣到全社會，其中的謬誤就不可避免。

## 二、推手：學院文化的擴張與漫溢

孫伏園在發起「青年必讀書」徵求活動時，是否意識到這個話題存在著邏輯謬誤不得而知，但至少可以肯定一點，他對於在大眾媒體（文藝副刊）上開展現代學院文化活動顯然認為理所當然。在發起「青年必讀書十部」徵求活動時，《京報副刊》刊登了這樣的徵求說明：

> 青年必讀書十部——是由本刊備券投寄海內外名流學
> 者，詢問他們究竟今日的青年有那十部書是非讀不可
> 的。本刊記者耳目容有不周，熱心學術諸君如有開列
> 書單賜下者更所歡迎。2月5日截止，2月10日起逐
> 日在本刊上宣佈徵求結果。[3]

「說明」中除了介紹「青年必讀書十部」徵求活動的操作方法，還特別強調「本刊記者耳目容有不周，熱心學術諸君如有開列書單賜下者更所歡迎」，這也點明了《京報副刊》對本次徵求活動的性質理解——這是一次「學術活動」的拓展。

因為徵求活動開展之後學者名流們回執並不積極，孫伏園遂在副刊上以個人名義發表啟事催稿：

> 「青年必讀書」僅收到胡適之梁任公周作人等數票，
> 全國熱心教育諸公，無論收到本刊的公啟與否，務望
> 從速選填賜下，不勝盼禱。[4]

這則啟事把「青年必讀書」徵求的目的表現了出來——教育。把兩則啟事聯繫起來，《京報副刊》對開展「青年必讀書」徵求活動的性質和目的再明確不過：那便是通過學術活動對青年進行社會教育。也就是說，孫伏園對於自己開展活動屬於現代學院文化的性質是明確的，但他並沒有認識到在報紙上開展這種活動有何不妥。

---

3　《京報副刊》，1925年1月4日。
4　《京報副刊》，1925年1月29日。

孫伏園之所以產生這樣的認識，在我看來主要出自兩個原因。

首先是個人原因，這與孫伏園個人經歷及人際網路有很大關聯。孫伏園（1894～1966），浙江紹興人，原名福源，字養泉，筆名伏廬、柏生、桐柏、松年等。早年在山會師範學堂就讀，曾為魯迅的學生。1918年經周作人介紹，與其弟孫福熙一起到北京大學旁聽，第二年轉為正式生。北大期間，加入著名社團新潮社，擔任過北京《國民公報》副刊編輯、《晨報》記者，與茅盾、鄭振鐸等人共同發起文學研究會。1921年，北大畢業後正式進入《晨報》出任副刊編輯，在其主持下，《晨報副刊》成為宣傳「新文化」的重要陣地。1924年，因魯迅「打油詩」《我的失戀》事件與《晨報》代理總編劉勉己發生衝突，辭職後擔任《京報副刊》編輯。在孫擔任副刊編輯之前的經歷中，「新文化運動」「北京大學」「新潮社」顯然是最重要的內容，這也決定了其日後副刊編輯思想的走向。在孫一生的副刊編輯活動中，「新文化」是其根本的立場，北京大學的精神、人脈是其編輯思想形成與付諸實踐的主體資源，而新潮社則是其參與新文化建設保證思想與時俱進的重要仲介。

孫伏園編輯副刊的新文化立場無須贅述，而在宣傳新文化的方式上，孫伏園又表現出「相容並包」的精神。他曾經談到過理想中日報附張（副刊）的情形，其中包含「新知識」「文學藝術一類的作品」「對於社會，對於學術，對於思想，對於文學藝術，對於出版書籍」的「短篇的批評」三大類型，

基本囊括了「新文化」的主要表現形式。[5]而在介紹新知識上，他又強調：「例如宗教，哲學，科學，文學，美術等，本身都應該有專門雜誌的，而現在《民國日報》的《覺悟》，《時事新報》的《學燈》，北京《晨報》的副刊，大抵是兼收並蓄的。」[6]這種思想在現在看來是尊重副刊的辦刊規律，而在五四時期現代報紙副刊編輯尚未摸索出一套科學方法的時候，這種編輯思想無疑具有開創性，而其資源正來自於北大的「相容並包」。

孫伏園「相容並包」的編輯思想，使其雖然能夠在辦報實踐中對大眾傳媒的自身特點有所體悟，但對於新文化自身分化後，如何合理地將宣傳新文化與大眾傳媒的自身屬性相結合，並未表現出特別的敏感和堅持。在他主編的《晨報副刊》上，既有魯迅、周作人、鄭振鐸、冰心、汪靜之、許地山、川島等人的詩文和譯文，也有梁啟超、胡適、李大釗、馬寅初、蔣夢麟、梁實秋、趙景深、劉半農等的演講和學術論文，還有陳大悲、余上沅、熊佛西、焦菊隱、曹靖華等發表的劇作和劇論，其餘還有世界名人介紹和時事短評等等，反映出新文化發生期百花齊放、百家爭鳴的態勢，也體現出副刊追求內容豐富的特點，但由於太多專業知識和思想的介紹，其同人化與學院化的傾向也非常明顯。

如果說僅僅因為發表專業論文還不能說明問題，孫伏園

---

與新潮社的互動則更將其辦刊的這種傾向表現出來。作為五四時期北京大學內的著名社團，新潮社以「介紹西洋近代思潮，批評中國現代學術上、社會上各問題為職司」[7]，其中骨幹在走出校門後多以學術研究見長。孫伏園作為新潮社曾經的重要成員，在擔任副刊編輯時為曾經的同人繼續出力十分自然，《晨報副刊》廣告欄多次刊登新潮社同人進行學術活動的廣告，如《北京大學研究所國學門風俗調查表》（1923年7月7日）、《國立北京大學研究所國學門古跡古物調查會啟事》（1923年9月22日）、《北京大學國學門研究所調查河南新鄭孟津兩縣出土古物紀事》（1923年10月18～31日）、《北京大學研究所國學門方言調查會成立紀事》（1924年2月12、13日）、《國立北京大學研究所國學門歌謠研究會常會迎新會員會紀事》（1924年3月7、8日）等。[8]這些廣告的刊出，固然因為《晨報》的主要讀者是在校大學生，但也讓人感到有學校校刊的感覺，其學院化和同人化的傾向已經十分明顯。也正是出於這樣的編輯思想，「青年必讀書」徵求活動雖然有不妥之處，但也顯得十分自然。

其次，五四之後大眾傳媒與學院文化日益密切的互動也是「青年必讀書」現象出現的重要背景。五四之後，學院派知識份子逐漸成為各大報紙的主角，報紙請學院知識份子「添彩」成為一種新潮。譬如創刊於北平的《經世日報》，認為報紙是文化的產物，其功用不止於傳播新聞，而尤其要在於

---

7 《新潮·發刊詞》，國立北京大學出版部，1919年1月。
8 陳捷：《現代學術與大眾傳媒的互動——以〈京報副刊〉廣告欄與北京大學研究所國學門為例》，《江西社會科學》，2010年第1期。

推動文化的進步。為貫徹這樣的辦報思想，《經世日報》聘請多位大學著名學者作為特約撰稿人，這些人包括：毛子水、邱椿、高亨、湯用彤、鄭天挺、王桐齡、姚從吾、陸志韋、馮至、鄭華熾、王文萱、胡適、陶元珍、馮友蘭、鄧恭三、左宗侖、陳垣、張懷、楊振聲、藍文征、沈從文、陳雪屏、張佛泉、傅斯年、顧頡剛、沈兼士、陳岱崧、張重一、粟寄淪、何永佶、陳紀瀅、崔書琴、齊思和等[9]。不僅請學院派知識份子當撰稿人，許多報紙還增設學術性專門副刊，而這些副刊的主持者也多由學院派知識份子來掌握。在學院文化與報紙日漸曖昧的潮流中，類似「青年必讀書」這樣文化越位和漫溢的現象，可以說是見怪不怪。

　　孫伏園的個人經歷與五四之後報刊的走勢，都說明「青年必讀書」現象出現的根本原因，那便是新文化運動之後學院文化的迅速擴張。這種境況並不難理解，首先，現代學院的優勢便是輸出人才，隨著這些人才步入各行各業，他們也就成為現代學院文化進行擴張的重要仲介，孫伏園便是一個很好的例子。其次，民國以來，隨著現代學院體制的日漸完善，學院成了文人、知識份子的主要聚集地，同時，這裡也必然成為文化發展和知識更新的主要策源地。一個媒體要站在時代的前列，就必須與學院文化保持密切的聯繫和互動，這可以說是現代社會分工的結果，時至今日依然如此。

---

9　王曉甯、雷世文：《中國現代報紙文藝副刊的學院派文化特色概述》，《鹽城師範學院學報》（人文社會科學版），2006年第1期。

# 三、「行」與「言」：魯迅反駁的立場

今天在理解魯迅《青年必讀書》的問題上，學界常常站在「中」「西」文化對立比較的立場，審視的核心便是那句「我以為要少 ── 或者竟不 ── 看中國書，多看外國書」。雖然也有學者注意到魯迅是首先否認「必讀書」的前提下才談到中國書和外國書的事實，但指歸還是回到魯迅是不是要「全盤西化」和否定傳統的問題，魯迅在這篇文章中根本的文化立場和文化思想並沒有得到充分的挖掘。[10]

如果我們不為《青年必讀書》中言辭掀起的情緒所動，這篇文章的核心落腳在「行」與「言」的問題上：「現在的青年最要緊的是『行』，不是『言』。」這是魯迅對「現在」和「青年」的根本看法，而其文化思想則是在「行」與「言」的結構中展開 ── 這與「中」和「西」至少在形式上是不同的結構。所以要理解魯迅《青年必讀書》的思想，首先應該從這兩個概念出發。

「行」與「言」並不是魯迅的獨創，它是中國傳統文化中兩個流傳較廣相對出現的概念，如：「君子欲訥於言而敏於行」（《論語・裡仁》）；「君子執仁立志，先行後言」（《大戴禮記・解詁》）；「君子博學而孱守之，微言而篤行之，行必先人，言必後人」（《大戴禮記・曾子立事》）等等。傳統文化中重「行」輕「言」的思想與魯迅在本篇文

---

10 曹振華：《我從〈青年必讀書〉讀到了什麼》，《魯迅研究月刊》，1999年第 4 期。

章的立場還頗有一致之處，但魯迅的「行言觀」又顯然超越傳統文化的範疇。在傳統文化中，「行」「言」是個人修養的兩極，「行」即作為，「言」即說辭，處理好兩者的關係關涉個人的德性和人格的完善，所謂「人信其言，從之以行，人信其行，從之以復，復宜其類，類以其年，亦可謂外內合矣」（《大戴禮記·解詁》）。魯迅文章中的「行」與「言」不是個人修養的兩極，而是個人在社會中的兩種選擇，在根本上它是兩種不同的人生態度。

在《青年必讀書》中，「行」是尊重生命和自然人性的一種人生態度，它的外在形式是積極入世的行動派；「言」在根本上是一種技能，作為技能它無須與人的生命活動發生聯繫，只需要與前人的經驗進行交流和對接。作為與「行」相對的一種人生態度，「言」摒棄了「行」的選擇性而把人生投注到這一項技能當中，借助技能間接與世界發生聯繫。概括起來，「行」與「言」的差別主要體現為三個方面：（一）「行」具有多元選擇性，而「言」具有一元確定性。對「行」而言，人生所有的道路與一切可能都可以選擇，而「言」只是人生道路中比較確定的一種。（二）「行」具有實踐性，一個社會的運行和發展必須依據於「行」；「言」不具有實踐性，它借助人類已有的經驗對「行」進行指導。（三）「行」具有開創性，通過大膽的「行」，人類可能創造出一番新天地；「言」則具有總結性，「言」的指導性和啟發性也不過建立在對人類經驗的重新梳理和發現的基礎上。正是由於以上關係，魯迅認為「行」與「言」並不是對等對立的關係——「只要是活人，不能作文算什麼大不了的事」，也就說

「行」是第一位「言」是第二位，一個理想的社會應當「行」「言」兼備，但在特殊時期可以重「行」輕「言」。

魯迅的「行言觀」建立在他對於人生和時代深刻把握的基礎之上。必須重申一點，魯迅思想的基礎始終建立在「為人生」的基礎上，這與現當代諸多學者在「中西文化選擇」基礎上建立自己的學術思想有本質不同。在「為人生」的基礎上，魯迅認為「我們目下的當務之急，是：一要生存，二要溫飽，三要發展。」[11]如果拋開前面的定語，「生存 ── 溫飽 ── 發展」是一個人在社會上基本的人生選擇序列，也可以說是最根本的生存法則，它不是深刻洞見，但卻是顛撲不破的公理。在這個序列中，「行」是「生存」和「溫飽」必需的選擇，而「言」只能屬於「發展」的內容 ── 當然我們可以以「言」作為生存的手段，但此時的「言」只能作為「行」的狀態出現，而這種狀態還具有不確定性。從人類生存的角度而言，「行」顯然是第一位的。

而就五四時期的青年人而言，「行」更是第一位的當務之急。五四時期的青年面臨最大的問題不是沒有話語權，而是「無路可走」，說白了是沒有生存空間的問題。魯迅在這一時期創作的大量小說、雜文都在談論這個問題，無論是娜拉、魏連殳、呂緯甫、子君，還是祥林嫂、愛姑、孔乙己，以及現實中的范愛農和諸多青年學子，所面臨的困境都是「無路可走」。其實，這也是五四新文化運動後出現的必然社會格局，新文化運動的勝利只是打開了輿論的空間，也就是「言」

---

11 魯迅：《忽然想到（六）》，《魯迅全集》（第三卷），人民文學出版社，2005 年，第 47 頁。

的空間，要打開新的生存空間，還需要更加具體而切實的社會變革，說白了也就是要「行」。就「言」和「行」在時代中的關係而言，「言」可以為「行」加油鼓勁，也可以為「行」指出可能的道路，但不能取代「行」的本身；而且「言」要豐富自身的內容也必須依靠「行」，沒有「行」，「言」也只能回到故紙堆當中。所以在那個特殊的時代，魯迅鮮明地提倡「行」：「希望本是無所謂有，無所謂無的。這正如地上的路；其實地上本沒有路，走的人多了，也便成了路。」[12]「青年又何須尋那掛著金字招牌的導師呢？不如尋朋友，聯合起來，同向著似乎可以生存的方向走。你們所多的是生力，遇見深林，可以闢成平地的，遇見曠野，可以栽種樹木的，遇見沙漠，可以開掘井泉的。問什麼荊棘塞途的老路，尋什麼烏煙瘴氣的鳥導師！」[13]在魯迅看來，五四新文化的「言」的指導意義也僅限於「需要行」，至於怎麼「行」，新文化的成果已經失去了這個功能。

魯迅對中西文化的看法也是建立在「行言觀」的基礎上，最核心的思想便是「拿來」。在魯迅看來，是「中國書」還是「外國書」並不屬於孰優孰劣的問題，而是我們需要什麼的問題。魯迅勸導青年「要少 —— 或者竟不 —— 看中國書，多看外國書」，是因為「現在的青年最要緊的是『行』」，而外國書（除了印度）在主體精神上是宣導「行」的。這也

---

12 魯迅：《故鄉》，《魯迅全集》（第一卷），人民文學出版社，2005 年，第 510 頁。

13 魯迅：《導師》，《魯迅全集》（第三卷），人民文學出版社，2005 年，第 59 頁。

並不表示中國書沒有意義，中國書的意義在於「言」，它是我們語言文化的根本，你能說它不重要嗎？非常重要，一個民族賴以存在的根本就是語言，沒有了語言，民族也要消亡。今天學界質疑魯迅在《青年必讀書》中否定中國文化，正是站在語言文化的立場上，而質疑者往往忽略了魯迅已經將中國書與「言」緊密地聯繫在一起。

　　作為兩種人生態度和生存方式，魯迅的「行」與「言」反映出新文化發生分化後，不同文化類型對人生的不同要求。「行」是現代社會裡一個人應該具有的人生態度和生存方式，「它的基礎是生命的，自然人性的，是普遍可感的」[14]。基於不同的生命個體，人們可以有不同的人生道路選擇，也可以有不同生存方式的選擇。而「言」所代表的生存方式，只是現代社會裡的一種可能，那便是學院派的生活方式，它以語言文化的傳承為主要目的。在任何時代「行」都只會是「言」的基礎，如果反其道而為之，就會出現不同程度的專制和霸權。「青年必讀書」的問題就在於，「當時的學院文化並不能體現中國社會各個階層，其中也包括像魯迅這樣的現代知識份子求生存、求發展的生命意志和精神需要。」[15]「以自己的選擇代替別人的」，「把自己的選擇當作唯一正確的選擇」，是學院文化無限擴張造成的根本危害。[16]魯迅反駁的意義，就是要打破這種貌似合理的文化霸權，將對生活的選擇權還給青年人自己。

---

14 王富仁：《「新國學」論綱（上）》，《社會科學戰線》，2005 年 1 期。
15 同上。
16 王富仁：《「新國學」論綱（上）》，《社會科學戰線》，2005 年 1 期。

## 四、「說不出」：「聽將令」中的批判策略

分析魯迅《青年必讀書》中的文化思想，將其語言形式與要批判的現象聯繫在一起，頗有點「圍魏救趙」「聲東擊西」的感覺：貌似抨擊中國文化，實際卻是批判學院文化的擴張和漫溢。而且，在這篇以「徵求表」形式出現的文章中，魯迅在必答欄裡說：「從來沒有留心過，所以現在說不出」，給人留下豐富的聯想空間 —— 究竟這是一句托詞還是真實感受？究竟「現在說不出」，未來是否能夠說出？這都讓人產生「必讀書」可能存在的印象；而在「附注」裡，魯迅還首先大談特談讀書問題，直到末尾才稍稍點題，一閃而過。如果聯繫魯迅其他的批判文章，他雖然一向講究「戰術」，但直接犀利依舊是其最主要的風格，而此篇就顯得有些模棱兩可，優柔寡斷，似乎有很多隱憂，導致不能暢快地表達。

如果我們更認真地揣摩《青年必讀書》的行文風格，魯迅的隱憂似乎在於，他既要對「青年必讀書」徵求背後過於膨脹的學院派文化進行批判和警醒，又似乎不想駁了「青年必讀書」徵求活動和其他同人的面子。在這一點上，一向富有批判精神的魯迅與較為溫和的俞平伯和江紹原恰恰形成反差，同樣是發現徵求活動的關鍵問題，這兩位乾脆俐落地交了「白卷」，魯迅則顧左右而言他地迂迴半天，最後還將論爭的焦點引入中西文化的問題上，「曲筆」可謂用盡心機。

可以將魯迅的這種做法理解為不駁「青年必讀書」徵求活動的面子，更具體地說是不駁《京報副刊》和孫伏園的面

子，畢竟魯迅與孫伏園有著深厚的同鄉和師生之誼：孫伏園為了魯迅怒與《晨報》脫離關係，在魯迅的支持下他才接手《京報副刊》的編輯工作，對於學生兼同鄉剛剛主持的副刊，魯迅當然不能駁了他的面子。

不過，我更覺得魯迅《青年必讀書》中用盡「曲筆」是出於新文化發展和建設的考慮，這與魯迅在新文化運動之初「聽將令」的做法有內在一致性。從大眾傳媒的角度回到「青年必讀書」徵求的時代（1925 年初），新文化運動興起雖已近十年，但新舊文學和文化卻依然處於膠著的狀態。僅從副刊的角度來說，雖然這一時期出現的民國「四大副刊」都屬於新文化陣營，但很多著名大報副刊還被控制在舊派文人的手中。譬如《申報》副刊在周瘦鵑的控制下，作者多為「禮拜六」文人，設置如「閒話」「雜錄」「遊記」「劇談」「餘滴」「瑣錄」等消閒性的欄目，再刊登些章回小說連載、文壇掌故、談情說愛、風花雪月等文字，鴛鴦蝴蝶派色彩濃厚。此時的《大公報》正處於最衰落的時期，副刊也主要刊登些舊詩歌和筆記體小說，「缺乏時代氣息，編排也比較呆板」[17]。這一時期《世界日報》的《明珠》副刊，在張恨水的主持下雖然影響頗大，但舊文化遊戲味很濃，張恨水與讀者約法三章：「（一）絕對不談大問題。政治上也罷，社會上也罷，只撿些瑣碎的事來說。好像人家吃麵包，我們只在桌上去搜羅些麵包屑。（二）絕對不批評大人物。我們從前就犯過這個毛病，而實在不平的事太多，管得了嗎？（三）不研究高

---

17 方漢奇等著：《〈大公報〉百年史（1902-06-17～2002-06-17）》，中國人民大學出版社，2004 年，第 164 頁。

深學問。這條似乎累贅，柴米油鹽醬醋茶裡面，哪有什麼高深學問？不過湊成三章罷了。」[18]從此三條就可見其副刊的一般面目。

不僅副刊的情況如此，這一時期整個報紙的格局同樣如此。單以 1918～1927 年北京地區創辦的晚報進行統計，在 39 種晚報中，純粹用文言出版的報紙達 16 家，文言與白話兼用的報紙共 5 家，純粹用白話出版的報紙為 18 家。[19]由此可見，雖然時間已到 1925 年，但文化格局——文言與白話、新文化與舊文化實際處於不相上下的膠著狀態。

在新舊文化、文學膠著抗議的狀態下，《京報副刊》開展的徵求「青年必讀書」活動雖然有文化錯位的缺陷，有學院派文化過度擴張的隱憂，但相對于舊文化死而不僵的現實，舊文學在遊戲中繼續蔓延的傾向，新文化陣營的內部顯然並不適合正面廝殺。正是在這個立場上，魯迅選擇旁敲側擊的方式，用新舊文化論爭的老話題發出振聾發聵的聲音，既讓已經分化的新文化同人注意到新文化完全尚未站穩腳跟的事實，也促使他們去意會其中的曲筆之意：學院派的文化過度膨脹，並不符合中國社會的當下需要，而且可能將青年人引入因循守舊的道路上去。魯迅的這種做法和態度，與他在新文化興起初期的「聽將令」也可謂一脈相承。

不過值得注意的是，魯迅用「自己的經驗」來討論「讀書」問題時，也避開了「必讀書」的話語圈套，現代社會裡

---

18 《世界日報・明珠》，1925 年 8 月 7 日。
19 葉再生：《中國近代現代出版通史》（第二卷），華文出版社，2002 年，第 719-722 頁。

的青年雖然沒有「必讀書」，但「讀書」卻是必不可少的生活內容；雖然不需要有「導師」，但並非不需要平等的「經驗」交流。所以《青年必讀書》中的內容雖有曲筆之意，但並非策略之言，其中讀書的經驗也正是魯迅的切身感受。他後來特別強調：「去年我主張青年少讀，或者簡直不讀中國書，乃是用許多苦痛換來的真話，絕不是聊且快意，或什麼玩笑，憤激之辭。」[20]言至此處，魯迅《青年必讀書》中的真意也就了然了，其言辭不多但卻是煞費苦心。然其發表以來不斷受到非議，這其中真有太多值得深思的地方！

---

20 魯迅：《寫在〈墳〉的後面》，《魯迅全集》（第一卷），人民文學出版社，2005 年，第 302 頁。

# 第八章　抗戰文學的分野與聯動
## ── 新民主主義文化理論的形成與戰時區域政治

　　「新民主主義」理論是中共在延安時期建構的關於近代中國政治、文化發展規律的理論體系，在中國歷史上產生過重大影響，對其進行深入研究，具有歷史和現實的雙重價值。充分認識「新民主主義」的開拓性和創造性，總體視野不能局限在抗戰時期的邊區之內，應當注意到在「統一戰線」宏觀背景下，中共與「國府」之間的微妙互動，只有在此格局下，「新民主主義」出現的動機及其建構機制才能充分展開。

　　由於戰爭的原因，抗戰時期的中國文化形成較為清晰的地域分野，這種格局影響到學界認識這一時期歷史、文化的基本視野：依據當時的地域分野，各自封閉進行研究，著力挖掘地域、政治與文化的相互關聯。這種研究視野的合理性無須贅言，但它忽略了抗戰文化在「分野」背後的整體性特徵，即各個不同的政治區域，因為民族國家的紐帶，彼此保持著微妙的聯繫，影響到彼此的政治實踐和文化建設。本文對「新民主主義」概念及其文化理論進行再考察，便是將它置於國、共互動的格局中，注意到「延安」問題的「域外語境」，以期對其理論特點和內在豐富性有更多認識。

# 一、為什麼需要「新民主主義」？

「新民主主義」概念提出的背景，與國、共之間的「主義」之爭有緊密聯繫，具體來說，便是兩黨如何處理好「共產主義」與「三民主義」之間存在的分歧。第一次國共合作破裂後，三民主義與共產主義之間的共存基礎逐漸薄弱，兩黨再次合作，必須解決兩種意識形態分歧造成的鴻溝。作為抗日「統一戰線」的積極推動者，中共在推動建構「反帝統一戰線」[1]的過程中，開始改變「土地革命」時期對待三民主義的態度。

1935 年 10 月，王明在共產國際第七次代表大會上做題為《論殖民地半殖民地國家的革命運動與共產黨的策略》的演講，引用了共產國際領袖季米特洛夫的一段話：「對於孫中山主義，除了解釋他對個別問題的不正確觀點和與共產主義的不同點外，還應當向群眾解釋說：孫中山本人是一個中國近代偉大的革命家。他的思想，尤其是他的行動，的確是有價值和值得欽佩的。……同時，還應當向群眾證明：孫中山革命思想和革命傳統中最好的一部分遺產，也由我們共產

---

1 王明在共產國際第七次代表大會上做《論殖民地半殖民地國家的革命運動與共產黨的策略》的演講，其中第二部分的題目是：「建立擴大和鞏固反帝統一戰線，是殖民地和半殖民地國家中共產黨員最重要的任務」。見《中共中央文件選集》（9），中共中央黨校出版社（黨內發行），1986 年，第 516-563 頁。在此之前，中國共產黨建立的口號都是以「抗日反蔣」為口號。

黨繼承了。」<sup>2</sup>共產國際本次大會的主題之一，便是號召世界無產階級革命與反帝結合起來，以應對「二戰」爆發前複雜的國際形勢。共產國際的這種轉變，迅速在中共領導人的言論中得到反響，他們開始在公開場合表示對三民主義的敬重和擁護：「依然贊助革命的三民主義」<sup>3</sup>，「中山先生的三個主要思想 ── 民族主義、民權主義、民生主義 ── 今天恰恰便利於國、共合作的事業」<sup>4</sup>，「可以而且應當擁護革命的三民主義的理論基礎」<sup>5</sup>，「誠心誠意擁護孫中山先生的三民主義，宣傳三民主義」<sup>6</sup>……中共此舉的目的，是為了建立「反帝統一戰線」，與國民黨結束敵對的狀態，然而這種過度樹立三民主義權威的做法，也為日後自身發展留下隱患。抗戰進入相持階段後，「國府」開始忌憚中共抗日力量的迅速發展，制定了種種限制中共的策略，其中利用「三民主義」的權威性瓦解「共產主義」在中國存在的合法性基礎，是理論上的重要措施。在這方面，「反共文人」葉青的理論文章最富攻擊性。

　　葉青（1896～1990），原名任卓宣，四川南充人。早年

2 王明：《論殖民地半殖民地國家的革命運動與共產黨的策略》，《中共中央檔選集》（9），中共中央黨校出版社（黨內發行），1986 年，第 557-558 頁。
3 中共中央宣傳部：《國民黨三中全會後我們的任務》，《中共中央檔選集》（10），中共中央黨校出版社（黨內發行），1985 年，第 175 頁。
4 王明：《救中國的關鍵》，《中共中央檔選集》（10），中共中央黨校出版社（黨內發行），1985 年，第 228 頁。
5 董必武：《共產主義與三民主義》，《解放週刊》第 1 卷第 6 期，1937 年 6 月 14 日。
6 洛甫：《關於抗日民族統一戰線與黨的組織問題》，《中共中央文件選集》（10），中共中央黨校出版社（黨內發行），1985 年，第 622 頁。

曾赴法國勤工儉學，與周恩來、陳延年等發起組織中國少年
共產黨，並加入中國共產黨。1927 年轉投中國國民黨，在抗
戰中因發起「三民主義研究及三民主義文化運動」獲得聲名。
葉青的「三民主義研究及三民主義文化運動」，一個重要的
動力和立場便是「反共」，在此基礎上，他拋出了「馬克思
主義不適合中國說」和「一次革命論」等觀點，企圖在理論
上取消共產主義在中國發展的合法性和必要性。

　　葉青的「馬克思主義不適合中國說」源於他對「社會主
義」的獨特理解。在葉青看來，社會主義的本質便是「國有
制」，以此出發，「三民主義」中的「民生主義」因包含「國
營實業，節制資本，平均地權」的內容，因此在本質上就是
「社會主義」 ── 而且是「中國底社會主義」[7]。葉青認為：
「中國走上社會主義的道路與歐洲不同」，「歐洲資本主義
發達，階級分化明顯，要實現社會主義，一般說來，自非階
級鬥爭、社會革命、無產階級專政不可。這在孫先生，不惟
不反對，而且是承認的。中國不然。資本主義未發達，階級
分化未明顯，要實現社會主義，只須國營實業、節制資本、
平均地權就夠了。所以民生主義是中國底社會主義，這種中
國底社會主義在世界社會主義所占的地位，是與蘇聯、英國
的社會主義並列的、具體的、特殊的一種社會主義」。[8]這也
即是說，馬克思主義「是以資本主義或資本主義底發達為條

---

7　任卓宣：《三民主義之完美及基本認識》，臺北帕米爾書店，1982 年，
　　第 127 頁。
8　任卓宣：《三民主義之完美及基本認識》，臺北帕米爾書店，1982 年，
　　第 127-128 頁。

件的」，對於中國這種「初期的資本主義，亦非發達的資本主義」，只能採用民生主義。[9]所以，「三民主義可以滿足中國現在和將來底一切要求，它一實現，中國便不需要社會主義了；從而組織一個黨來專為社會主義而奮鬥的事，也就不必要了」。[10]這實際是消解中國共產黨存在的必要性。

　　葉青的「一次革命論」也是基於中國社會的「特殊性」上。他將歐美的歷史概括為民族主義時代、民權主義時代、民生主義時代三個時期，將前兩個時代歸為政治革命階段，後一個時代歸為經濟革命或社會革命階段。由此反觀中國，他認為中國「由封建主義到資本主義的革命和由資產主義到社會主義的革命是合而為一的」[11]，這便是中國社會的特殊性。這樣的認識，葉青認為基於「兩個事實」：「（一）從中國內部的歷史發展看來，它處在由封建主義向資本主義的階段，或資本主義初期，應走資本主義道路；（二）從中國外部的歷史發展看來，代表世界歷史發展的歐洲則處在由資本主義到社會主義的階段，並且已有六分之一的地面開始了社會主義的建設，所以應走社會主義道路。」「一次革命在實現民權主義和民族主義時，要採用暴力革命或武力革命底方式。在實現民生主義時，即實現社會主義時，便是和平的

9　葉青：《與社會主義者論中國革命》，時代思潮社，1939 年，第 18-19頁。

10　任卓宣：《三民主義之完美及基本認識》，臺北帕米爾書店，1982 年，第 171 頁。

11　任卓宣：《三民主義之完美及基本認識》，臺北帕米爾書店，1982 年，213 頁。

轉變。」[12]葉青的「一次革命論」認為中國革命可以「畢其功於一役」，也就是為了證明中國只需要代表資本主義的政黨足矣，更進一步說，便是代表社會主義的中國共產黨沒有存在的必要了。[13]

國民黨利用三民主義的權威性打壓其他政治主張的做法，使中共意識到：為建立「統一戰線」而對三民主義過度認同，並不適宜政黨長期發展的需要。然而，在全民族共同抗戰的背景下，公然反對三民主義，也不會得人心。針對這種現實，中共決定「廣泛地動員全國同胞，切切實實地實行三民主義」[14]，「力爭以革命的言行相符的真正三民主義去對抗曲解的與言不顧行的假三民主義，以真正的三民主義的姿態，去反對假三民主義，即頑固分子」[15]。在此基礎之上，中共有意淡化共產主義與三民主義的關係問題（特別是差異的地方），認為「中國當前的問題，不是實行三民主義或是實行社會主義、共產主義的問題，而是是否實行與如何實行真三民主義的問題。」[16]

12 任卓宣：《三民主義之完美及基本認識》，臺北帕米爾書店，1982年，第224頁。
13 葉青認為：「一次革命論底正確是一個政黨論底正確之證明。有人認為『今日的中國』需要『代表資本主義歷史使命的政黨』，明日的中國需要代表社會主義歷史使命的政黨，因而反對我底一個政黨論，乃是他對於一次革命論毫無所知的表示。」充分暴露了他的理論核心。（任卓宣：《三民主義之完美及基本認識》，臺北帕米爾書店，1982年。）
14 中央為開展國民精神總動員運動告全黨同志書》，《中共中央檔選集》（11），中共中央黨校出版社（黨內發行），1986年，第53頁。
15 《中央關於宣傳教育工作的指示》，《中共中央檔選集》（11），中共中央黨校出版社（黨內發行），1986年，第62頁。
16 張聞天：《擁護真三民主義反對假三民主義》，《張聞天文集》，人民出版社，1985年，第42頁。

以「真三民主義」駁斥「假三民主義」，對於反擊國民黨用三民主義打壓共產主義有重要意義，同時有利於中共獲得對三民主義的闡釋權，從而在以三民主義為政治基礎的抗日民族統一戰線中獲得領導地位。但是，僅僅用「真三民主義」「假三民主義」的概念，並不能從根本上壓倒例如葉青的反共理論，至少有兩個問題必須解決：第一，什麼是「真三民主義」？針對這一問題，中共並不能給出明確的答案。一方面，抗日民族統一戰線的構成具有複雜性，要想給出各派都認可的「真三民主義」十分難；另一方面，對於國民黨立黨之本的「三民主義」，中共要想獲得權威闡釋權，並不具有法統優勢。第二，如何在理論上澄清共產主義與三民主義的關係，並說明中國共產黨的主張代表了「真三民主義」？這也是一個極難的問題，它需要中共理論家超越自身理論框架，創造一個全新的理論格局。

中共領導人也意識到這個問題的重要性，王稼祥在《關於三民主義與共產主義》一文中明確指出：「對於共產黨人來說，在抗戰中僅僅區別真、假三民主義是不夠的，僅僅反對假三民主義也是不夠的。共產黨人在抗日民族統一戰線中要堅持自己的信仰，要證明存在和發展的合理性，甚至在一定程度上要爭取領導權，就必須坦率、鮮明的，清楚的說明共產主義、馬克思主義與真三民主義的聯繫和區別。」[17]在這篇文章中，王稼祥系統地論述了「共產主義」與「真三民主義」的關係。其實，這已不是共產黨第一次涉及這一問題。

---

17 王稼祥：《關於三民主義與共產主義》，《解放》第 86 期，1939 年 9 月 25 日。

早在 1937 年，為推動抗日民族統一戰線的建立，董必武便撰文《共產主義與三民主義》在《解放週刊》第 1 卷第 6 期刊出；之後，在 1938 年 10 月 20 日中共六屆六中全會上，王明做《目前抗戰形勢與如何堅持持久戰爭取最後勝利》的報告，也針對這一問題提出看法；1939 年 3 月 13 日，《新中華報》發表社論《紀念孫中山和馬克思》，也就三民主義與共產黨、共產主義的依存關係進行了論述。所有關於共產主義與三民主義關係的論述，大體都是強調兩者在現階段的一致性和存在的差異性，這種看法可以說明中共堅持抗日民族統一戰線的決心，但在國民黨政權作為國家正統的形勢下，共產主義絕無可能取代三民主義，這也使中共在爭取統一戰線中的文化領導權時必然處於劣勢。

　　「新民主主義」理論的創造性，正是在這種背景下才更凸顯了出來。「新民主主義」的特點是：它是一個階段性的概念，但包含中國革命長期的目標。說它是階段性的概念，是因為它只是中國革命在一個時期內體現出的特徵，即「舊民主主義 —— 新民主主義 —— 社會主義」序列上的一個階段，並不像「三民主義」或「共產主義」是革命終極實現的目標。說它包含中國革命的長期目標，是因為其具有較為實在的歷史內涵。「民主主義革命」的任務是「改變這個殖民地、半殖民地、半封建的社會形態，使之變成一個獨立的民主主義的社會。」[18] 而「新民主主義」的出現，是因為世界格局發生了變化，「民主主義」不再是「舊的」，「是為資

---

18 毛澤東：《新民主主義論》，《毛澤東選集》（第 2 卷），人民出版社，1991 年，第 666 頁。

本主義的發展掃清道路」「以建立資本主義的社會和資產階級專政的國家為目的的革命，而是新的、被無產階級領導的、以在第一階段上建立新民主主義的社會和建立各個革命階段聯合專政的國家為目的的革命」。[19]它的本質內涵可以用「抗戰建國」來概括，而其又增加了「聯合專政」的內涵。

　　通過「新民主主義」，共產主義與三民主義的隔閡被擱置了起來，它們的關係可以理解為：「新民主主義」是三民主義在抗戰時期的發展，同時又是共產主義在中國實現的第一階段目標。而通過「舊民主主義——新民主主義——社會主義」的歷史概括，三民主義被統一到共產主義的洪流當中。在這裡，三民主義的名稱已經為「民主主義」所改寫，而通過「民主主義」必須向「社會主義」發展的事實，實際使三民主義成了共產主義的初級階段——或者說共產主義是「真三民主義」發展的必然結果。毛澤東的新民主主義理論，在處理「三民主義」與「共產主義」的關係上，採用了「時間壓倒空間」的策略：他用「民主主義」這一具有普遍性的概念，消解了三民主義與共產主義的內在分歧；而通過中國革命發展的階段理論，使三民主義和共產主義由空間上的並列關係，變為了時間上的先後關係，從而為中共獲得對三民主義的闡釋權提供便利。[20]

　　國民黨對待「新民主主義」的態度，可以反觀這個理論

---

19 毛澤東：《新民主主義論》，《毛澤東選集》（第二卷），人民出版社，1991 年，第 668 頁。
20 章伯鋒、莊建平主編：《抗日戰爭》（第三卷民族奮起與國內政治），四川大學出版社，1997 年，第 523 頁。

體系的現實效果。「新民主主義」理論在國統區傳播後，被
國民黨文宣部門下文查禁。國民黨中央圖書雜誌審查委員會
認為：「『新民主主義論』一文，違背抗建國策，應予查禁，
函達查照等因，奉此遵查，該文內容異常荒謬，某黨對於此
抗戰形勢更于我有利之時，提出此種荒謬之名詞，顯系別有
用心，而其必發動黨內及同情該黨之報章雜誌作普遍之宣傳
亦為意料中事」。因此「除分電所屬各級審查機關審查原稿
時應切實注意，凡遇有宣傳此類名詞之文字，應一律予以檢
扣或刪削補送外，用特電請查照」。國民黨的反應，在一個
側面說明了「新民主主義」提出後，對於提升中共在統一戰
線中的文化影響力起到了重要作用。

　　當然，新民主主義理論的出現是多方面原因的綜合，其
中與「三民主義」作為「一個信仰」存在的缺陷也不無關聯。
對三民主義文學思潮有系統研究的學者倪偉指出：「三民主
義儘管內容巨集富，包羅極廣，但還是沒能構成鮮明而嚴密
的理論體系。不僅如此，它包含的多元價值之間還存在著矛
盾和衝突」。[21]這種缺陷使得三民主義的地位雖然被國民黨
抬得很高，但並沒有形成具有統攝性的權威解讀，「孫中山
逝世後的不多幾年裡，國民黨內部便迅速地裂變出眾多派系
和集團，每一個派系和集團都以孫中山的繼承人自居，宣稱
擁有思想上的正統地位」[22]，三民主義的缺陷和國民黨的內

---

21　倪偉：《「民族」想像與國家統制：192~1949 年南京政府的文藝政策及
　　文藝運動》，上海教育出版社，2003 年，第 27 頁。
22　倪偉：《「民族」想像與國家統制：1928~1949 年南京政府的文藝政策
　　及文藝運動》，上海教育出版社，2003 年，第 28 頁。

鬥，無形中消解了國民黨解讀三民主義的權威性，這給予了中國共產黨用「民主主義」重構「三民主義」的機遇。

## 二、民族立場與階級立場的協調

毛澤東對於「新民主主義文化」的內涵，用「民族」「科學」「大眾」三個關鍵字進行概括，這實際是「左聯」解散後，中共首次針對新形勢明確提出自己的文化綱領，在此之前出現的「兩個口號」，因為雙方爭執不斷，使中共的文化主張變得並不十分明確。

今天，學界關於「兩個口號」的研究成果汗牛充棟，對論爭來龍去脈的考證結果也十分豐富，這有利於後人認識該問題的複雜性，但也會讓問題變得更加撲朔迷離：「兩個口號」究竟爭什麼？為什麼爭？愈發難以說清楚。其實，拋開煩瑣的現實人事糾葛，從宏觀上認識「兩個口號」，一部分問題反而容易清晰，不管現實當中「兩個口號」如何被提出並發生矛盾，這場論爭的本質都不會改變，那便是左翼文化在民族危機背景下遭遇的轉型之困 —— 說白了，便是如何在理論上適度整合階級立場與民族立場的矛盾。這個看似簡單的問題，在中國馬克思主義理論家還未走向成熟之際，並不容易解決。

馬克思主義指導下的世界無產階級運動，是一種國際主義運動，雖然它在不同民族和地區呈現出不同的形態，但在馬克思主義的理論體系中，都只被解釋為「革命階段」的問題。在馬克思主義的經典著作中，現代民族國家被視為資本

主義的產物，因此它不僅不是無產階級革命的目標 —— 甚至
還是革命的對象，如《共產黨宣言》就認為：「工人沒有祖
國。決不能剝奪他們所沒有的東西。因為無產階級首先必須
取得統治地位，上升為民族的階級，把自身組織成為民族，
所以它本身還是民族的，雖然完全不是資產階級所理解的那
種意思。」[23]列寧在《社會主義革命與戰爭（俄國社會民主
工黨對戰爭的態度）》中，也曾指出：「革命階級在反動的
戰爭中不能不希望本國政府失敗，不能不看到本國政府在軍
事上的失敗會使它更易於被推翻。」[24]。在這樣的理論背景
下，中共指導下的左翼文化，雖有意與抗戰建國達成妥協，
但如何在理論上找到可以妥協的依據，妥協可以達到怎樣的
程度，並不易在陣營內部達成一致。

　　無產階級革命與民族主義的矛盾，在中共革命道路中也
不乏表現，中共關於「中東路事件」的表態就是個典型例子。
1929 年，中、蘇之間關於中東路的權益發生糾葛，使國內的
「反蘇」情緒高漲，也使中共陷入選擇立場的兩難：從順應
民意的角度來說，中共理應堅定地站在民族主義的立場上，
畢竟對大多數普通民眾來說，他們都不可能自覺成為「國際
主義」的信徒。而從堅持自身革命屬性的角度，因為蘇聯是
當時世界無產階級運動的大本營，對蘇聯的支持，才能保證
自身革命的純粹性。最終，中共最終選擇了「保衛蘇聯」，

23 馬克思、恩格斯：《共產黨宣言》，《馬克思和恩格斯選集》（第二卷），
　　人民出版社，1972 年，第 270 頁。
24 列寧：《社會主義與戰爭（俄國社會民主工黨對戰爭的態度）》，《列
　　寧選集》（第二卷），人民出版社，1972 年，第 683 頁

它使中共在一段時期民意大失。中共的這種選擇，可以看出在馬克思主義本土化還不成熟的境況下，無產階級革命面對民族主義時的困窘處境。

「兩個口號」出現的整體背景，是中共針對國內矛盾轉移而做出的戰略調整，在這一時期，共產國際也意識到：在殖民地半殖民地地區，無產階級運動必須與民族主義運動達成妥協。所以，雖然「兩個口號」論爭表現出的衝突大於統一，但它們提出的初衷（或者說基本立場）並無分歧，它們論爭的焦點是：當無產階級運動需要與民族主義妥協，妥協的程度究竟怎樣才算合理？

毛澤東曾經將「兩個口號」的分歧概括為立場問題，這也是後來很多學者對此問題的看法，抓住了問題的關鍵。但「兩個口號」是一個有立場（階級立場）、一個無立場，還是兩個都有立場，只是程度不同？學界並沒能充分認識，譬如在「國防文學」提出之時，就有批評者認為它犯了「取消主義」和「愛國主義」的錯誤[25]。—— 顯然認為是沒有立場。然而，事實並不儘然，「國防文學」在提出之初，是作為「國防政府」的對應物，如果我們注意這一時期中共關於「國防政府」的論述，就知道這個口號並非沒有立場。中共在《八一宣言》中，這樣界定「國防政府」和「抗日聯軍」：

　　大家起來！衝破日寇蔣賊的萬重壓迫，勇敢地：與蘇
　維埃政府和東北各地抗日政府一起，組織全中國統一

---

25　徐行：《我們現在需要什麼文學》，《文學運動史料選》（第三冊），上海教育出版社，1979 年，第 276-282 頁。

的國防政府；與紅軍和東北人民革命軍及各種反日義
勇軍一塊，組織全中國統一的抗日聯軍。[26]

　　可見這裡的「國」，並非是國民黨主持的「中華民國」，
而是以蘇維埃政權為中心的「國」；與之相適應，中共在這
一時期提倡的統一戰線也是「抗日反蔣的統一戰線」[27]，這
種情況直到 1936 年 4 月 25 日《中國共產黨中央委員會為創
立全國各黨各派的抗日人民陣線宣言》發表後，才有所改變。
不過，在此之後中共提出的「人民陣線」「民主共和國」等
概念，也都超越了「中華民國」的內涵。從這個角度來說，
「國防文學」並非沒有立場，在某種程度上甚至比「民族革
命戰爭的大眾文學」更有立場。可見，「兩個口號」論爭的
根本，還是個「度」的問題：民族立場與階級立場究竟能夠
妥協到怎樣的程度，才算合理？對此，不光知識份子難以得
出一個結論，中共領導層內部其實也沒有拿定主意，「兩個
口號」論爭最終無疾而終，直到抗戰爆發後的延安，也無法
給出一個孰是孰非的結論，在一個側面也說明了這個問題。
　　中共面對民族主義時的理論局限，在國、共競爭的背景
下，成為自身發展的一個「軟肋」。近代中國革命的重要動
力之一是尋求民族獨立和解放，對民族主義的漠視（或者說
「不相容」）無疑會失去很大一部分群眾基礎。國民黨右派

---

26　《為抗日救國告全體同胞書》，《中共中央文件選集》（9），中共中央
　　黨校出版社（黨內發行），1986 年，第 486 頁。
27　《中央為目前反日討蔣的秘密指示信》，《中共中央檔選集》（9），中
　　共中央黨校出版社（黨內發行），1986 年，第 486 頁。

對中共的打壓，利用的也正是這一點。在孫中山去世後，國民黨右派開始重新解釋「三民主義」，如戴季陶認為孫中山的思想學說是以孔孟的傳統道德觀念為基礎的倫理哲學，因此「（革命）是從仁愛的道德律產生出來，並不是從階級的道德律產生出來的」[28]，用意便是借「三民主義」與傳統文化的淵源，說明國民黨在中國革命道路上的正統性，反之 —— 中共堅持的共產主義 —— 則不具備這樣的正統性。戴季陶的這種主張，後來成為國民黨右派反對共產主義的慣常做法。第一次國共合作失敗後，蔣介石也以類似方法說明國民黨的正統性，認為「總理的遺教，是淵源於中國固有的政治與倫理哲學之正統思想」（《國父遺教概要》），「孔子之道，至漢儒而支離，至宋儒而空虛，至王陽明而復興，迨至我們總理而集大成」（《自述研究革命哲學經過的階段》）。這種「儒化三民主義」的做法，與戴季陶的思維模式高度一致，都是利用「正統」的思想打壓異己，從而確立自身的合法性和理論優勢，其所借助的力量正是近代中國的民族主義思潮。

　　國民黨利用民族主義來排除異己的做法，也體現在其主導的文藝思潮上，「民族主義文藝」運動便是典型的例子。「民族主義文藝」理論家將「民族」視為中國新文藝應該具備的「中心意識」，認為「文藝作品應該是集團之下的生活表現，決不是個人有福獨享的單獨行動」[29]；「藝術作品在

---

28　戴季陶：《孫文主義之哲學的基礎》，民智書店，1925 年，第 41-42 頁。
29　傅彥長：《以民族意識為中心的文藝運動》，《前鋒月刊》第 1 卷第 2 期,1930 年 10 月 11 日。

原始狀態裡，不是從個人的意識裡產生而是從民族的立場所形成的生活意識裡產生的，在藝術作品內所顯示的不僅是那藝術家的才能，技術，風格，和形式；同時在藝術作品內所顯示的也正是那藝術家所屬的民族底產物」[30]。在對「民族」的理解上，「民族主義文藝」屬於「典型的自然決定論」[31]，認為「民族是一種人種的集團」，「決定于文化的，歷史的，體質的及心理的共同點」[32]。也就是說，是一些先在的特徵決定了民族的邊界，「民族」是超越個體的自然存在 —— 這與當下廣泛接受的、將民族視為「想像的共同體」[33]的觀點正好相反。

　　「民族主義文藝」理論的政治意圖十分明顯：首先，其試圖利用近代以來的民族主義情緒，強化「民族」在文藝活動中的重要性，從而掩蓋如「階級」「個人」等其他因素的存在；其次，其利用「人種論」掩蓋民族需要「認同」的事實，從而使處在執政地位的國民黨成為中華民族的天然「代言人」，進而排斥其他觀念和黨派。「民族主義文藝」的理論話語策略，與國民黨右派對三民主義的闡釋如出一轍，都是利用國民黨執政的事實做文章，將民族主義與政黨利益結合起來。

---

30 《民族主義文藝運動宣言》，《前鋒月刊》第 1 卷第 1 期，1930 年 6 月 1 日。
31 倪偉：《「民族」想像與國家統制：1928-1949 年南京政府的文藝政策及文藝運動》，上海教育出版社，2003 年，第 27 頁。
32 《民族主義文藝運動宣言》，《前鋒月刊》第 1 卷第 1 期，1930 年 6 月 1 日。
33 〔英〕本尼迪克特·安德森：《想像的共同體：民族主義的起源與散佈》，上海人民出版社，2005 年。

　　作為執政黨，國民黨擁有操縱民族主義的先天優勢，但其建構的民族主義理論話語也並非無懈可擊，其最大的缺陷，是過度利用民族主義為其政黨服務，從而使理論體系喪失了必要的包容性，在根本上與追求進步的現代思潮形成衝突。譬如國民黨對「民族」內涵的詮釋，要麼將之轉化為「道統」，要麼將其種族化，將它們作為現代國家或文藝的指導思想，無疑漠視了五四以來的新文化思潮。再者，國民黨理論家將民族主義作為文化「統治」的工具，排斥新文化強調的個體獨立性，也無疑會招致一大批現代知識份子的不滿。正是這些原因，國民黨關於民族主義的言論和觀點，在實際運用中都顯得效果不佳，不僅遭到左翼知識份子的抨擊和嘲諷，即使自由主義知識份子也不支持。

　　毛澤東關於「新民主主義文化」的論述，既考慮到中共之前面對民族主義問題的理論局限，也針對了國民黨民族主義話語中存在的問題。「新民主主義文化」將「民族」作為首要特徵，明顯是對中共過去文化綱領的豐富和補充。在關於「民族主義」與「國際主義」問題上，毛澤東創造性地使用了「民族形式」的概念，他說：「中國文化應有自己的形式，這就是民族形式。民族的形式，新民主主義的內容 —— 這就是我們今天的新文化。」[34]通過「形式」與「內容」的兩分法，新民主主義文化的性質變得撲朔迷離，雖然它具有「民族的形式」，但因為還有「內容」的因素，「民族」究竟能產生多少影響，並未可知。關於「新民主主義的內容」，毛

---

34 毛澤東：《新民主主義論》，《毛澤東選集》（第二卷），人民出版社，1991 年，第 707 頁。

澤東說：「它是我們民族的，帶有我們民族的特性。它同一切別的民族的社會主義文化和新民主主義文化相聯合，建立相互吸收和互相發展的關係，共同形成世界的新文化」，是「革命的民族文化」。[35]顯然，這裡的內容只是包含民族的特性，其精髓還是「國際主義」，因為它最終要成為一種「世界的新文化」。通過「民族形式」，毛澤東解決了無產階級革命作為國際主義與民族主義難以相容的問題。

　　「新民主主義文化」關於「民族形式」的論述，不僅與國民黨的民族話語拉開距離，與「民族革命戰爭的大眾文學」中的民族話語也有很大差異。對「民族革命戰爭的大眾文學」而言，「民族」是文學的重要內容，是精神內核。胡風認為：「應該批判地承繼那些作品新開拓的道路，勇敢地追過那些記錄，從各個角度上更廣泛更真實地反映民族革命戰爭運動，推動民族革命戰爭運動，用思想力宏大的巨篇也用效果敏快的小型作品來回答人民大眾的要求。」[36]顯然，這裡所說的「民族」是文學的內容，所實現的功能是「推動民族革命戰爭運動」 —— 即民族主義精神，而寫作的方法 —— 則是具有西洋氣質的「現實主義」[37]，這種理論在思維特徵上與「民族形式」正好相反。

　　相對於國民黨民族主義理論的封閉性，「新民主主義文

---

35 毛澤東：《新民主主義論》，《毛澤東選集》（第二卷），人民出版社，1991 年，第 706 頁。

36 胡風：《人民大眾向文學要求什麼？》，《文學叢刊》第 3 期，1936 年 5 月 31 日。

37 胡風：《人民大眾向文學要求什麼？》，《文學叢刊》第 3 期，1936 年 5 月 31 日。

化」在「民族」口號的基礎上，補充了「科學」和「大眾」的內容，從而使理論更具有包容性。毛澤東理解的「科學」，「是反對一切封建思想和迷信思想，主張實事求是，主張客觀真理，主張理論和實踐一致的」，體現在文化上，便要求「清理古代文化的發展過程，剔除其封建性的糟粕，吸收其民主性的精華，是發展民族新文化提高民族自信心的必要條件」[38]。這樣的論述，避免了近代社會中存在的文化民族主義思維，將民族主義與五四強調的「懷疑」精神結合了起來。關於「大眾」，毛澤東強調「它應為全民族中百分之九十以上的工農勞苦民眾服務，並逐漸成為他們的文化」[39]，這個口號不僅讓新民主主義文化延續了「左翼」的傳統，同時突出了「民主」精神和「平民」精神 —— 這也是五四新文化運動當中重要的口號之一。

　　「新民主主義文化」在使用「大眾」概念時，雖然讓人聯想到左翼文學的傳統，但其實際內涵卻發生了一些改變。在左翼文藝理論的表述中，「大眾」更重要的是指稱文藝的性質，強調文學的階級性，並不僅僅指文學的「通俗化」。毛澤東對「大眾」的闡述，並沒有強調階級性，而是說明文化普及的重要性，不管是引用列寧「沒有革命的理論，就不會有革命的運動」[40]，還是強調「在革命戰爭中，應有自己

---

38　毛澤東：《新民主主義論》，《毛澤東選集》（第二卷），人民出版社，1991 年，第 707 頁。

39　毛澤東：《新民主主義論》，《毛澤東選集》（第二卷），人民出版社，1991 年，第 708 頁。

40　同上。

的文化軍隊，這個軍隊就是人民大眾」[41]，整個理論邏輯都是從現實需要的角度出發，突出了文化的實用功能。這種改變從一個側面說明，隨著中共革命事業的發展，其理論創造能力也不斷增強，它不再拘泥於某個固定的理論體系中，而是針對實際做出合理的調整，「新民主主義文化」的形成充分印證了這一點。

## 餘論：延安文藝的「域外語境」

　　「新民主主義」文化理論的形成，標誌著延安文藝進入一個新的階段。學界對延安文藝發展階段的認識，一般都強調延安文藝座談會的象徵意義和指導作用。的確在這次大會上，延安文藝的指導思想得到了統一，許多具體分歧得到了解決，進而影響到延安文藝創作的面貌，但如果繼續追蹤毛澤東《在延安文藝座談會上的講話》的理論基礎，就不能不回到「新民主主義」文化理論。至少在兩個方面，可以看到二者的一致性：第一，理論框架的結構。「新民主主義」文化理論利用歷史唯物主義思想，打破了過去左翼文化理論的既有框架，針對中國革命的特點創造新的理論體系。這一點，在《講話》當中也體現了出來，《講話》別開生面的地方，在於沒有引用太多馬克思主義的經典理論做基礎，而是從實際情況出發，進而形成自己的理論體系。實際上，《講話》中許多避而不談的問題，通過「新民主主義」文化理論，才

---

41 同上。

能夠充分理解。譬如「普及與提高」的關係，其中回避的問題，便包含著「國際主義」和「民族主義」的矛盾：延安文藝可不可以借助民族形式來實現對革命思想的普及？這個問題，實際在「新民主主義」文化理論中已經被詳細說明，也正是如此，延安文藝座談會後，諸如「新秧歌」「新年畫」「改編戲」等藝術形式蓬勃發展，形成後期延安文藝的整體風格。第二，務實的精神。這一點與第一點有很大的關聯，當中共領導人走出教條主義的窠臼之後，指導他們革命實踐的重要思想便是從實際出發。「新民主主義」文化理論在這方面體現得十分明顯，譬如「民族」「科學」「大眾」三個口號，在中國現代文化中都有豐富的接受歷史，毛澤東對它們的解釋並沒有沿襲這些概念的歷史，而是從中共需要出發，重新解釋。這種務實的精神經過整風運動，逐漸在延安各界被廣泛接受，在延安文藝座談會上，「文藝為什麼人的問題」能夠成為一個核心問題，並成為《講話》的基礎。如果沒有務實作為後盾，整個體系並不具有毋庸置疑的權威性——至少有多重理論建構的可能。

　　「新民主主義」文化理論形成的背景，是一個複雜的問題，本文從國共意識形態互動的角度進行分析，只是其中一個視角而已。它帶給我們的啟示，在於認識延安文藝當中的問題，應該注意到「域外語境」的存在和作用。這裡的「域外」，是指延安文藝發生的「邊區」（後稱「解放區」）之外的地區，具體來說，便是「國統區」和抗戰時期的「淪陷區」。在抗戰當中，邊區、國統區與淪陷區之間的關係十分微妙，它們既有對抗又有聯合，且十分不穩定，它要求各個

不同地區必須對此保持靈敏的反應，審時度勢制定自己的施政綱領和戰略思想。因此，雖然戰爭導致了地域分野，但絕不意味著不同地區的文藝孤立發展，它們與「域外」都有著千絲萬縷的聯繫。

　　對於中共領導下的邊區（解放區）來說，「域外語境」的意義尤其重大，因為對這個地區和背後的政黨來說，它們的胸懷從來都面向著中國的未來。由於長期處在相對弱勢的地位上，它們必須不斷調整與「域外」的聯繫，並能夠將對「域外」的反應迅速內化在自己的施政綱領和理論創造中。所以，對於延安文藝而言，「域外語境」具有階段性和具體性的特徵，所謂階段性，是因為邊區面臨的政治形勢在不斷發生變化，相應地邊區做出的反應也在變化；具體性，是因為針對具體的文藝理論或政策，它的「域外語境」都有具體所指，並非只是宏大的背景。延安文藝「域外語境」的這兩個特徵，要求我們在認識這段文藝思潮時，不能輕易將某種現象、某個特徵視為「獨創」，在區域互動、博弈的環境中，矛盾的雙方常常是互為表裡、相輔相成。只有如此，今天對於延安文藝的認識才可能更加深刻。

# 第九章 「英模制度」的生成：
## 歷史塑造與文學書寫

　　生長在中國大陸的人，對於各種各樣的「英雄」或「模範」（後簡稱「英模」）並不會陌生，雖然今天的「英模」影響力在減小，但它作為一種「文化」，依然在日常生活中到處可見它的影子。「英模」——包括在今天的變體，如：「先進」「xx人物」等，如何在「紅色中國」成為一種「文化」？它對社會產生了怎樣的影響？與西方社會中出現的類似文化現象又有什麼差別？是值得探討的一個問題。探討這一問題，需要在兩個層面上進行：（一）在歷史的層面，說明大範圍評選「英模」在紅色中國如何出現。（二）「英模」從日常生活進入文學作品，發生了怎樣的轉變，又如何影響到日常生活。群眾瞭解英雄模範人物，大多數都只能依靠文學作品（雖然也可以借助新聞報導，但類似新聞報導都具有「敘事性」，因此也可視為一種文學），文學書寫的多義性使文學世界中的「英模」包含了更多內涵，它在一定程度上豐富了「英模」文化的內涵。因此，追蹤「英模」文化在紅色中國的起源，需要在歷史與文學之間交叉穿梭，這種現象也可以認為是紅色中國的獨特之處。

# 一、「突擊文化」與「英模制度」

要探討「英模」作為一種政治文化的形成過程，就不得不談到「突擊文化」。「突擊文化」是中國共產黨在工農武裝割據時期，在其轄區內逐漸形成的一種生產制度，簡單地說，「突擊文化」是以群眾運動的方式開展各項工作，依靠群眾「運動」起來後產生的熱情和積極性，提高工作效率，從而滿足革命和建設的需要。在「突擊文化」當中，一項重要的工作是在集體、個人之間展開競爭，為了鼓勵競爭中優勝的一方，製造「英模」就成為不可或缺的一項工作。在「突擊文化」形成的蘇區時期，我們就可以看到各種各樣「英模」的身影。

譬如，中央蘇區 1933 年開展的「擴紅運動」中，《紅色中華》開闢了「光榮的紅板和可恥的黑板」專欄，用以激勵「擴紅運動」中成績突出或落後的個人、集體，其中「紅板」中報導的個人或集體，在某種程度上都可以認為是「英模」。從報導中可以獲悉，類似的激勵方式並不僅在《紅色中華》上進行，在各級行政區域，都有「紅板」和「黑板」的存在，《紅色中華》不過是將這種激勵制度變得更廣為人知。「光榮的紅板和可恥的黑板」反映出「英模」與「突擊文化」的緊密聯繫：「英模」的產生離不開群眾運動，只有一定範圍的民眾全體參與某項工作，並形成競爭，它才可能產生；「英模」的意義生成也離不開群眾運動，如果沒有一元價值體系的存在，「英模」也難以形成廣泛影響力。試想，一個「勞

動模範」，如果沒有在絕大多數民眾熱愛勞動的基礎上，就很難形成實際號召力和影響力。

不過，僅僅有群眾運動和競爭並不算形成了「英模制度」，因為對於競爭中的個體而言，成為「英雄」的榮譽感並不比懲戒更具激勵性。根據馬斯洛的需求層次理論，生存相對人的緊迫性顯然大於榮譽，如果競爭中的一方厭倦了無休止的比賽和高強度的工作，「紅板」對他來說就沒有實質意義。也正是這個原因，蘇區突擊運動中出現的「獎勵制度」，並不能算是「英模制度」。歷史也印證了這一點，蘇區時期的「突擊運動」範圍十分廣泛，但並沒有形成有持久影響力的「英雄」和「模範」，重要的原因便在於：在這一時期的「突擊運動」運動中，由於蘇維埃政權生存環境較為艱苦，真正激勵群眾的因素是殘酷的懲罰措施，而非獎勵的作用。譬如在 1934 年 1 月 10 日《紅色中華》上的「光榮的紅板與可恥的黑板」，對於上「紅板」的團體和人物，除了「在各種小冊子與報紙上宣傳他們的工作經驗，教育全黨同志」，別無表示，而上「黑板」的團體及個人，有的給予嚴重警告，有的撤銷職務，有的談論黨籍問題。[1]

「英模文化」走向成熟是在延安時期。延安時期，中國共產黨所在的邊區獲得了在「民國」中的合法地位，地區整體生存環境得到改善，突擊運動在這樣的環境下可以相對寬鬆地展開，出現的變化有兩個方面：（一）突擊運動的範圍不再僅僅圍繞軍事鬥爭，日常生產和建設等領域也納入突擊

---

1 《光榮的紅板與可恥的黑板》，《紅色中華》，1934 年 1 月 10 日。身在其中，自然知道孰重孰輕。

運動當中。在蘇區時期，雖然突擊運動的種類也比較多，但都與軍事鬥爭有著較為直接的聯繫，可以認為是軍事的一部分；延安時期則不然，雖然軍事依然是邊區日常工作的重心，但根據地縱深的擴大，可以使軍事工作與生產建設協調起來，不再是軍事主導一切。（二）突擊運動的氛圍相對輕鬆。當突擊運動不再與軍事鬥爭的結果直接掛鉤，組織方式和激勵制度自然也會有不少變化，激勵制度的主導由懲罰改為獎勵便是諸多變化中重要的一個。

　　「英模制度」在延安時期逐漸成熟，與「突擊文化」發生上述變化密不可分。邊區「英模制度」走向成熟的標誌，是「勞模運動」的開展 ── 製造「英模」本身就成為一種運動 ── 這與之前將「英模」作為突擊運動中的一個環節就有很大不同。在「勞模運動」的宣傳總結資料中，我們可以看到邊區當局對這項工作的高度重視和深刻理解：「勞模運動是邊區生產和各項建設工作的組織形式和工作方法，也是創造典型和推廣典型的運動。」「發展生產建設工作，是可以利用各種不同形式組織和工作方式的，而勞模運動僅是其中的一種，而且是新的、比較有效的一種。」[2]由此可見，「英模」在此時已不僅僅是突擊運動中承擔激勵作用的一個部分，而自成一套體系。

　　成熟的「英模制度」表現為兩個部分：第一是樹立典型；第二是通過典型發展生產，兩個部分缺一不可。邊區政府曾經將勞模運動的發展總結為三個階段，其中第一個階段是從

---

2　《抗日戰爭時期陝甘寧邊區財政經濟史料摘編》（農業卷），陝西人民出版社，1981年，第752頁。

1938 年開始。這一時期政府開始獎勵與宣傳生產模範，刺激了一部分群眾的生產情緒，但缺點是「未進行組織生產運動」[3]。由此可見，「組織生產運動」是整個勞模運動非常重要的一個環節，沒有這個環節，「勞模制度」實際並沒有建立起來。其實，這也是上文所分析的，沒有生產運動，樹立的勞模不過是各種突擊運動中的一個環節；而有了生產運動，「勞模運動」自身就成了獨立的體系。

在總結第一階段勞模運動的基礎上，1942 年開始的勞模運動已經非常成熟了：「勞動英雄不斷湧現，工廠中出現了趙占魁，農村中發現了吳滿有，軍隊中發現了李位，機關中發現了黃立德，合作社中發現了劉建章。政府把他們當做了典型，在群眾裡宣傳推廣，組織群眾生產運動，收到很大效果」。[4]這種情況在這一時期的史料和文學作品中都能得到佐證。如這一時期出現的趙占魁、吳滿有等「英模」，不僅個人成為典型被廣泛宣傳，在群眾中還掀起了「趙占魁運動」「吳滿有運動」，讓各行各業在工作中自覺向英雄學習，從而掀起生產的大高潮。這一時期出現的文學作品，如艾青的長詩《吳滿有》，秧歌劇《十二把鐮刀》、《一朵紅花》、《兄妹開荒》、《組織起來》等等，其中都能看到由英雄而掀起生產高潮的情景，在英雄的感召下，群眾以極高的熱情和超強的意志投入生產。

---

3 《抗日戰爭時期陝甘寧邊區財政經濟史料摘編》（農業卷），陝西人民出版社，1981 年，第 756 頁。

4 《抗日戰爭時期陝甘寧邊區財政經濟史料摘編》（農業卷），陝西人民出版社，1981 年，第 757 頁。

　　在理論上來說，至這一時期，「英模制度」基本已經走向成熟，因為不管是組織形式還是實際效果，都在實際生產中得到檢驗。不過，作為一種文化，僅僅小範圍的成功還難以產生廣泛而持久的影響力。「英模制度」成為一種文化，出現在 1943 年冬季邊區勞動英雄大會召開以後，這次大會不僅集中檢閱與弘揚了邊區的「英模」，產生了極大的宣傳示範作用，同時也將「英模制度」深入到邊區的日常生活當中。英雄大會之後，邊區「英模」的選拔方式開始變化，由初期的政府選拔，到群眾選舉產生。這種改變將「英模」完全變成日常生活的一部分，它比較接近今天單位評「先進」，在一個單位的一段時期的工作中，必然會有「英模」產生。在這種選拔方式下，群眾的參與感被強化，因為群眾不再僅僅是被動的選拔物件，同時也是「英模」的選拔者，它使得「勞模運動」的政府色彩逐漸淡化，在表面看來更接近純粹的「群眾運動」。與此相適應，突擊運動全面展開：從農村、工廠、部隊、機關的生產運動，推廣到文化、政治、軍事及其他各項建設方面；追求的效果由個人影響走向集體模範。至此，邊區的「英模制度」真正走向了成熟，它不僅是一種組織方式，更成為一種文化現象。

　　英模制度在延安的變化，也反映出「突擊文化」在延安的發展。由於邊區地域、人口的持續增加，突擊運動的組織日趨基層化，為了讓分散的突擊運動依然能形成整體的影響力，由各單位選舉勞動英雄，樹立團體、行業典型等辦法，就成為有效的補充。突擊運動的基層化，也促使了突擊運動的日常化，它使得突擊運動不再是政府外在掀起的一種風

潮，而成為一種可以自我複製的生活方式，它所形成的影響更加深遠。

## 二、實用標準與政治渲染

　　究竟怎樣的人才能被選舉為英模呢？1944 年邊區刊發的《邊區政府關於勞動英雄與模範工作者選舉與獎勵辦法的決定》可以讓我們窺見其中一斑：

　　（一）具備下列條件者，得當選為勞動英雄：
　　1.積極從事建設事業之一（包括農業、工業、文教、軍事、合作、運輸、財政、金融、貿易、衛生保育、行政、保安、司法建設）成效卓著，或有新的創造者。
　　2.在建設事業中，能推動幫助別人著有成績者。
　　3.遵守政策法令，擁護政府軍隊，團結群眾熱愛邊區足稱模範者。

　　（二）具備下列條件者得當選為模範工作者：
　　1.參加或領導任何一項工作部門，在工作中有新的創造或成效卓著者。
　　2.團結群眾，團結幹部，得到周圍群眾和幹部的擁護者。
　　3.執行政策法令，並能糾正別人違反政策法令的行為者。

　　（三）各選舉單位（村、鄉、縣、部隊、機關、學校等），得根據上述一般標準及其特殊情況，臨時規定

具體的標準執行之。

（四）凡邊區居民皆得為勞動英雄和模範工作者之選
舉及被選舉人，無階級、黨派、職業、宗教、信仰、
文化程度、性別、民族、國籍的限制。[5]

僅僅從這個標準來看邊區「英模」的選拔，它具有鮮明
的「現代」特色：首先，整個標準非常務實，具有很強的目
的性和實用性，不太重視實用功能之外的因素。標準的第四
條非常明顯地表現了這一點，「無階級、黨派、職業、宗教、
信仰、文化程度、性別、民族、國籍的限制」，可謂十分大
膽，特別是無階級、黨派和信仰的限制，對於強調意識形態
的共產主義運動來說，更是突破了禁區。其次是科學性，整
個標準作為一個「人力資源配置」的方案，非常符合突擊運
動的實際。不管是英雄還是模範，主要標準都是三條：第一
條強調個人工作的實績，突出個人能力；第二條強調團隊建
設，提倡個人帶動團隊的發展；第三條強調法規意識，是對
前兩條的補充，使強調效率的突擊運動不至於走向歧途。

如果僅僅標準條文還不能說明問題，延安時期關於吳滿
有的爭論，更說明了邊區選拔「英模」的標準。在吳滿有被
確立為邊區的典型之後，有位叫「趙長遠」的讀者給解放日
報寫信，質疑吳滿有的階級成分和代表的發展方向，他根據
《解放日報》宣傳吳滿有的財產狀況，提出了兩點疑問：

---

5 《邊區政府關於勞動英雄與模範工作者選舉與獎勵辦法的決定》，《解放
　日報》，1944 年 9 月 4 日。

> 第一個問題是：所謂農民的方向，是否可以不管其經濟性質，而僅僅是指他的公民品質，勞動態度與經營技術。
>
> 第二個問題是：如果農民的方向，基本上決定於其經濟性質，那末，能 不能把富農的方向（吳滿有的方向）當做今年邊區全體農民的方向。[6]

為此，《解放日報》編輯部專門就此問題進行了回應。回應主要從兩個方面對此問題進行了解釋：第一，在「民主主義革命」階段，邊區可以容忍富農經濟存在，這是現實的需要；第二，「富農」在「新民主主義革命」和「舊民主主義革命」階段的意義並不相同。《解放日報》將讀者質疑與編輯部回應放在一起刊登出來，顯然別有用意，它從一個側面證明了《邊區政府關於勞動英雄與模範工作者選舉與獎勵辦法的決定》的條款內容，在選舉勞動英雄或模範時，能夠不拘一格，主要以現實功效為指導。[7]

《解放日報》在宣傳吳滿有時，比較如實地反映了吳滿有身上的特點，主要包括四個方面：會勞動、會經營、有計劃、公民模範。這其實比較符合吳滿有本來的形象：他就是

---

6 《關於吳滿有的方向》，《解放日報》，1943 年 3 月 15 日。
7 邊區在選拔「英模」時的確做到了「不拘一格」，但絕非沒有底線。吳滿有在成為邊區的勞動英雄後，後在解放戰爭中被國民黨軍隊俘虜，戰爭後回到延安，「英雄」的稱號再也沒有被提起，很多過去宣傳他的資料也一律封存。這種做法與《邊區政府關於勞動英雄與模範工作者選舉與獎勵辦法的決定》中強調不論階級、黨派、信仰等限制的條款並不相符。

一個勤勞、善於經營的農民，這種特長與邊區的需要結合起來，成為邊區不可或缺的英雄。這種宣傳方式，也比較符合「吳滿有運動」的初衷：「吳滿有運動」的主要目的是掀起生產運動的高潮，它希望民眾學習到的就是這些現實經驗，並無太多的政治內涵。邊區其他關於「英模」的宣傳資料也大致如此，注重了現實經驗，沒有太多多餘渲染。譬如十八集團軍宣傳部印製的宣傳材料——《八路軍的英雄與模範》，集成了八路軍中的各種英雄。全書共分成「模範指揮員」「他們怎樣為戰士熱愛著」「知識份子向他們學習」「英雄戰鬥員」四章，每章的最前面有對這一類型英雄特點的簡明概括：如第一章「模範指揮員」，書中概括為「生產並習武，戰鬥猛如虎，官兵共甘苦，愛民若父母」；第二章「他們怎樣為群眾所熱愛著」，書中概括為：「養成群眾觀點，洞悉群眾情緒，總結群眾經驗，領導群眾前進。」[8]這本記載八路軍英雄人物的「英雄譜」儼然是八路軍優秀將領和士兵的行為規範指南，不過這些「優秀素質」更多是技術性的，並沒有太多意識形態的色彩。

然而，當這些「英模」成為文學作品的主角，其形象特點就增加了一些政治的內涵。邊區文學作品開始反映「真人真事」的「英模」的初期，如艾青創作的《吳滿有》、丁玲創作的《田保霖》等作品，都基本上圍繞宣傳材料的內容進行創作，但明顯與宣傳材料有差別的是增加了階級敘事的內容。譬如《吳滿有》，全詩共九個小節：「寫你在文化界的

---

8 《八路軍的英雄與模範》，西安八路軍留守處宣傳材料。

歡迎會上」「寫你受苦的日子」「寫你翻身」「寫你勤耕種」
「寫你發起來了」「寫你愛邊區」「寫你當了勞動英雄」「寫
你叫大家多生產」「寫你的歡喜」，其中絕大多數的內容與
《解放日報》對吳滿有的宣傳基本一致，略有不同（或者說
是自成特色）之處便是增加了寫吳滿有過去受苦、到邊區「翻
身」的經歷，這也是之後英模敘事中廣泛使用的敘事元素。
《田保霖》也是如此，這篇報告文學基本圍繞「合作英雄」
的宣傳材料對田保霖進行了刻畫，但在描寫田保霖的個人經
歷時，也簡單寫出了過去受苦、在邊區翻身的經歷。

　　不過，這一時期「英模敘事」雖然帶有政治色彩，但還
不能說成熟，因為其政治色彩還不濃厚，譬如寫「翻身」並
沒有寫出其背後的必然性。在《吳滿有》《田保霖》等作品
中，「翻身」的重要原因主要是邊區的經濟政策，說白了便
是保護了小生產者的利益，給予他們翻身致富的機會。這並
沒有說清楚問題的本質，在一些成熟的「翻身」敘事中，這
些作品都揭示出國民黨、舊軍閥統治反動的本質。它要讀者
認識到在反動勢力的統治下，底層人民只會生活在水生火熱
當中，與此相對應，只有在共產黨的領導下，人民才可能「翻
身」── 不僅是經濟上「翻身」，更是政治上的「翻身」。
除此之外，「翻身」敘事在文藝作品中承擔的功能也沒有完
全表現出來。在成熟的「翻身」敘事中，「翻身」具有承上
啟下的作用，它不僅說明中國共產黨的「救星」特質，也是
為「英模」的過人之舉做鋪墊 ── 正是因為在中國共產黨的
領導下「翻身」，自然激發出無窮的幹勁來。這些慣常的做
法，在這一時期的「英模敘事」中都沒有充分體現出來。

　　經過一段時期的積累之後，解放區對「英模」的塑造逐漸成熟，出現在作品中的形象不再是機械的教條，而是更加有血有肉。譬如戲劇《張治國》對部隊勞動英雄張治國的塑造，比《吳滿有》和《田保霖》等作品顯得更加圓融。在《張治國》中，張治國的英雄事蹟不再是個人才能的顯現，而是邊區部隊和民眾集體努力上進的結果 —— 張治國不過是這個集體現象中的典型而已。為此，戲劇故意設置邊區挖甘草能手田老漢尋訪張治國的情節。按照常例，如果張治國的事蹟僅僅是個人才能，它的成就不大可能超越當地的挖甘草能手 —— 顯然張治國的成績已經超越了技能的範圍。那麼問題的秘訣在什麼地方呢？戲劇開始就做了交代，一群八路軍士兵在天不亮的時候就準備上山，而要到天完全黑了以後再回來，正是這種扎實肯幹的精神，才造就了張治國個人的高產。那麼為什麼張治國所在的部隊能有如此高昂的勞動鬥志呢？張治國一段個人自敘頗能說明問題：

> 指導員，指導員我有意見，張治國有話要言傳。我在那舊社會受盡苦難，反動派吊起我亂打皮鞭，那半天打得我皮開肉爛，過兩天全好了身子幫健，這點泡要休息實不應該，咱還是去挖甘草，就在今天。[9]

　　這也就是前文所說的「翻身」敘事的情節：因為「翻了身」，所以激發出生產的熱情，這種熱情讓他能夠克服一般

---

9 《延安文藝叢書》（秧歌劇卷），湖南人民出版社，1985 年，第 75 頁。

人難以克服的苦難，進而爆發出巨大的能力，使過去的一般勞動能手都望塵莫及。

到這個時候，邊區的「英模」敘事已經超越了宣傳「英模」本身，它成為整個邊區（政黨）的宣傳武器，「英模」不過充當了「代言人」的作用而已。其實，如果深刻把握「英模制度」的本質，這種走向也是必然的趨勢：「英模制度」不過是中共創造出來為推動生產和建設的組織方式，「英模」自然也是中國共產黨政治文化的產物，通過他們為政黨利益服務也成為理所當然。

在這裡，有個問題值得探討：為什麼在邊區的各種「英模」宣傳資料上，並沒有對英模進行過多的政治渲染，而在文學中政治渲染變成英模敘事的常態呢？這個問題可以在兩個層面上進行理解：（一）邊區的「英模」宣傳資料多出現在突擊運動之中，有很具體的指導意義，因此並不適宜政治的渲染 — 過度渲染反而會影響運動的開展。文學作品就不同了，它並不是突擊運動中必不可少的環節，而是一個純粹的宣傳工具，因此為政治渲染留下了廣泛空間。（二）邊區「英模」宣傳資料在傳播範圍上主要在邊區之內，針對群體較為固定，而文學作品的傳播範圍更為廣泛，從追求宣傳效果的角度，文學作品也更有政治渲染的價值。

## 三、物質感召與鄉村重建

在「勞模運動」中，「英模」如何在生活中產生號召力、產生了怎樣的號召力，也是值得探討的問題。「英模」的出

現，離不開本人的天分，如吳滿有、田保霖都是農民中的「能
人」，十分善於經營；再如張治國、趙占魁，有著常人難以
企及的吃苦精神，從邊區對他們的宣傳資料看，常人即使以
他們為榜樣，也不免會有畏難情緒，因為無論是經營的才能
還是吃苦精神，與一般人都有不小的差距。在這種情況下，
「英模運動」的順利開展，離不開政治威權的推手。

「推手」的一面，是給予「英模」崇高的政治地位和優
厚的物質利益，《解放日報》記錄過英模大會的情景，可以
讓我們感受到「英模」的政治待遇：

> 十二時半xx山下的大會場上即林立著紅纓槍，全體到
> 會人員，均著嶄新冬裝，精神飽滿，步伐整齊，進入
> 會場。國旗及紅色、藍色、白色的大旗在耀眼的陽光
> 中隨風飄蕩，主席臺前排滿吳滿有、申長林、黃立德、
> 李位、馮雲鵬、張振材、劉玉厚、趙占魁、郭鳳英、
> 張蘭芝、賀保元等勞動英雄生動的肖像，這些肖像閃
> 耀著勞動的光輝，召喚人們向勞動群眾學習。……在
> 喧天的鑼鼓聲中，勞動英雄們被沿途群眾不斷投以美
> 慕、讚美的言詞，認為這是自己的光榮。這列隊伍在
> 離會場半裡地時，雷動的掌聲就迎接了它。一個個戴
> 著大紅花的勞動英雄穿進會場大門時，樂隊的鑼鼓聲
> 更加宏亮，會場被沉浸在無限的歡騰裡。[10]

---

10 《中國勞動人民空前榮典，兩大盛會昨隆重開幕》，《解放日報》，1943
年11月27日。

　　這段描寫充滿了儀式感和神聖感，這既是書寫者在歷史現場的心理感受，也反映了英雄大會在邊區的莊嚴感和影響力。諸多細節印證了作者在文字中的情緒，譬如：「均著嶄新的冬裝」「喧天的鑼鼓」「國旗及紅色、藍色、白色的大旗在耀眼的陽光中隨風飄蕩」等等，都說明了它在邊區社會中的影響力；而主席臺上張貼「勞動英雄生動的肖像」，則說明勞動英雄崇高的政治地位。

　　「勞動英雄大會」的本質是個事件，它的象徵意義遠遠大於現實意義，雖然崇高的政治地位依然會有強大的感召力，但對普通百姓來說，現實生活中的好處更加實惠，有時也更具有誘惑力。「英模」在邊區日常生活中，受到的優待也不少，趙超構在《延安一月》中介紹了一些到過延安的勞動英雄的境況，就可見邊區英雄的一斑：

　　　　他是見過世面的了，他自然成為農民中的首領，村長鄉長，都要找他商量，縣府有了貴賓，他得趕去陪客；開民眾大會，他坐在主席臺上，變工，納糧，辦合作社，辦小學，他總是頭一個出來說話，村裡有二流子，外面來了一個難民，他得幫忙安插：總一句話，他現在是出人頭地了，群眾相信他，政府看重他。[11]

　　這便是「英模」的現實利益，它在邊區是連貫的整體，因為邊區最高領導人重視，他們自然也在日常生活中顯得重

---

11 趙超構：《延安一月》，南京新民報館，民國三十五年，第 209 頁。

要：不僅擁有榮譽，還擁有權力，成為地方不可或缺的人物。

　　與對「英模」的高度重視相對應，邊區政府對於游離於運動之外的人進行懲戒。譬如在延安開始組織「大生產」運動時，延安市 1937 年前全市人口不到 3000，而流氓地痞就將近 500，占人口數的 16%，延安縣的 1937 年人口 30000 左右，流氓地痞數字為 1692 人，占人口比率的 5%。如果以延安縣流氓比率數來推算全邊區，則 140 余萬人口中「二流子」約有 7 萬左右，即從低估計，說革命前全邊區有 3 萬流氓分子，當不為過。[12]這個數字十分驚人，為什麼有那麼多的「流氓分子」呢？問題的癥結，就在於邊區將直接從事勞動生產之外的人都視為「流氓分子」，這其中部分人確實是好逸惡勞，屬於「流氓無產階級」，還有很大一部分可能是準備另謀職業的農民，或者是城市小生產者。邊區政府這樣做，就是將群眾的行為統一到政府需求上來，避免因為自由發展導致政府對地區控制力的降低。對於類似「二流子」——游離在邊區突擊運動之外的人，邊區政府通過國家機器對其進行懲戒，譬如被遊街、掛牌、囚禁、強制勞動等等，總之通過各種辦法，讓邊區的民眾最大限度地投入到突擊運動當中。當整個邊區的群眾全部投入到一項運動，不敢心有旁騖的時候，「英模」的價值就會被數倍放大。

　　雖然在現實的層面，「英模」的影響力純粹是「製造」的結果，但在各種宣傳材料中，政治懲戒的作用被儘量淡化，相應它更強調「英模」身上代表的傳統美德。譬如在秧歌劇

---

12　《抗日戰爭時期陝甘寧邊區財政經濟史料摘編》（農業卷），陝西人民
　　出版社，1981 年，第 688 頁。

《兄妹開荒》中，兄妹開荒的動力當然有他們熱愛勞動的原因，但「大生產運動」不可逆轉的潮流也是不爭的事實。在劇中，兄妹投入大生產運動背後的強制力量被儘量淡去，在「兄」是佯裝偷懶時，通過「妹妹」的口可知不積極勞動的後果。除此之外，我們感受到的是積極向上、健康陽光的農村兄妹，他們將農民的美德與政治的需求有機地融合在一起，讓我們分不清哪些是他們自主的要求，哪些是政治的需求。但是，如果我們將《兄妹開荒》與沈從文的鄉土書寫放在一起，《兄妹開荒》所揭示的鄉土社會的美德，就帶有局限性了。如勤勞與自足的和諧。在鄉土社會裡，勤勞與自足並沒有本質的矛盾，農民只要生活無憂，雖然勤勞，也不會破壞自足的習慣，所以《兄妹開荒》裡妹妹要揭發哥哥的情形是說不過去的：如果因為生活極度貧困，兄妹之間浪漫調侃的場面就不太符合事實；如果生活並不貧困，妹妹何必無緣無故要揭發哥哥，破壞二人的關係呢？

　　再譬如孫犁的小說《鐵木前傳》。這部小說中有兩個負面的典範：六兒和九兒，他們負面的表現便是不務正業，從事個體商業活動 —— 買賣小食品。這種觀念可以認為是傳統「農本位」思想的延續，但更為重要的背景，是當時開展的農村合作化運動：農民應該有組織地進行農業生產，任何違背這一原則的人都是「不務正業」。小說描述這樣的事實，從現實的層面也具有曖昧性，結合孫犁一貫的「荷花淀」風格，這種做法往往讓我們淡化了政治的強制性，更覺得有回歸鄉土傳統的意味。然而問題是，隨著中國農業生產的發展，「農本位」思想在鄉村依舊流傳不假，但農民開始脫離農業

需求多元發展也是不爭的事實，因為僅僅從事農業生產，已
經無法養活中國持續增加的人口。而且，隨著近代化的進行，
中國農村經濟逐步多元化，也是大勢所趨。從這個角度來說，
六兒和九兒所謂的「負面」，其實更多是政治賦予的內涵，
並非是農村傳統道德的作用。由此延展出去，中共通過「英
模」所進行的鄉土重建，看似是恢復了中國農村的鄉土傳統，
但如果回到近代中國農村的事實，也並非如此，因為農村經
濟、觀念隨著時代的發展會發生改變，並非側重了傳統鄉土
觀念便是尊重了鄉村現實。

　　從這個角度來重新認識延安文學中關於鄉村社會的書
寫，它所表現出來的「鄉土特色」，更多的成分是「政治的
烏托邦」，並非農村社會發展的自然呈現，因為所有的一切
都不過是政治製造的結果，是政治改造了鄉村，而不是政治
向鄉村妥協。

## 餘論：作為社會史一部分的文學史

　　「英模制度」的生成，通過歷史現實與文學書寫的參照，
有助於思考和認識延安文學乃至整個文學史。在過去的文學
史研究中，由於過於側重「文學」的主體性，社會史往往是
作為文學史的輔助材料，通俗地說，即通過社會背景說明文
學特徵。這種思路突出了「文學史」的獨特性，但並不科學，
因為它太過於強調文學在社會中的中心地位，反而讓「文學
史」脫離了它的歷史語境。反思一個問題：文學在社會中一
定居於中心地位嗎？換一個更實際的問題，作家創作的終極

目的一定是為了文學本身嗎?如果不是一個理想主義者,定然對這兩個問題難以給出確定的答覆。

實際上,在現實生活中,文學從來都只是社會中一個並不太獨立的環節,文學不僅反映社會,還參與社會進程。這一點,在政治色彩更明顯的延安文學中有更突出的表現,由於文學往往有現實的功能,延安文學很多時候都是中共革命和社會改造的一部分,因此對其主要特徵的把握,離不開對社會史的整體把握。在延安文學關於英模的書寫中,如果我們不能把握「英模制度」自身生成的過程,關於英模書寫的文學,其前後邏輯關係也不可能得到充分把握,進而對此類文學的特徵也難以準確地認識。

將文學史回歸到社會史當中,需要摒除的是「文學反映社會」的單一思維模式,注意到文學與社會的互動關係,注意到文學只能(也只會)是社會中的一個環節,進而更理性地把握它與社會生活的豐富聯繫。唯有如此,文學史研究才不會被過度闡釋,才可能更貼近歷史的實際。

# 第十章 《青年雜誌》上的「青年偶像」

## —— 《青年雜誌》封面人物研究[1]

　　今天看待《新青年》雜誌（包括前身《青年雜誌》），幾乎都將之視為「新文化」的代表，往往忽略了其作為「青年雜誌」的基本定位。這種忽略可能導致對「新文化」的簡單認識，因為至少有一個問題學界並沒有多少涉及 —— 晚清以來的「青年文化」與「新文化」的關係。所謂「青年文化」，是中國自晚清開始出現的關於青年人的文化和建設具有青年特質的文化的總稱，前者包括青年修養、進步、發展等內容，後者則是文化變革的形象化表達 —— 即將暮氣蒼蒼的中國文化變得朝氣蓬勃，梁啟超的「少年中國說」便是這種文化的典型代表。就「青年文化」與「新文化」的關係來講，「青年文化」的出現便包含了文化變革的思想，就變革的方向和對舊文化的態度而言，它不如「新文化」自覺和堅決，但它卻更具有堅實的群眾基礎。《新青年》（前身《青年雜誌》）是聯繫晚清以來的「青年文化」和「新文化」的重要文本，其基本定位是「青年文化」的延伸，但其發展的結果則是「新

---

1 此章系與指導研究生欽佩合作完成。

文化」的萌芽，只有從這兩個方面看待《新青年》，我們才能更清晰地認識「新文化」和「新文學」的前世今生。

本文探討的內容，是《青年雜誌》1-6 號（1915.9-1916.2）的封面人物。《青年雜誌》1-6 號每號都有一位封面人物（之後各卷再未有如此設置），刊內有文章對此人物進行介紹，主要內容是這些人物的偉大事蹟或代表作品。從介紹文章的語氣特徵，以及晚清以來的雜誌封面設計習慣來看，《青年雜誌》的做法無疑是為中國青年塑造了一些「青年偶像」。有趣的是，《青年雜誌》塑造的「青年偶像」，在此之前的中國報刊中均有介紹，它們與《青年雜誌》形成了微妙的參照效果 —— 可以折射出《青年雜誌》對「青年文化」的發展，也可以窺探到「青年文化」如何與「新文化」在一本雜誌上合流。

# 一、「艱苦力行」「自強不息」的勵志典範
## —— 卡內基與佛蘭克林

《青年雜誌》的創刊號和第 5 號的封面人物 —— 卡內基和佛蘭克林，雜誌對他們的介紹都側重了其傳奇人生的「勵志」因素。作為世界範圍內的「勵志典範」，卡內基和佛蘭克林的人生經歷中有太多值得青年汲取的養分，而《青年雜誌》對他們的推廣，在「勵志」當中又間接普及了一種「現代人生」的樣態 —— 在這種人生樣態中，我們依稀可以看見「新文化」宣導的種種觀念。

1915 年 9 月 15 日出版的《青年雜誌》創刊號，封面人

物選擇了「英之蘇格蘭人」安多留‧卡內基（Andrew Carnegie, 1835～1919），刊內附有彭德尊從卡內基英文傳記中節譯並穿插個人評論的人物介紹 ── 《艱苦力行之成功者：卡內基傳》。顯然，卡內基是《青年雜誌》極為看重的一個人物，雜誌力圖通過這個人物來傳遞自己的主張和立場。對於當時的讀者來說，這個人物並不陌生，只是 Andrew Carnegie 的中譯名稱可能略有不同。在《青年雜誌》之前，《知新報》《清議報》《大陸報》《新民叢報》《經濟叢編》《湖南通俗演說報》《萬國公報》《安徽白話報》《教育雜誌》《進步》《中華實業界》等數家媒體都報導過此人事蹟，部分報導還附有圖像。不過略有不同的是，之前的報導大多側重了卡內基作為「豪富」[2]「鋼鐵大王」[3]的榮譽和光環，並沒有對其人生經歷和人格魅力（特別是青少年時期的人生經歷和養成的品質）進行關注和挖掘，《青年雜誌》以傳記形式對此兩點進行充分展示，可謂獨闢蹊徑。

　　《艱苦力行之成功者：卡內基傳》中，彭德尊將卡內基的人生概括為十章：一、卡內基之少年貧苦及渡美；二、勞役時代之卡內基；三、鐵路職員時代之卡內基；四、經營寢車時代之卡內基；五、經營煤油時代之卡內基；六、經營鋼

---

2　如《美國豪富卡匿奇氏》，《新民叢報》，第 29 號，1903 年；《經濟叢編》，癸卯第 7 冊，1903 年；《美國豪富卡匿奇傳》，《湖南通俗演說報》，第 8 號，1903 年。

3　如《鋼鐵大王卡涅義（美國富豪）》，《大陸報》，第 7 號，1903 年；《鋼鐵大王之名言》，《青年》，第 8 號，1911 年；《鋼鐵大王之豪舉》，《鐵路協會會報》，第 2 卷第 11 號，1913 年；盧壽錢：《美國實業界十大王》，《中華實業界》，第 1 號，1914 年。「大慈善家」《大慈善家（美國）》，《安徽白話報》，第 1 號，1908 年。

鐵時代之卡內基；七、卡內基成功之由；八、卡內基富之理
想；九、卡內基散財之法；十、卡內基之嗜好及家庭。傳達
了三方面的內容：一、卡內基的行事及品質；二、卡內基自
己對成功的總結；三、譯者強調的卡內基精神。從傳記標題
「艱苦力行之成功者」可以看出，其中有兩個關鍵字：「艱
苦力行」和「成功者」，這也是傳記所要充分展示的內容。

　　對於「艱苦力行」，傳記側重挖掘了卡內基三個方面的
品質。首先是獨立自尊的人格。傳記介紹卡內基年少家貧，
為謀生做過多種工作，但不論崗位大小，都堅持做到「尊重
職守，未嘗以微賤而挫其英氣」；並引用其立身秘訣：「有
雇傭根性者，不可以成大業，即身為掃地賤役，亦當以主人
自命。此余對於青年第一之忠告也。」[4]其次是勇猛前進的態
度。傳記塑造的卡內基，面對種種挫折不但沒有挫傷拼搏的
勇氣，反而成就了強健的精神和耐苦的品質。如其自述所說
「人生斯世，苟能努力前進，何事不可成功。倘一遇困境，
輒作悲觀者，則皆薄志弱行之人，不足與言事業。」[5]最後是
切實力行。包括標題的「力行」在內，傳記四次講到「行」
的問題。「力行」意味著吃苦耐勞，努力行動，用今天通行
的話來說，就是有行動力、執行力。卡內基自述成功的關鍵：
「予之所以能成功者，別無他巧妙。凡處一事，不以為難，
亦不以為易，第終日乾乾，切實力行，猛勇前進。能如是者，
事未有不成。彼畏難而退，遇苦而悲之人，皆屬無能者也。」

---

4 彭德尊：《艱苦力行之成功者　卡內基傳》，《青年雜誌》，第 1 卷第 1
　號，1915 年 9 月。
5 同上。

[6]將傳記對卡內基「艱苦力行」的品質塑造與陳獨秀《敬告青年》中的觀點進行對照，不難發現有諸多一致之處。在《敬告青年》的「六義」中：第一要義便是「自主的而非奴隸的」[7]，強調人格的獨立；第二和第三要義 ——「進步的而非保守的」「進取的而非退隱的」[8] —— 概括起來便是強調勇猛前進的人生態度；第五、第六要義 ——「實力的而非虛文的」「科學的而非想像的」[9] —— 從內容上都包含了切實力行的主張。可見，《青年雜誌》之所以在創刊號選擇了卡內基，關鍵因素就在於他是主編陳獨秀心目中的「完美」典範。

傳記對卡內基「成功者」的形象塑造，與既往報導同中有異。相同之處，在於都強調了卡內基作為慈善家的種種善舉。不同之處有兩個方面：第一，傳記將慈善作為「成功者」的一個要素，而不是單獨凸顯。傳記將題目定名為「艱苦力行之成功者」，顯然是將其前半生的艱苦奮鬥與後半生的慈善行為，統攝在「成功者」的概括之內，這種定位實際在社會當中傳播了一種新型的價值觀 —— 怎樣才算是「成功」—— 這是之前報導所未能實現的效果。第二、傳記詳細介紹了卡內基的慈善原則和散財分佈，其實也是在社會中推廣一種價值觀。卡內基的慈善原則是「自助者助之」[10]，認為「倘徒用之貧民救濟，及其他慈善事業，惟製造多數流氓乞丐而

---

6　同上。
7　陳獨秀：《敬告青年》，《青年雜誌》，第 1 卷第 1 號，1915 年 9 月。
8　同上。
9　同上。
10　彭德尊：《艱苦力行之成功者卡內基傳》，《青年雜誌》，第 1 卷第 1 號，1915 年 9 月。

已。」[11]這種慈善理念，在今天看來也值得認真揣摩。傳記還不惜筆墨介紹了卡內基捐款分佈情況並輔以具體數位。在所有捐款項目中，圖書館所占比重最大，「至教育事業中，如大學、天文臺、美術館、博物館；衛生事業中，如病院、醫學校、看護婦養成所；社會事業中，如公園、公會堂、公共浴室、教會等，其得卡氏之助者，數亦匪細。」[12]此外，卡內基還資助各種研究會基金，創設英雄獎勵金、救濟金。仔細審視卡內基捐款的具體對象（如大學、天文臺、美術館、博物館、病院、醫學校、看護婦養成所、公會堂、公共浴室等），可以發現它們在當時的中國基本屬於方興未艾的新事物，其背後包含著新式教育觀、科學觀、藝術觀和醫學觀，而其整體則為當時讀者描繪了「現代社會」的圖景。正是如此，彭德尊感歎道：「然卡氏不自足也，經天緯地之個人事業既終，鑠古震今之公共事業復起。」[13]

1916 年 1 月 15 日出版的《青年雜誌》第 1 卷第 5 號，封面人物選擇了美國人佛蘭克林，刊內有劉叔雅節譯《佛蘭克林自傳》十六章。與卡內基一樣，雜誌也力圖通過佛蘭克林的傳奇人生，傳遞一種新型的人生觀，只是側重略有不同。譯者劉叔雅在翻譯自傳之前，有一段對佛蘭克林的簡單介紹和評價，這可能與佛蘭克林當時在中國的影響力不及卡內基有關。[14]在這段文字中，佛蘭克林被概括為「十八世紀第一

---

11 同上。
12 同上。
13 同上。
14 據筆者統計，《青年雜誌》之前有關卡內基的報導有 16 則，關於佛蘭克林的報導有 9 則。

偉人」，「於文學科學政治皆冠絕一世」，「其自強不息勇猛精進之氣，尤足為青年之典型」。[15]並說「吾青年昆弟讀之，倘興高山仰止之思，群效法其為人，則中國無疆之休而不侫所馨香禱祝者也。」[16]從中可以得知，「自強不息勇猛精進」是雜誌在佛蘭克林身上所要挖掘的精神。

　　與之前和同時期的媒體報導相比，《青年雜誌》刊載的《佛蘭克林自傳》特色十分明顯。之前和同時期的媒體對佛蘭克林的報導，側重於「科學」和「修身」兩個方面。就科學而言，佛蘭克林在「電氣」[17]上的成就是媒體津津樂道的話題；而在修身上，佛蘭克林「克己的日記法」「克己的日課表」和「克己法之修德表」[18]更是被媒體屢次報導。然而這兩種報導方式都只注重了佛蘭克林某一方面的特質，整體形象並不鮮明。《佛蘭克林自傳》的最大特色，是對佛蘭克林青少年時代的生活有較為生動的描寫，從接受的角度，鮮活性和可感性明顯增強。就「自強不息勇猛精進」而言，佛蘭克林並不如卡內基典型，但因為是自傳式的敘事方式，其個性特點更加明顯。佛蘭克林「自強不息勇猛精進」主要表現為獨立自主的精神，他堅持自己的選擇和主張，不畏家庭強權；主動學習新知識、嘗試新事物，並能夠反思自己的不足，提升自己；並且他能不懼世俗偏見，特立獨行。相比卡內基的傳記，《佛蘭克林自傳》更真實地展示了西方現代人

---

15　《青年雜誌》，第 1 卷第 5 號，1916 年 1 月。
16　同上。
17　《電氣》，《教會新報》，第 218 至 236 期「格致近聞」欄目連載，1873 年。
18　《佛蘭克令克己功夫小史》，《教育雜誌》，第 1 卷第 13 期，1909 年。

生方式的原景，其中有兩點必然讓當時的中國讀者受到震撼
── 這也是後來新文化經常討論的話題。其一是父子關係。
《佛蘭克林自傳》中有大量父子關係的描寫，其中包括由於
佛蘭克林不願意承接父業，父子矛盾加劇，最終達成妥協：
「予初抗父命，終乃勉從其意。簽名契約，時僅十二也。」[19]
父子簽訂契約 ── 這種公民社會中平等觀念的濃縮在西方家
庭中並不太奇怪 ── 但對於中國家長可能非常刺眼，而且此
時的佛蘭克林只有十二歲。另一個關係是師生關係，佛蘭克
林總結說：「談論之要在於教人、求教、悅己、勸人，願明
達之士勿以獨斷自是之風招恐樹敵，轉減卻勸人為善之效，
使天賦吾人以為接受知識樂利之資者失其功用也。苟欲教人
而以自是獨斷之風出之，則易招反對而虛懷聽納者盡寡。」[20]
這裡所說的雖是普通道理，卻滲透了平等的觀念。對這兩種
關係，在之後的新文化討論中，有大量類似的觀點出現。

在同號的《青年雜誌》中，易白沙的《我》一文中也提
到了佛蘭克林。在講個體與世界存在關係的一段時，易白沙
舉例說「佛蘭克林八十四歲之我耳，發明電學，而電氣之用，
於今大顯，皆佛蘭克林之我矣。」[21]與佛蘭克林同時被列舉
的還有發明汽機的瓦特、制排氣機的杯黎、創重學的奈端、
明化學的皮裡士利、開植物學的連那士。易白沙用這些科學
家和他們造福人類的發明為例，旨在說明個體之我消亡以
後，其創造的文明將永在的道理。這種建功立業的觀念在中

---

19 《青年雜誌》，第 1 卷第 5 號，1916 年 1 月。
20 《青年雜誌》，第 1 卷第 5 號，1916 年 1 月。
21 同上。

國傳統文化中也存在著，但文中所講的建功立業的範圍顯然
更加廣闊，這其中包涵的價值觀大概也是雜誌選擇佛蘭克林
的另一個緣由吧。

## 二、個性主義文學家三傑：屠爾格涅甫、王爾德、托爾斯泰

　　《青年雜誌》的第 2、3、4 號封面人物，是三位文學家
── 屠爾格涅甫（今譯屠格涅夫，後用今譯名）、王爾德和
托爾斯泰，在《青年雜誌》的所有封面人物中佔據了半壁江
山，是一個顯著的現象。《青年雜誌》推崇文學家，有兩個
方面的原因：第一，《青年雜誌》雖然不能算是純文藝雜誌，
但從創刊開始文藝色彩都較為濃厚（譬如有小說和戲劇的連
載），推崇文學家也屬正常。第二，《青年雜誌》創刊之宗旨
在於推進文明進步，其主編認為促進文明發展的重要手段之
一便是文學。由此兩點，可以解釋《青年雜誌》封面人物中
文學家佔據半數的原因。

　　在眾多的文學家中，《青年雜誌》為何選此三位，是值
得揣摩的問題 ── 它實際關涉《青年雜誌》對新文學的切實
構想。根據陳獨秀在《青年雜誌》上發表的《現代歐洲文藝
史譚》，可以看出這種選擇的一般原因：首先，三個作家都
是陳獨秀認可的屈指可數的世界偉大文學家。陳獨秀在《現
代歐洲文藝史譚》中稱「俄羅斯之托爾斯泰、法蘭西之左喇，
那威之易卜生為世界三大文豪世界三大文豪」；「易卜生及
俄國屠爾格涅甫，英國王爾德，比利時之梅特爾林克（Mauirce

Maeterlnick 生於一八六二年今尚生存）為近代四大代表作家。」[22]。如果六位作家可以被認為是陳獨秀眼中世界上最傑出的作家，那麼三個封面作家都位列其中。其次，他們都是陳獨秀推崇的自然主義文學家。陳獨秀對「世界三大文豪」「近代四大代表作家」的判斷，很大程度上有其對自然主義推崇的原因，他認為：「現代歐洲文藝，無論何派，悉受自然主義之感化，作者之先後輩出，亦遠過前代。」[23]正是因為有這個基礎，「世界三大文豪」才可能都是近代人物。此外，《青年雜誌》在介紹和評價這三位作家的時候，也多次用到了自然主義的字眼或概括。

然而，僅僅以以上兩個原因來解釋三位文學家被選為封面人物並不充分。有兩點疑問需要進一步探究：一、屠格涅夫、王爾德和托爾斯泰並非純粹的自然主義作家，他們的整體風格以及《青年雜誌》發表的他們的譯作，與陳獨秀對自然主義文學的概括並不一致（而且很多差別相當明顯）；二、《青年雜誌》如果要推崇自然主義文學，左拉當是不二人選，但雜誌對左拉的介紹和推介並不十分明顯。這些問題的解決，還需要我們視每位元封面人物的具體情況而定。

屠格涅夫是《青年雜誌》第 2 號的封面人物，也是三位封面文學家中最早出場的一位。《青年雜誌》如此選擇，大概因為雜誌自第 1 號開始連載了屠格涅夫的小說《春潮》（至第 4 號）。雜誌關於屠格涅夫的介紹也出現在第 1 號，《春

---

22 陳獨秀：《現代歐洲文藝史譚》，《青年雜誌》，第 1 卷第 3 號，1915
年 11 月
23 同上。

潮》的譯者陳嘏在小說之前的「譯者按」中說：

> 屠爾格涅甫氏（Turgenev, Ivan），乃俄國近代傑出之
> 文豪也。其隆名與托爾斯泰相頡頏。生於一千八百十
> 八年，少時有獵人隨筆之作，為時所稱。顧身世多艱，
> 尤厭惡本國陰慘之生活，既見知于法蘭西文家韋亞爾
> 德氏夫婦，遂從之遊法京。其後偶歸國，以事得罪皇
> 帝，被系獄。未幾期滿，仍不許出本籍。此一千八百
> 五十二年間事也。迫千八百五十五年之時，始獲自
> 由。於是仍走法京，托身于韋亞爾德氏許。終其身遂
> 不復返國。卒於一千八百八十三年。前後住法京蓋四
> 十載。客中歲月，殆占其生涯之大半矣。著作亡慮數
> 十百種，咸為歐美人所寶貴。稱歐洲近代思想與文學
> 者，無不及屠爾格涅甫之名。其文章乃咀嚼近代矛盾
> 之文明，而揚其反抗之聲者也。此篇為其短著中之佳
> 作，崇尚人格，描寫純愛，意精詞瞻，兩臻其極。各
> 國皆有譯本，英譯名曰 Spring floods 雲。[24]

　　從「譯者按」可知，《青年雜誌》推崇屠格涅夫，大概
緣於：「其文章乃咀嚼近代矛盾之文明，而揚其反抗之聲者
也」。至於選譯之小說，則因其「崇尚人格，描寫純愛，意
精詞瞻，兩臻其極」，如果再聯繫雜誌之後連載的《初戀》，
這種特色更加明顯。

---

24 屠爾格涅夫著，陳嘏譯：《春潮》，《青年雜誌》，第 1 卷第 1 號，1915
　年 9 月。

　　愛爾蘭人王爾德是《青年雜誌》第 3 號的封面人物，雜誌自第 2 號開始便連載其劇本《意中人》（An Ideal Husband）（薛琪瑛翻譯，至第 2 卷第 2 號），之後又在第 2 卷 1、3 號連載其悲劇《弗羅連斯》（陳嘏翻譯），第 5 卷 6 號及第 6 卷第 1、3 號連載的《遺扇記》（Lady Weidermere 罷 s Fan）（沈性仁翻譯，陶履恭作序）。可見青年雜誌對此人之熱愛。

　　《意中人》在《青年雜誌》開始連載之時，譯者薛琪瑛在「譯者識」中簡單介紹了劇作和王爾德：「作者王爾德，晚近歐洲著名之自然派文學大家也」，「此篇為其生平得意之作。曲中之義乃指陳吾人對於他人德行的缺點，謂吾人須存仁愛寬恕之心，不可只知憎惡他人之過。尤當因人過失而生憐愛心，謀扶掖之。夫婦之間，亦應爾也。特譯之以餉吾青年男女同胞。」王爾德著，薛琪瑛翻譯：《意中人》，《青年雜誌》第 1 卷第 2 號，1915 年 10 月。其中包含了推介王爾德的原委：第一是推介自然派文學；第二是對青年的教化作用 ── 這與《青年雜誌》的整體立場較為一致。但與其他作家略為不同，「譯者識」的背後又增加了一段「記者識」，對王爾德的生平和主要作品做了更進一步的介紹：

　　　　此劇作者王爾德，生於一八五四年，卒於一九〇〇年。愛爾蘭都城 Dublin 之人也。幼秉母教，體弱耽美，時作女裝，衣冠都麗。十一歲學於 Emnikillen 學校，文學之才嶄然出眾，數學功謀絕無能力。十八歲入 Oxford 大學，氏生性富於美感，游 Oxford，聞 Jhon Ruskin 之美術講義，益成其志。當時服裝之美，文思

之奇，世之評者，毀譽各半。生平抱負，以闡明美學
真理為宗。一八九五年，以事入獄，禁錮二載，旋以
貧困客死巴黎，年僅四十有六。所著隨筆、小說、劇
本已出版者凡十餘種。文章巧麗天成，身歿而名益
彰。劇本流傳視小說加盛，所作喜劇，曰溫達米爾夫
人之扇（Lady Windermere's Fan），曰無用之婦人（A
Woman of No Importances），曰熱情之重要（The
Importance of Being Earnest）並此劇而為四。悲劇一
即有名之莎樂美（Salome）是也。世之崇拜王氏者，
以是五劇故。[25]

這段介紹文字較「譯者識」差別甚大，王爾德是不是自
然派文學大家、作品有沒有教化功能已不重要，介紹者最為
看重的是王爾德獨特的個性和卓絕的才華，而在諸多文字
中，「生平抱負，以闡明美學真理為宗」顯然又是重中之重。
《青年雜誌》刊載王爾德其他作品的翻譯者，立場似乎與「記
者識」頗多相似，《遺扇記》在《新青年》發表之時，陶履
恭作序稱：「王爾德是一個奇怪的才子，頗有一種特別審美
的趣味」。「那對話的巧妙伶俐，語氣的莊諧並見，詭辭 Paradon
的蘊藏真理，真是天才的著作。我想就這三點看起來，現在
只有英國的蕭伯訥可以比得上他。」[26]弗羅連斯》連載時，

---

25 王爾德著，薛琪瑛翻譯：《意中人》，《青年雜誌》，第 1 卷第 2 號，
1915 年 10 月。
26 王爾德著，沈性仁翻譯：《遺扇記》，《新青年》，第 5 卷 6 號，1918
年 12 月。《

譯者陳嘏在「譯者識」中除了介紹還感歎道：「劇中對話饒有興味，最後結束，亦芬芳悱惻，氣力雄厚，短篇如此作，洵不多觀。」[27]。由此可見，《青年雜誌》對王爾德的推崇，顯然與其鮮明而張揚的個性以及過人的才華關聯甚大，其他倒在其次。

　　1915 年 12 月 15 日發行的《青年雜誌》第 4 號封面人物是俄羅斯文豪列夫‧托爾斯泰，本號中連載有陳獨秀作《現代歐洲文藝史譚》（始載於第 3 號），其中最後一部分專門介紹托爾斯泰的人生經歷。在本號的「通信欄」裡，還有讀者張永言針對雜誌第 2 號關於托爾斯泰的報導（1915 年 10 月第 1 卷第 2 號《托爾斯泰之逃亡》）進行的提問，以及記者回答。《青年雜誌》更名為《新青年》之後，1917 年第 3 卷第 4 號上有黃凌霜的文章《托爾斯泰之平生及其著作》。1918 年第 5 卷第 5 號上刊有托爾斯泰原著，周作人翻譯的民間傳說《空大鼓》。在《新青年》雜誌譯介的眾多外國作家中，托爾斯泰的出場無疑最為隆重。

　　托爾斯泰有如此排場，與其在中國形成的影響力不無關聯，在《青年雜誌》之前，《新小說》《新民叢報》《萬國公報》《學報》《民報》《天義》《青年》《競業旬報》《半星期報》《新世紀》《東方雜誌》《國風報》《進步》《教育雜誌》《社會世界》《東方雜誌》《禮拜六》《歐洲戰紀》等數家媒體在 20 世紀初期已對其進行過密集報導，其基本生平事蹟在讀書人當中堪稱耳熟能詳。不過，由於托爾斯泰的

---

27 王爾德著，陳嘏翻譯：《弗羅連斯》，《新青年》，第 2 卷第 1 號，1916 年 9 月

影響力涉及方方面面，媒體對其報導的側重點又有所不同，
有的側重其文學成就[28]，有的側重其宗教精神[29]，有的側重其
反抗精神[30]。筆者認為正是由於托爾斯泰的豐富性，《青年
雜誌》必須對其核心精神進行充分挖掘，才可能有令人耳目
一新的效果。

　　《青年雜誌》對托爾斯泰的認可，首先是文學成就。在
陳獨秀眼裡，托爾斯泰是世界三大文豪之首。在此基礎之上，
《青年雜誌》更為看重的顯然是其「篤行苦道，老而不衰」[31]
的精神。在《青年雜誌》第 2 號刊載的《托爾斯泰之逃亡》
一文中，譯者汝非節譯了俄人白露克夫氏所著《托爾斯泰之
歷史》一書中最後紀事的部分，指出托爾斯泰晚年處於「身
之所處者與其心之所懷抱者兩不能相容」的境地，並引用其
給其妻薩亞（今譯索菲亞 ── 筆者注）之信，表明托爾斯泰
為此痛苦掙扎已久，屢有「不能再寄身於此奢華之境遇」，
而欲「葆全性命之真」之志。文章的後半部分則描述了托爾
斯泰離家、肺病加重、因病去世、被人們悼念和靈柩歸葬的
場景。《青年雜誌》選擇此角度介紹托爾斯泰顯得別具一格，
也別有用意。可能是《青年雜誌》對托爾斯泰的報導太過獨
特，也或許是為了更明確地說明這種報導的目的，雜誌第 4
號「通信欄」刊載了讀者張永言的來信，來信稱：「貴雜誌
第二號，托爾斯泰之逃亡一篇，重複三四次讀之，不知其用

---

28 《俄國大小說家托爾斯泰像（圖像）》，《新小說》，第 1 號，1902 年。
29 閩中寒泉子：《托爾斯泰略傳及其思想》，《萬國公報》，第 190 號，
　　1904 年。
30 《讬爾斯泰伯之生涯》，《青年》，第 12 卷第 10 號，1910 年。
31 汝非：《托爾斯泰之逃亡》，《青年雜誌》，第 1 卷第 2 號，1915 年 11 月。

意之所在。托爾斯泰為世界有名之文人，則作斯篇者自非名家不敢動手。顧此篇則實晦塞冗悶，讀之令人不歡。原文果亦如是乎，且斯篇之作，其主旨究何在耶。」[32]對此，《青年雜誌》記者做了回復：「托爾斯泰為人，精神偉大，近世罕有。本志取其傳中最後一篇者，以其篤行苦道，老而不衰也。托氏身為貴族，心在田間，棄家殉志，事遠恒情。此其所以為托爾斯泰也。」點明了《托爾斯泰之逃亡》一文的主旨 ──「篤行苦道，老而不衰」的精神。

陳獨秀在《現代歐洲文藝史譚》中對托爾斯泰生平的專門介紹印證了「篤行苦道，老而不衰」的精神。這段生平介紹涉及托爾斯泰在 1859 年以前的人生經歷，包括其家庭背景、求學、參軍、隱居及遠遊等傳奇經歷。其中講到托爾斯泰載戰功和文學家之美譽歸朝後不久，便要脫身帝都歸耕故里，引用了托爾斯泰的自述：「余自戰場凱旋，初以文明為人生之最大目的，而促進此文明者，文學家美術家是也。然叩之於我及我之心中，果何所能、何所知而不能答。又覺文明之為物，不少可疑之點，因自認所信之誤，遂欲脫卻文學家美術家之浮名矣。」[33]這段經歷和托爾斯泰老年時期的逃亡聯繫在一起，就是其「篤行苦道，老而不衰」的完整寫照，而其宗旨則是「葆全性命之真」。

縱觀《青年雜誌》的三位文學家封面人物，他們最大的共同點便是鮮明的個性和批判精神。屠格涅夫為保持自己的

32 張永言：《通信》，《青年雜誌》，第 1 卷第 4 號，1915 年 12 月。

33 陳獨秀：《現代歐洲文藝史譚》，《青年雜誌》，第 1 卷第 4 號，1915年 12 月。

個性，不惜去國幾十年；王爾德生平抱負，以闡明美學真理為宗；托爾斯泰為追求理想篤行苦道老而不衰，三人的傳奇經歷與其用自然主義來概括，不如用個性主義來形容。實際上，陳獨秀對「自然主義」的理解有很大的迴旋空間：

> 此派文藝家所信之真理：凡屬自然現象莫不有藝術之價值，夢想理想之人生不若取，夫世事人情誠實描寫之，有以發揮真美也。故左氏之所造作。欲發揮宇宙人生之真精神真現象，於世間猥褻之心意、不德之行為，誠實臚列。舉凡古來之傳說，當世之議評，一切無所顧忌。誠世界文豪中大膽有為之士也。[34]

在這裡，陳獨秀強調了文學的「真美」—— 實際是對現實的批判精神。從這個角度來說，陳獨秀雖然在概念上對「寫實主義」（realism）和「自然主義」（naturalism）進行了區分，但在內涵上並沒有特別清晰的區分。實際上，對陳獨秀而言，西方自然主義的本真是什麼並不十分重要，他對自然主義高度評價，除了是受歷史進化論影響的求新之舉，根本上是其對文學敢於直面現實和批判現實的深深首肯 —— 而這種文學在西方顯然不僅包括自然主義文學。

在強調直面現實的基礎上，《青年雜誌》對三位個性十足的作家的選擇，很大程度上又基於了青年的期許。對中國青年來說，敢於面對現實批判現實的第一步就是需要將自己

---

34 陳獨秀：《現代歐洲文藝史譚》，《青年雜誌》，第 1 卷第 3 號，1915 年 11 月。

的個性解放出來。屠格涅夫、王爾德和托爾斯泰這三種完全不同的個性主義者，無疑為中國青年的個性解放提供了很好的範本。而在作品選擇上，雜誌選譯屠格涅夫的《春潮》和《初戀》，選擇王爾德的《意中人》，都不是他們的最具代表性的作品，也難說體現了自然主義的精神，這種選擇的唯一解釋，便是基於青年的趣味和愛好 —— 而如果聯繫個性主義的選擇標準，《青年雜誌》封面人物的選擇就與作品的選擇形成了一致。

## 三、不可或缺的民族英雄 —— 譚根

1916 年 2 月 15 日出版的《青年雜誌》第 6 號，封面人物與之前略有不同，封面上的男子不再是眼睛深陷、鼻樑高聳的西洋人，而有著一張文質彬彬的中國人的臉。他是出生于美國的華裔飛行英雄譚根。

在當時的中國新聞界，譚根並不是一個陌生的人物。在此之前，他的飛行表演已經在世界範圍內形成了影響力，而其時（1915 年），譚根從美國來到中國籌辦航空學校，並在廣東進行飛行表演的事蹟，諸多報刊都進行了報導[35]。1915 年 12 月《青年雜誌》第 1 卷第 4 號的「國內大事記」欄目，就曾以「航空事業前途之希望」為題，報導過北京南苑航空

---

35 如《譚根君之飛術》，《兵事雜誌》，第 12 冊，1915 年；《我國飛行家譚根君在肇慶演放水面飛機情形》，《浙江兵事雜誌》，第 31 期，1916 年；《中國飛行家瑣談》，《通問報》，第 29 號，1916 年 8 月，梁香譯 6 月 26 號《南清早報》。

學校以及譚根的一些事蹟；在第 5 號同一欄目中繼續刊載相關文章《我國航空事業之發展》，介紹新近成立的留英航空學校。在譚根作為封面的第 6 號上，雜誌特別刊出了譚根的傳記文章《大飛行家譚根》，對譚根在飛行方面的成就和獲得的榮譽進行了系統報導。

從《青年雜誌》第 4 號對譚根飛行的報導開始，到第 6 號對其生平的詳細報導，雜誌將譚根塑造為「青年模範」的用意十分明顯。它主要包括以下兩個方面：

第一，對飛行的重視。《航空事業前途之希望》在對譚根進行介紹之前，在報導之首特別強調了「飛行」的重要性：「自歐戰發生以來，空中激戰，無異海陸。飛行機之功用，於是大著，而各國擴張飛行機之計畫，亦日形繁劇」。[36]，在此之後，報導詳細介紹了北京南苑飛行學校和工廠的籌備與經費情況，再之後才介紹譚根的事蹟。對譚根飛行事蹟的介紹，除了羅列其舉辦過的飛行表演，還特別說明場面空前，在轉述譚根在粵試演飛機的情況時，使用了大量如「乘風破浪」「凌空直上」「如老鶴橫江」的形容詞；在表演結束後，「觀者讚賞，掌聲雷動」「各界人士，鼓掌歡迎，爭與譚君握手，並以花球贈品致送。」[37]最後，記者評論說「如譚君者，可謂吾國飛行界之先覺矣。記者對於我國航空事業之前途，抱無窮之希望，並深慕譚君之為人，拉雜敘其經歷如此，洵足為我國青年之模範也。」[38]這種報導，目的十分明顯，

---

36 《航空事業前途之希望》，《青年雜誌》，第 1 卷第 4 號，1915 年 12 月。
37 《航空事業前途之希望》，《青年雜誌》，第 1 卷第 4 號，1915 年 12 月。
38 同上。

即在於為中國新興的航空事業搖旗吶喊，將譚根樹立為「青年模範」，是為了吸引更多的青年投身到飛行事業中；介紹航空學校的籌備情況，也是為了引起社會各界的關注，對這一事業進行支援。

當然，《青年雜誌》對飛行事業的支持，最終出發點還是國防。在《大飛行家譚根》中，這一意圖得到更充分的說明。在文末總結譚根給青年的啟示說：「今君慨念祖國國勢阽危，飛行乏材，國防不固，特返廣東飛演，且籌創航空學校，為國人倡。偉哉譚君，盛名盈海內外，年只二十有七之青年也。吾青年諸君其繼起，毋以國防巨任，委諸肉食者而高枕也。」[39]一方面稱讚譚根只有二十七歲，就取得這樣巨大的榮譽，真正是年輕有為；一方面以譚根為榜樣告誡青年，國防重任在於青年，而不能指望當權者。

第二，對民族英雄的呼喚。晚清以來的青年文化，出現的重要背景便是近代中國的強國夢。《青年雜誌》創刊號載陳獨秀熱情洋溢的《敬告青年》，背後的宗旨便是希望青年樹立更為強健的精神，而最終目的很明顯 —— 使虛弱的國家變得更加強健。在近代特殊的語境裡，能振奮人心的「民族英雄」需要具備兩個條件：第一，是要能在洋人的世界裡獲得認可，或者在競技中能擊敗洋人。如雜誌第 5 號推出的「大力士霍元甲」，是中國人更為熟悉的民族英雄，而霍元甲能夠成為英雄的重要條件，便是打敗了洋人大力士，為中國人揚眉吐氣。《大飛行家譚根》對譚根的介紹，其中很大的篇

---

39 同上。

幅是譚根如何在與洋人競技中拔得頭籌，譬如文章描述譚根在 1910 年萬國飛機製造大會上的表現：

> 是年萬國飛機製造大會，請各國飛行家攜自製之飛機，赴會陳列。與會者西洋有英法德美四國，而代表亞洲者，惟中華譚君一人而已。日本猶無與也。是役也，譚君攜自製之水面飛行機赴賽，竟獲首選。當時列強中，能發明水上飛機者，只美法德美數國。而譚君竟奪首席，歐美報紙，哄傳殆遍。咸謂譚君非特中華飛行界第一人，且應執全世界飛行家之牛耳。嗚呼榮矣。[40]

　　語氣中，民族自豪感油然而生。此外，文章還介紹了譚根在美國被多方委任的情況，如「California 省飛行會，請君入會。美政府曾聘君乘坐各種飛機，施放炸彈，並教練軍隊施放炸彈之法，均著成效。遂任為 California 省飛機隊後備軍司令官」；「小呂宋總督，請譚君攜乘飛機炸彈，至該處施放。生番驚為神人，亂事遂息。美國郵政局，請君以飛機傳遞郵件，亦著成效。」[41]這看似是介紹獲得的榮譽，其實還是表明譚根的飛行技術在洋人的世界裡也獲得了認可。

　　「民族英雄」需要具備的第二個條件，便是要能付諸武力。在民族危亡的時期，民族尊嚴幾乎直觀地與武力聯繫在一起，是不是「民族英雄」，最直觀的標準便是能不能與外

---

40 《航空事業前途之希望》，《青年雜誌》，第 1 卷第 4 號，1915 年 12 月。
41 同上。

敵直接武力抗衡。第一次世界大戰後，中國知識界更加意識
到國家的強大和安全，需要出現一些力挽狂瀾的民族英雄。
自《青年雜誌》第 4 號開始，一些歐戰英雄的小傳便開始在
雜誌上刊出，如「德國軍神興登堡元帥」[42]「法國名將霞飛
將軍」[43]「德意志驍將麥剛森將軍」[44]，這些小傳除了介紹將
軍們的偉績，更注重了英雄人格的塑造：他們不僅英勇善戰、
意志堅定、有勇有謀，而且對於民族國家有著赤誠之心，在
國家危亡之際能夠不計個人得失挺身而出，最終力挽狂瀾決
勝千里之外。這種介紹的背後，對中國青年中能出現類似英
雄的期盼之情溢於言表。

　　「大力士霍元甲」能成為民國時期的民族英雄，也是因
為具備了這個條件。就在世界範圍內的影響力來說，民國時
期超越霍元甲的人不在少數，但獨有霍元甲是在武力上完敗
了洋人，因此成了民族英雄。霍元甲的英勇雖不是在戰場力
克勁敵，但個人間的角力常常被視為民族之間縮小的戰場，
霍元甲在這個「戰場」上為國爭光，對於一時無法在戰爭中
拔得頭籌的中國人來說，無疑也是一針強心劑。不過，《青
年雜誌》對於霍元甲並沒有刻意拔高，在蕭汝霖撰寫的《述
精武體育會事》中，有一段精彩的描寫：

---

42　潘贊：《德國軍神興登堡元帥》，《青年雜誌》，第 1 卷第 4 號，1915
　　年 12 月。

43　潘贊：《德國軍神興登堡元帥》，《青年雜誌》，第 1 卷第 5 號，1916
　　年 1 月。

44　李亦民：《德意志驍將麥剛森將軍》，《青年雜誌》，第 1 卷第 6 號，
　　1916 年 2 月。

庚戌春三月，霍元甲旅居海上，喟然而歎曰：彼蒼者
天，我生不辰。其友曰：何也？元甲曰：使我生數百
年前，以長矛短劍殺賊報國，立不朽功，如拾芥耳。
今科學明，火器出，行陣變，雖有武勇，將安用之？
其友曰：不然，數百年前，人以長矛短劍為能，君可
獨雄乎？且吾國人方病屭弱，聰明之士，鄙夷斯道，
下焉者習焉不能精，精者不能以文采自見而傳之國
人，傳者各宗其宗以相仇敵，莫知大體。師弟子授受
之際，賢焉者以為殺人之事，不可妄教，不賢者秘其
異能，以為逢萌之備。其由來久矣，君以蓋世之名，
登高而呼，首倡斯道，以廣其傳。大道為公而忘其私，
君且不死矣。[45]

　　文中對話的真實程度不得而知，但其中觀點無疑代表了
《青年雜誌》的立場。篇首霍元甲的一段話代表了當時國人
的心聲，霍元甲能在個人角力中打敗洋人，若回到「冷兵器」
時代，豈不力挽狂瀾、救中國於危亡。其友的回答非常冷靜，
頗能代表《青年雜誌》的看法，他指出中國人普遍的屭弱，
認為只有辦新式體育學校，推動文明進步，才是正途。實際
上，在《青年雜誌》看來，霍元甲的事蹟雖然振奮人心，但
只是屬於過去，並不能代表中國青年發展的方向。在這個立
場上，《青年雜誌》選擇了代表未來的譚根。

　　譚根雖然沒有在戰場上直接建功，但其從事的飛行和飛

---

45 蕭汝霖：《述精武體育會事》，《青年雜誌》，第 1 卷第 5 號，1916 年
　 1 月。

機製造與未來的戰爭息息相關，誰在這個行業中拔得頭籌，誰就有可能在未來的戰爭中掌握主動權；其次，作為一種新型的行業，飛行和飛機製造需要有深厚的科學基礎、勇於探索的精神，還需要有健康的體魄和敢於冒險的品質 —— 尤其是後者，許多西洋人也難以達到，譚根在這方面的優異表現，無怪乎讓「記者對於我國航空事業之前途，抱無窮之希望」[46]。

　　然而，如果拋開種族的因素，在美國出生、成長起來的譚根並不能算是中國人，《青年雜誌》垂青於他除了強烈的民族情感，更重要的因素可能還在於激勵中國青年 —— 有一個同種同宗的人取得如此巨大的成果，即便他不是土生土長的中國人，對於提高民族的自信心來說，作用還是超越了那些金髮碧眼的洋人們。正是如此，《青年雜誌》封面上的譚根更變得不可或缺。

---

46 《航空事業前途之希望》，《青年雜誌》，第 1 卷第 4 號，1915 年 12 月。

# 第十一章 「民國空間」與「人的文學」
## ── 以新文學發生的「語言空間」為中心

## 一、何為「民國空間」？

以「民國」來重新結構中國現代文學，在我看來，最積極的意義在於在文學史研究中加入了「空間」的維度。[1] 它主要體現為兩個方面：第一，在文學史發生的空間場域中理解文學，通俗地說，便是要回到歷史的語境。張中良教授提出的「民國史視角」、李怡教授提出的「民國機制」，在具體研究中就是重新「回到了歷史的語境」。為什麼提了多年的「回到歷史語境」，在「民國」的首碼下格外顯得熠熠生輝呢？主要原因也在兩個方面：（一）民國特殊的歷史背景，在過去沒有得到充分認識和深入研究，以至於形成了巨大的歷史「黑洞」，因此格外值得注意。張中良先生要求重新認識辛亥革命，認識民國為中國現代文學留下的空間，值得重新認識的緣由便在於此。[2]（二）因為「民國」特殊的歷史背

---

1 周維東：《「民國」的文學史意義》，《社會科學輯刊》，2013 年第 1 期。
2 秦弓：《現代文學的歷史還原與民國史視角》，《湖南社會科學》，2010 年第 1 期。

景，一些僵化的認識文學史的視角被打破，因此打開了文學史研究的新局面。李怡教授在「民國機制」的歷史框架下，先後從民國經濟和歷史文化兩個層面探討了與文學的關係，重要收穫便在於打破了一些文學史認識的定勢思維，豐富了對文學史的認識。[3]從理論的層面來說，作為文學場域的「民國空間」，其意義在於打破了「歷史決定論」的禁錮，摒棄了許多先入為主的文學史觀念，從而使文學史研究重新煥發出自己的活力。第二個方面的「空間」意義，在於將文學理解為一種空間的存在。將文學理解為「空間」，針對的是對文學的本質主義理解和線性文學史的觀念。就對文學的本質主義理解而言，一段時間裡在學界流行的「文學性」和「現代性」討論，從問題提出的背景看，便是典型的「本質主義」思維：首先給「文學」和「現代」賦予某種內涵，進而用來規約文學史敘事。這種思維在文學史研究中的後果，便是建立線性的文學史敘事，將某些文學確定為「主流」，某些文學確定為「現代」，從而建構一套「文學史」的景觀。然而，所謂的「文學性」和「現代性」標準不過是在一定背景下人為賦予的內涵，它們不可能如古典哲學家預想的一樣 ── 有一套先於歷史現象的理式。正因為此，文學理論家將文學理解為一種「關係」的存在[4]，任何文學只是相對存在的，其實這也是文學作為「空間」存在的內涵。就中國現代文學來說，

---

3 見李怡、布小繼主編：《民國經濟與現代文學》（上、下冊），花木蘭文化出版社，2012 年 9 月。
4 〔英〕T.伊格爾頓：《當代西方文學理論》，王篷振譯，北京社會科學出版社，1988 年。

它也是一種關係的存在，在這個空間中文學與政治、經濟、法律等事物，文學的流派與流派、思潮與思潮之間，都構成一種特殊的空間關係。對這種關係的研究，就是對文學和文學史的研究。就這個層面而言，用「民國」來結構文學史，就不僅僅是命名問題，而是基於文學史研究中的問題，形成的對於民國時期文學研究的新視野和新方法。

任何新方法、新視野、新概念只有在與舊的方法、視野和概念的區分中，才能體現自身的存在和價值，「民國空間」也不例外。作為文學史研究的方法，用「空間」介入歷史並不陌生，譬如曾經在中國文學界流行的「文化社會學」和「外部研究」，前者的「經濟基礎決定上層建築」，後者關於文學外部問題的劃分和研究，實際都將「空間」問題引入了文學研究。從文學研究的方法而言，「民國空間」與這兩種空間研究區別在什麼地方呢？上文敘述的兩個方面都是區分的重要標識：第一是打破了「歷史決定論」；第二是改變了對「文學」理解的方式。「文化社會學」和「外部研究」都屬於「歷史決定論」思維，前者借鑒了馬克思主義的唯物史觀，後者應用了「新批評」的觀點，雖然兩者關注的空間內容並不相同，但普遍的思維模式是：正是由於有某些因素的存在，歷史呈現出某種固定的面目。與之相對應，文學的線性敘事也隨之產生，文學的主流與支流、現代或不現代等歷史分野也隨之產生。這種空間研究可以用一個簡單的圖表表示出來：

　　　　　　　　　　　　　歷史空間——→文學現象

文化社會學　　　　　　　　經濟基礎——→文學現象

外部研究　　　　文化、政治、歷史等——→文學現象

　　這種用因果律來研究文學的方法，最大的問題是，無法充分解釋為什麼在同樣的歷史空間下，文學會有千奇百怪的變化。一個簡單的例子，同樣出生於江南水鄉的周氏兄弟，文學的興趣竟然有如此大的差別 —— 至少從地域文化的角度無法充分揭示這一現象。如果說，同一地域文化必然產生不同的作家和文學類型，那麼這是否說明這一研究視野本身便是一種簡單的「類比關係」，並不構成研究的嚴謹性和科學性呢？這就是「歷史決定論」的悖論。

　　如果拋棄了「歷史決定論」，「民國空間」研究文學的支撐點是什麼呢？是「人的文學」。作為五四新文學的鮮明旗幟，「人的文學」被無數次提起，但並沒有將之落實到文學史研究中去。歷史決定論便是典型的例子，如果歷史是由若干客觀存在的因素決定，「人」自然不是文學史發展中的重要力量，「人的文學」自然也無法體現在研究當中。然而，「人的文學」不僅是新文學創作的旗幟，也是理解新文學的旗幟，在以「人」為主要表現對象的文學潮流中，空間既是前提又是「產物」[5]，我們依然可以用圖表來表現：

　　（再造空間）歷史空間——→人——→再造空間（歷史空間）

---

5　enri Lefebvre. The production of space. Translated by Donald Nicholson-Smith. Oxford UK Blackwell, P26. 1991

這個過程中加入了「人」的環節，對歷史的認知的方式也發生了變化。從這個過程看，人首先必然生活在一定的歷史空間當中，但由於「人」的存在，同樣的歷史空間並不一定被個體的人同樣感受，每個人接受到的歷史空間並不相同。其次，人作為具有主觀能動性的事物，面對歷史空間會進行空間生產，從而創造出新的歷史空間──這個再造的歷史空間，既包括文學也包括其他事物。在這個結構中，直接用歷史現象決定文學現象的研究方法難以通行，因為空間只屬於個體，不存在千篇一律的歷史空間。再者，由於人的創造，歷史空間發生的一些變數因素也被充分考慮。因此，「民國空間」在某種意義上是個人的空間，又是動態的空間，將「民國文學」給予某種預設的內涵，都是對「民國」文學史意義的曲解和誤讀。

為了更清晰地說明這一問題，我們以五四時期最有代表性的「語言變革」為例作具體分析。雖然在「新批評」看來，語言屬於文學的內部研究，但語言依然可以從空間的角度對之進行理解，它是與作家創作有密切聯繫的「語言空間」。「語言空間」與中國現代作家的關係也有一個接受與再創作的關係，而且經過現代語言變革後形成的新的「語言空間」也不能簡單用「現代漢語」來概括，它是具有個體性的「活的語言空間」。

## 二、近代語言之變：「空間」的視角

五四之際，中國文學最明顯的變化是語言：現代白話文

取代了文言文成為中國文學的載體，並為後世作家沿用至今。如果以此來認識中國文學的新傳統，它可以成為最顯著、最本質的特色。而在很多現代語言學家看來，正是五四新文化宣導者「歪打正著」的一次舉措，中國現代文化的轉型才成為可能，因為「語言是文學的深層構成基礎。文學轉型最終可以歸結為語言的轉型」，「（語言）構成新文學現代性的深層基礎，正是新概念、新術語、新範疇、新話語方式包括新的文學概念、術語、範疇和話語方式，一句話，新的語言體系改變了文學的內容並從根本上改變了文學的藝術精神。」[6]也就是說，對五四新文學來說，語言改變是文學「新傳統」能夠建立的根本。

　　不能否認，語言改變對於文化轉變有著本質的決定作用。在西方哲學發生「語言學轉變」之後，語言在世界中的地位發生了天翻地覆的變化，「語言是存在之家」，「唯語言才使人能夠成為那樣一個作為人而存在的生命體。作為說話者，人才是人。」[7]在現代哲學家的眼裡，人的本質（包括世界的本質）就是語言，「語言不只是人在世上的一種擁有物，而且人正是通過語言而擁有世界」[8]，語言與人的思維緊密地結合在一起，沒有語言的裂變，也就不可能產生思維的裂變，更不可能出現文化的轉型。這種情況，當代詩人任洪淵有著強烈的感受：

6　高玉：《現代漢語與中國現代文學》，中國社會科學出版社，2003 年，第 73 頁。
7　海德格爾：《海德格爾選集》，上海三聯書店，1996 年，第 314、981 頁。
8　塗紀亮：《伽達默爾》，《當代西方著名哲學家評傳》（語言哲學），山東人民出版社，1996 年，第 423 頁。

當王維把一輪　落日/升到最圓的時候/長河再也長
不出這個　圓/黎明再也高不過這個　圓//我的太陽
能撞破這個圓嗎/我的黃河能湧過這個圓嗎/文字
一個接一個/燦爛成智慧的黑洞/好比/恐/龍/龐大到
吃掉世紀/也吃掉了自己/空洞為一個無物的/名詞
活著的死亡/最虛無的存在//恐龍死絕後誕生的/名
詞　驚恐/害怕突然跌進它/吃著明天的口中[9]

　　的確，當人掉入語言的「黑洞」，就很難從中脫身而出；
而一個正常人，從他開始獨立地認知世界，就不可避免地掉
入語言的「黑洞」當中。在這裡，現代語言學家和詩人任洪
淵陳述的事實，更加豐富了語言與人（作家）的關係。在傳
統的語言認識中，語言只是作家選擇、應用和創造的物件，
這顯然忽視了語言先於個體存在的事實，語言對於作家而言
就是一個十分確定的空間，作家需要的是要麼接收這個空
間，要麼與之發生各種各樣的對抗。

　　從空間的角度，五四時期的文言文已經成為一種非常成
熟的語言體系，其標誌在於：它擁有的詞彙、術語、概念不
僅可以有效地指稱現實物質世界，而且還可以充分地表現和
描述傳統中國人的精神體驗和思維活動；並且，文言文的表
達習慣和語法系統也與中國人的思維特徵和邏輯習慣保持著
天然的一致性，掌握了這種語言，也就掌握了傳統文化的精

---

9 任洪淵：《文字一個接一個燦爛成智慧的黑洞》，《找回女媧的語言》，
　中國友誼出版社，1993年，第5頁。

髓，也就學會了傳統知識份子的思維方式。文言文的成熟標
誌著中華傳統文明的成熟，但過於成熟的語言造成了文化發
展的負擔。由於文化的積累，文言文中的詞彙包容了太多的
文化內涵。譬如「氣」「禮」「仁」「孝」「道」等等，以
致很難再承擔起表達新思想、新思維的重任；而且，即使這
些詞語被用來傳達了新思想、新感受，受這些詞語自身豐富
內涵的制約，表達者的表達與接受者的接受都會受到嚴重的
損害。近代時期，著名翻譯家嚴複就遭遇到這個問題。

　　嚴複翻譯的重要特點在於其翻譯的作品多數為今天所說
的社科類圖書，如《天演論》《群己權界論》《社會通詮》
《政治講義》《支那教案論》《原富》《穆勒名學》和《名
學淺論》等。翻譯社科類著作，譯者面臨的最大的一個困難，
即跨文化間的語言文化差異，翻譯時差之毫釐，其意義就謬
之千里。嚴複本人對此也有深刻的感受：「新理踵出，明目
紛繁，索之中文，渺不可得，即有牽合，終嫌參差」[10]；「步
步如上水船，用盡力氣，不離舊處，遇理解奧衍之處，非三
易稿，殆不可讀。」[11]在近代翻譯家當中，嚴複屬於出類拔
萃的頂尖人物，他尚且如此，就可見語言差異造成表達困難
的一斑。而在我看來，嚴複的痛苦在很大程度上也源於他是
個優秀的翻譯家，對於西方文化的爛熟，使他可以深切地體
驗到異域新思想的內涵，因此也就出現了用文言詞難以表述

10　嚴複：《天演論·譯例言》，《嚴複集》（第五冊），中華書局，1986
　　年，第 1322 頁。
11　嚴複：《與張元濟書（二）》，《嚴複集》（第三冊），中華書局，1986
　　年，第 527 頁。

的痛苦。而即便嚴複如此小心翼翼，在翻譯過程中因為語言
文化內涵差異而造成譯文整體意義改變的例子仍比比皆是。

有研究者就嚴複譯《社會通詮》與甄克思原文比較，發
現因為語言文化內涵的差異，同一概念而造成理解的差異，
實在不容小覷。以「國家」為例，在甄克思的原文中，「國
家並非為了某個或某些小團體而設的，而是為全體而設的；
其次，國家是自然生長出來的，不是人為製造的；再次，國
家形式無好壞之分，只要是適合環境的，都是好的；最後，
所有現代國家，不論其政體如何，其共同點是每個國家都擁
有主權。」[12]甄克思的認識反映了西方國家思想在 19 世紀的
成果。嚴複在翻譯的過程，因為受中國「天下」思想的影響，
「（國家）已不是西方那種充滿暴力的國家觀念，所看到的
更多是中國傳統的『天下』國家的觀念，在這種觀念下，國
家更多地承擔了一份『人道』的使命，國家直接關係到『吾
生』，關係到『養生送死之寧順，身心品地之高卑』。」[13]這
與中國古代的天下國家思想傳統是一致的。最終的結果，《社
會通詮》把「近代西方國家觀念中的『主權』觀念與『領土』
觀念傳達給中國讀者，同時，在翻譯過程中，嚴複又自覺或
不自覺地把中國傳統的『天下國家』巧妙地加入到譯文之中，
使得兩種思想體系中最為精華的內容融合為一體。」[14]嚴複

---

12 王憲明：《語言、翻譯與政治 —— 嚴複譯〈社會通詮〉研究》，北京大
　　學出版社，2005 年，第 92-93 頁。
13 王憲明：《語言、翻譯與政治 —— 嚴複譯〈社會通詮〉研究》，北京大
　　學出版社，2005 年，第 93 頁。
14 王憲明：《語言、翻譯與政治 —— 嚴複譯〈社會通詮〉研究》，北京大
　　學出版社，2005 年，第 100 頁。

翻譯的例子說明，在中西文化頻繁交流，中國人已經開始接受西方新思想、新觀念並產生出許多新思想、新體驗的近代，文言文已經出現了內在的危機。這種危機對於認同傳統文化的知識份子來說並不明顯，但對於許多不滿於傳統文化、立志改造舊文化的人來說，必然是欲除之而後快的事情。胡適等掀起的白話文運動便是如此。

其實，在胡適等新文化運動宣導者掀起白話文運動之前，已經有知識份子開始意識到語言變革與中國社會和文學進化的緊密聯繫，並開始了文字變革的實踐。早在 1887 年，黃遵憲就提出「言文合一」的主張：「蓋語言與文字離，則通文者少；語言與文字合，則通文者多：其勢然也。」[15] 之後，梁啟超、裘廷梁等維新派人士從「開啟民智」的角度出發，援引了黃遵憲的觀點，認為「愚天下之具，莫文言若」；「智天下之具，莫白話若」[16]，並且將白話文運動從理論推向實踐。維新運動前後，中國白話報刊如雨後春筍，競相誕生，出現了如《演義白話報》《無錫白話報》《杭州白話報》《揚州白話報》《蘇州白話報》《紹興白話報》《寧波白話報》《上海新中國白話報》《安徽俗話報》《潮州白話報》《江西新白話報》等白話期刊，在 1897～1911 年間共計出現有 130 種。[17] 與白話報刊蓬勃發展相呼應，近代白話文學實

---

15 黃遵憲：《日本國志》卷三十三《學術志二》，富文齋，1890 年（實際刊成約在 1895 年）。轉引自夏曉虹、王風等著《文學語言與文章體式——從晚清到「五四」》，安徽教育出版社，2006 年，第 8 頁。

16 《中國官音白話報》（初名《無錫白話報》）19、20 合期，1898 年 8 月。

17 據史和、姚福申、葉翠娣《中國近代報刊目錄》（福建人民出版社，1991 年）統計。

驗也如火如荼，「三界」革命之後，出現了用白話創作的新小說、新散文、新派詩、新體詩。近代白話文運動雖然推動了近代中國的語言變革，但有著天然的缺陷，因為提倡者不是從生命感受的角度進行語言變革，所以不免留下許多問題：首先，他們提倡白話文，但並不完全否定文言文，特別是並不想全部用白話代替文言。當然，並非用白話完全取代文言就是絕對真理，但在近代的語言環境下，文言作為思想性的書面語，白話作為口頭交流的工具性語言，如果不廢止文言，白話就很難獲得作為思想性文字的可能性。其次，他們把文學分成「雅」「俗」兩種，脫離口語的文言文是「雅」，用白話寫成的白話文是「俗」；白話文的作用在於開啟民智，宣傳維新變法。這種做法在文學的領域內，使白話文僅僅作為文言文之外的補充，不可能獨立地成為一種文學語言。第三，提倡白話文學的人也並不完全用白話進行創作，譬如黃遵憲、梁啟超等人都是如此。

　　概括起來，近代白話文運動的根本缺陷有兩點：第一，近代知識份子根深蒂固的「士大夫」意識。胡適曾經在檢討近代國語運動時說：「以前皆以國語為他們小老百姓的方便法門，但我們士大夫用不著的，至此始倡以國語作文學，打破他們與我們的區別。以前尚無人正式攻擊古文，至此始明白宣言推翻古文。」[18]這種傳統文化心理決定了他們的語言選擇，他們不可能拋棄文言優越地位，與普通老百姓共同使用一種語言，用一種方式思考和說話。第二，近代知識份子

18 胡適：《國語運動與國語教育》，姜義華主編：《胡適學術文集》（語言文字研究），中華書局，1993 年，第 306 頁。

僅僅從工具的角度理解語言，沒有認識到文字與生命的緊密聯繫。正是這個原因，他們無法意識到文言文的腐朽，也無法對白話文投注進自己的生命，最終使白話文學難以成長起來。

# 三、「活文字」：再造的語言空間

胡適等五四知識份子提倡的白話文運動，與近代白話文運動有本質的差別，最根本的表現在於胡適等五四知識份子對「個人」和「自我」的發現。首先，在胡適等知識份子的眼裡，自己是一個普通的「個人」，與達官顯貴、下里巴人沒有本質差別，因此說話的方式、使用的語言應該是共通的。其次，胡適將語言與生命結合起來認識語言，飽含生命感受的文字就是「活文字」，沒有生命感受的文字就是「死文字」。這種認識語言的角度，是此前所沒有的。胡適在現代語言變革中的豐富思想，都可以在「死」「活」二字當中發現秘密。

對於胡適的語言觀，很多學者認為他依舊是在「語言工具論」角度上提倡白話文運動，這實在是對其莫大的誤解。在我看來，當胡適提出文言是「死文字」，白話是「活文字」的時候，已經標誌著其語言觀與之前發生了本質的改變。胡適曾經專門撰文分析為什麼文言是「死文字」而白話是「活文字」。他認為文言之所以退化，主要有四點原因：（1）文言達意表情的功用已減少至很低的程度了。禪門的語錄，宋明理學家的語錄，宋元以來的小說──這種白話文學的發生便是文言久已不能達情表意的鐵證。（2）至於記載過去的經驗，文言更不夠用。文言史書傳記只能記一點極簡略不完備

的大概。我們若要知道某個時代社會生活的詳細記錄，只好向《紅樓夢》和《儒林外史》一類的書中尋去。（3）至於教育這一層，這二十年的教育經驗更可以證明文言的絕對不夠用。（4）作為社會共同生活的媒介物，文言就更不中用了。[19]從表面上看來，胡適仿佛都是從「語言工具論」的角度看待語言的生死問題，但如果完整理解胡適的意圖，其實並不儘然。在這四個方面之中，胡適認為「文言已死」最常見的證據是第一點。胡適認為的「達意表情」包含了「達意」和「傳情」兩個方面，失去了任何一方面文字都沒有生命：

> 一切語言文字的作用在於達意表情；達意達得妙，表情表得好，便是文學。那些用死文言的人，有了意思，卻須把這意思翻成幾千年前的典故；有了感情，卻把這感情譯為幾千年前的文言。明明是客子思家，他們須說「王粲登樓」「仲宣作賦」；明明是送別，他們卻須說「陽關三疊」，「一曲渭城」……更可笑的：明明是鄉下老太婆說話，他們卻要他打起唐宋八家的古文腔兒；明明是極下流的妓女說話，他們卻要打起胡天游洪亮吉的駢文調子！……請問這樣做文章如何能達意表情呢？既不能達意，既不能表情，哪裡還有文學呢？[20]

---

19 胡適：《國語文法概論》，姜義華主編：《胡適學術文集》（語言文字研究），中華書局，1993 年，第 11-12 頁。
20 胡適：《建設的文學革命論》，姜義華主編：《胡適學術文集》（新文學運動），中華書局，1993 年，第 43 頁。

　　我個人認為，胡適的「達意」表現為「語言工具論」，也就是文字傳遞說話者意圖的作用。而這方面，文言似乎並不具有必死的理由：文言用典雖然佶屈聱牙，但意圖還是能夠完整地表達出來，只是為一般大眾所不能接受。也正是如此，維新派白話文運動不可能做出廢除文言的選擇。所以，胡適認為「文言必死」的真實依據是「傳情」，不過，這裡的傳情並不簡單是傳遞情感，而是賦予文字以生命，讓說話者的生命感受字裡行間地滲透到文字當中。我們可以對胡適的舉例進行分析。單就「傳情」而言，用「王粲登樓」「仲宣作賦」表「客子之思」；用「陽關三疊」「一曲渭城」表送別之情；用「唐宋八家的古文腔兒」代言鄉下老太婆；用「胡天游洪亮吉的駢文調子」為妓女傳情，也無不妥之處。只不過，在這個過程中知識份子用自己的語言代替了別人的語言，用自己的情感轉化了別人的情感。胡適的不滿就在這裡，當「文言」成為「士大夫」的專利之後，就變成一種固定的腔調，讓人的生命感受無法融入語言當中，妓女說話不像個妓女，老太婆說話不像老太婆，這就是文字僵死的證據。所以胡適的語言觀是將語言和生命捆綁在一起：在語言中透視生命，在生命中創造語言。胡適曾經舉了一個例子說明白話文的「活」，從中更可以看出胡適的語言觀：

　　　　趙老頭回過身來，爬在街上，撲通撲通的磕了三個頭。[21]

---

21　《白話文言之優劣比較》，姜義華主編：《胡適學術文集》（新文學運動），中華書局，1993 年，第 6 頁。

　　胡適認為這句話的美在於「達意」，其實，「達意」的內部又透著「傳情」，體現出了說話者的「活」的生命：「回過身來」「爬在街上」「撲通撲通」「磕了三個頭」，這每個細節都包含著多重可能性，編織在一起，就將閱讀者帶入了一個神秘的生命體內部，讓讀者的生命與說者的生命進行直觀的對話。

　　所以，按照胡適對文字「死」「活」的論述，胡適的語言觀其實包含了工具、思想和詩性三個層面，其根本是將文字與生命合二為一，文字蘊含著使用者的生命，就是「活文字」，文字不能蘊含使用者的生命，就是死文字。文言就是在這個意義上，被胡適判處了死刑。

　　那麼什麼是「活文字」呢？按照胡適自己的說法是「白話文」，也有學者認為準確的說法應該是「現代漢語」。我認為，這兩種看法都不準確。認為「活文字」應該是「現代漢語」的學者認為，「現代漢語在形式上是白話，但它和古漢語中的白話是有本質區別的，古代白話主要在工具層面上，而現代白話作為現代漢語的主體，具有強烈的現代思想性。這一點，胡適並沒有把他們區別開來。」[22]因此在名目上看來，同樣是「白話文運動」，晚清白話文運動因為在古代漢語的範疇之內，因此沒有促成文化轉型的發生；現代白話文運動因為有現代漢語作為基礎，所以創建了現代文化傳統。[23]這種看法從語言學的角度來說具有啟發意義，但不太

22 高玉：《現代漢語與中國現代文學》，中國社會科學出版社，2003 年，第 82 頁。
23 見高玉《現代漢語與中國現代文學》中重要觀點。

符合歷史的實際。儘管，站在事後的立場上，「五四之後所形成的白話語言體系即現代漢語，本質上是一種歐化的語言」[24]，「用白話文替代文言文的『正宗』地位，不僅是一個語言形式的革命，而且是一個創造新的語義系統的過程，其目的在於適應變遷了的現代社會心態以及與外部世界交流的需要。」[25]而事實上，五四時期現代漢語並沒有走向成熟，更難以說形成了歐化的語言體系。所以用現代漢語的思想性來解釋胡適的「活文字」，儘管在現在看來精確無誤，但在當時未必如此。

在我看來，胡適的「活文字」其實是以白話文為主體，以生命為依託，可以自主創造的一種語言。胡適對國語的論述，非常靈活，儘管他聲稱這種「活的文字」是白話文，但在《建設的文學革命論》中他又說：「有了國語的文學，方才可有文學的國語。有了文學的國語，我們的國語才可算是真正國語。國語沒有文學，便沒有生命，便沒有價值，便不能成立，便不能發達。」「若要造國語，先須造國語的文學，有了國語的文學，自然有國語。……真正有功效有勢力的國語教科書便是國語的文學，便是國語的小說詩文戲本。國語的小說詩文戲本通行之日，便是中國國語成立之時。……中國將來的新文學用的白話，就是中國國語成立之時。……中國將來的新文學用的白話，就是將來中國的標準國語。造中

---

24 高玉：《現代漢語與中國現代文學》，中國社會科學出版社，2003年，第59頁。

25 許紀霖、陳達凱主編，《中國現代化史》（第1卷），上海三聯書店，1995年，第311頁。

國將來白話文學的人，就是制定標準國語文學的人。」[26]也就是說，「國語文學」和「文學國語」就如同雞生蛋、蛋生雞一樣，不存在哪一樣先創造出來，而是同時創造、同時成功、相輔相成、相互促進。這樣，對現代文學的創造者而言，語言可謂「法無定法」，自己立法，自己遵守，唯一可以依據的便是生命，是體驗，是自我。

胡適的「活文字」給了中國現代作家廣闊的創造空間，文學大師們都以生命為底色，構築起自己的語言世界，創造出個性十足的新語彙。桀驁不馴的魯迅，語言文白相間、簡潔冷峻，他創造出的新詞彙如「死火」「過客」「無物之陣」「黃金世界」……飽含哲理、意味深長；熱情奔放的郭沫若，語言如排山倒海、波瀾壯闊，經常使用的語彙，如「天狗」「涅槃」「女神」「匪徒」，超越生死、天馬行空，引人無限玄思；理性如周作人，語言娓娓道來、親切質樸，他創造的「自己的園地」「小河」「夢」，如品茶清談，品位高雅，餘味無窮；孤僻的李金髮，在語言上大量使用文言，將象徵詩派的朦朧與文言詞語的古奧相結合，拒人於千里之外，神秘如「棄婦」「鴉羽」；清新的徐志摩，語言通透精緻、飄搖舒緩，如翩翩君子，在漫天的雪花中飛揚、飛揚……應該說，正是現代漢語的不成熟，給予了中國現代作家自我走向成熟的機會，當他們的文學走向成熟，中國現代漢語也開始走向成熟，之後的作家再也難有將文學、語言、生命直接統一起來的機會。

---

26 胡適：《建設的文學革命論》，姜義華主編：《胡適學術文集》（新文學運動），中華書局，1993年，第41、44頁。

　　理解了胡適「活文字」的意義，我們就能明白晚清白話文運動為什麼不能創造出新文學的原因。問題的關鍵不是因為晚清白話文是純工具性語言，不能給予作家進行文學變革的機遇和空間，而是因為文言的存在，白話文與作者的生命之間不能建立起直接的聯繫。沒有生命的文字當然無法建立起有生命的「活文學」，當然無法啟動這種語言的詩性和美感，因此也就不具有創造「文學的國語和國語的文學」的機會。

　　在「文學的國語和國語的文學」出現之後，文言文就逐漸退出了歷史的舞臺，儘管在現代作家中，如李金髮、廢名、俞平伯等在行文上習慣吸收文言詞彙，但這只是為了裝飾其自己的語言特色；再如魯迅、錢基博、錢鐘書等學者習慣用文言著書，但這只是為了古典文化整理的需要。[27]文言與現代生命已經完全脫離了聯繫，無論我們如何懷舊，它都已經不可能代表民族性，更不可能代表現代性。

---

27 陳平原在《分裂的趣味和抵抗的立場——魯迅的述學文體及其接受》(《文學評論》2005年5期)中，專門討論了魯迅用文言做古典學術著作的深層原因，認為：「倘若正文（白話）的質樸清新與引語（文言）之靡麗奇崛之間落差太大，作者與讀者都會感覺不舒服。也許是耳濡目染，古書讀多了，落筆為文必定趨於『雅健』；但也不排除作者意識到此中隔閡，借調整文體來填平鴻溝。因而，研究傳統中國的文史學者，大都養成半文半白的述學文體。至於像魯迅那樣，乾脆用白話文寫小說、雜文，而用文言撰學術著作，並非絕無僅有。」其舉例即錢鐘書。又說：「或許，在魯迅看來，一個民族、一個時代的文學或學術精神，與其使用的文體血肉相連。換句話說，文學乃至學術的精微之處，不是借助，而是內在於文體」。在我看來，這或許是文言在現代的最大意義吧！

# 結　語

　　相較於學界過去關於新文學與語言關係的研究，「語言空間」無疑更具有說服力和有效性。無論用「白話文」「現代漢語」或其他概念來解釋新文學發生過程中語言所起到的重要作用，都免不了很多難以自圓其說的地方，譬如：認為五四新文學發生的重要源泉是語言變革，那麼為什麼之前的語言變革難以掀起新文學的興起呢？如果語言有如此巨大的威力，為何很多新文學作家對於文言又情有獨鍾，刻意將文言重新引入文學呢？再者，近代語言變革的最核心動力是什麼呢？為什麼它能夠迅速得到共識並被廣泛接受呢？很多論述說得頭頭是道，但總令人感到沒有將理論落實到歷史當中。

　　從語言空間的角度，近代語言變革的最根本的動力是個體表達的困境，它既表現為無法在跨文化中有效實現文化交流，也讓很多作家感到表達的乏力。這構成了近代語言變革最具體的「空間」。從促進文學發展的角度，新文學的繁榮不在於使用了「白話文」或「現代漢語」——這種概念只有在這種語言規範形成之後才存在，而且任何語言形式並沒有直接促進創作發展的魔力，而在於「活文字」觀念的興起解放了作家的語言壓力。「活文字」本身就構成了一種新的「語言空間」，在這個空間裡，沒有既定的規範只有純粹的創造，這才為新文學的勃興創造了巨大的機遇。可以說，所謂「現代漢語」不過是現代作家再造的「語言空間」，它只是新文學「語言空間」的一部分，而不是全部。

　　以新文學發生的「語言空間」，可以清楚地看到「民國空間」研究的物件，它既是對文學發生客觀語境的重新發掘，還注意到「空間」經作家創造後發生改變的動態過程，最後呈現的是一個時期的文學生態──整個過程包含在「空間」的內涵當中。在「民國空間」動態結構中，最根本的依據便是「人」。在文學史研究中的「人的文學」，不僅是用「人道主義」「個人主義」等抽象標準應用到文學之上，而且是將個人恢復到具體語境當中，強調個人感受和創造，從而豐富對文學史的認知。民國「語言空間」就是一個比較典型的例子。

# 第十二章　《藥》與「聽將令」
# 之後的魯迅

　　《藥》是魯迅小說中傳播較廣、影響較大的篇章，在某
種程度上，對這部小說的理解可以反映一個階段魯迅傳播和
接受的程度，因此自《藥》發表以後從不乏方家對這部作品
的解讀。然而一直以來，研究界和教育界對《藥》的解讀，
都主要停留在象徵的層面上。譬如主人公姓氏「華」「夏」
的民族隱喻性；「人血饅頭」隱喻的「吃人」本質；夏瑜身
份暗含的「革命」與「啟蒙」主題等等，構成了研究界對《藥》
的主要言說。關於《藥》的主題，諸如：「華夏的挽歌」[1]，
「群眾不覺悟狀況對革命者革命活動的制約作用」[2]，「中國
希望和絕望的兩面」[3]，「啟蒙的結果是被啟蒙的對象活活吃
掉」[4]，「啟蒙無效論」[5]等；關於《藥》的結構，無論是分

1　司馬長風：《中國新文學史》（上卷），昭明出版社，1980 年，第 107 頁。
2　王富仁：《中國反封建思想革命的一面鏡子──〈吶喊〉〈彷徨〉綜論》，
　　北京師範大學出版社，1986 年，第 19 頁。
3　夏志清：《中國現代小說史》，香港中文大學出版社，2001 年，第 32 頁。
4　錢理群、吳福輝、溫儒敏：《中國現代文學三十年》（修訂本），北京大
　　學出版社，1998 年，第 41 頁。
5　宋劍華：《啟蒙無效論與魯迅〈藥〉的文本釋義》，《天津社會科學》，
　　2008 年第 5 期。

別從「華家」「夏家」出發的「兩條線索」[6]，還是只是「一條線索，兩個故事」[7]等，都是依據《藥》當中的象徵符號或符號之間的關係。可以毫不誇張地說，截至目前，學界對《藥》的豐富性的理解，主要是基於《藥》當中象徵符號的豐富性；學界對《藥》複雜性的理解，也主要基於這些象徵符號之間本身就存在的錯綜複雜的關係。

　　就文學研究而言，抓住作品中的關鍵意象或象徵符碼，以此為突破口去把握全文，不失為一條有效的捷徑。很多艱澀難懂的作品，如果不能找到關鍵的象徵意象，接受者甚至難以走進其豐富的思想藝術殿堂。但問題在於，如果研究者對作品中的象徵符號過於感興趣，是否會因為視野過於專注而忽略掉作品中其他的重要資訊呢？雖然說，「一千個讀者有一千個哈姆雷特」，任何作品解讀都只能是有限度的解讀，但對於魯迅研究而言，如果不能對其作品中的資訊充分掌握，那麼由此提煉出的魯迅思想和魯迅精神是否又會有偏狹的嫌疑呢？再進一步說，如果研究者過於關注作品中的象徵符號，由於象徵符號的多義性和象徵符號之間關係的複雜性，對作品象徵內涵的把握很有可能成為研究者對象徵符號的個人演繹，與作品本身的聯繫可能會十分薄弱。譬如《藥》當中夏瑜的身份，如果我們將其理解為「革命者」，那麼他與作品中的其他人物就是「革命者」與「大眾」「劊子手」「幫兇」的關係，其中可以研討的話題可以無限展開；同樣，

---

6　曾華鵬、范伯群：《論〈藥〉──魯迅小說研究之一》，《文學評論》，1978 年第 4 期。
7　錢振綱：《也談〈藥〉的結構》，《魯迅研究月刊》，2000 年第 12 期。

如果我們將其理解為「啟蒙者」，那麼其他民眾就是「被啟蒙」者，「啟蒙者」與「被啟蒙者」之間的話題，同樣有很大的言說空間。應當承認，因為學界對夏瑜身份的不斷認識，《藥》的內涵以及魯迅思想的豐富性得到了很大拓展，但值得警醒的地方在於，夏瑜的這些身份與《藥》的內容有如此大的關聯嗎？換句話說，夏瑜的身份是其「被殺」和「被吃」的直接推動力嗎？

其實，對小說文體而言，利用象徵符號來傳達作品意圖並不是慣常的手法，雖然魯迅的小說有時會使用一些具有暗示性的意象或姓名，以表達個人愛憎，但這並不對小說的內涵產生決定性的影響，甚至魯迅自己還對這種方式進行過反思[8]。試想，如果魯迅小說的主要內涵都集中在部分象徵意象上，那麼其小說也就成為某種觀念的推演，作品就成為其他文體（如雜文、散文詩）的註腳，創作的獨立意義也就不復存在了。實際上，當今學界對魯迅小說中象徵符號的癡迷，得出的結論往往是魯迅雜文思想的借用，如果魯迅小說中的思想僅僅在雜文之下，其小說還有什麼可以討論的價值呢？正因如此，我們有必要對魯迅小說避免進行象徵化的閱讀，清理那些被象徵符號遮蔽的意義和思想。

---

8 魯迅在《故事新編·序言》中曾經說：「這可憐的陰險使我感到滑稽，當再寫小說時，就無論如何，止不住有一個古衣冠的小丈夫，在女媧的兩腿之間出現了。這就是從認真陷入了油滑的開端。油滑是創作的大敵，我對於自己很不滿。」（《魯迅全集》〈第二卷〉，人民文學出版社，1981年，第341頁）可以看出魯迅對於此類手法的態度。

# 一、一個被忽略的問題：夏瑜為什麼「被吃」？

　　不管從什麼角度解讀《藥》，夏瑜「被吃」都是最重要的內容，這是小說最震撼、最引人思考的部分，也是貫穿全篇的主題。的確，如果沒有夏瑜的出現，《藥》只是一部非常感人的表現「親子之愛」的小說，至多如同許多鄉土小說一樣，反思了「不人道」的民俗。夏瑜的故事改變了整部小說，由於他的出現，華老栓的「親子之愛」有了血腥的痕跡，不合理的民俗背後隱藏著更為巨大的民族悲劇。在過去的研究中，夏瑜「被吃」的象徵內涵是被關注的焦點，這實際將問題推向夏瑜的「身份」上，當他被確定為「革命者」或「啟蒙者」，小說的內涵也就發生了相應的變換。然而，學界在關注夏瑜「被吃」的象徵內涵時，往往忽略了一個問題 —— 夏瑜為什麼「被吃」？這與他的身份有沒有必然聯繫？這是一個非常重要的問題，它關係到我們從夏瑜「身份」推出的結論是否符合作品的本意。

　　從這個角度出發，夏瑜無論是「革命者」還是「啟蒙者」，都與他的「被殺」和「被吃」沒有必然聯繫。夏瑜「革命者」的身份確實是其招來殺身之禍的必要條件，但絕非是充分條件，如果他的革命者身份並沒有被告發，他並不一定會被殺頭；夏瑜的「啟蒙」行為更不是其「被殺」「被吃」的原因，這種行為只是招來毒打和嘲笑，並沒有直接引發殺頭。所以，當研究者將夏瑜的「身份」和「被吃」聯繫在一起，並認為是《藥》確定無疑的主題時，根本的缺陷便在於二者在作品

中並沒有必然聯繫。換句話說，研究者關於二者聯繫的豐富闡釋，都只是借魯迅和《藥》的「酒杯」來澆自己心中的「塊壘」。由此看來，要充分挖掘《藥》的思想內涵，還必須從夏瑜為什麼「被吃」說起。

在表面看來，夏瑜的「被吃」是個極其偶然的事件，它由兩個環節構成：「夏三爺的告發」和「華老栓為子治病的需求」（前者是「被殺」的原因，後者是「被吃」的根源），兩個事件都帶有偶然性。這給人的感覺是，如果不是夏三爺貪圖銀子，華老栓唯一的兒子不患上癆病，夏瑜就可能避免「被吃」。但小說敘述給我的感覺卻並不是這樣。小說的開局，華老栓「買藥」的情景，是一個極度「生活化」的場景：華老栓與華大媽的對話，華老栓與康大叔的對話，都在默契中進行，以至於我們只能知曉他們在進行「交易」，而不知交易的具體內容 —— 直到小說的第二節，我們才知曉他們交易「鮮紅的饅頭」是為小栓治病的藥。小說之所以如此設計開局，在我看來，是為了突出「買藥」的長期性和日常性，它不是中國民間很少見的行為，也不是剛剛出現的新鮮事物，而是一種成熟的交易，成熟到所有人都可以心照不宣。小說的第三節，康大叔的出場，更說明了「買藥」「賣藥」在中國民間的日常性。康大叔不僅是一個劊子手，還是一個販賣囚犯身體的「賣藥者」，這本是一個令人禁忌的身份，但康大叔不但不回避，反而還處處向人炫耀。在他看來，「賣藥」不過是其職業的額外福利，他說明需要「藥」的人達成心願，得錢是天經地義的事情。康大叔對待「藥」的態度，更讓我們明白「買藥」「賣藥」在中國民間多麼慣常。對「買

藥」「賣藥」日常性的描寫，其實暗示了夏瑜「被吃」的必然性。

問題還要回到「夏三爺告官」的事情上，這是夏瑜「被吃」的癥結，如果沒有這個「偶然事件」的出現，即使「買藥」「賣藥」如何平常，夏瑜也可以避免「被吃」。的確，「夏三爺告官」的事件多少有點突然，雖然「革命者」被告發不算是意外，但告發自己的侄兒還是有些出乎意料。不過，康大叔對這個事件的「講述」，讓我們看到了這個「偶然事件」背後的必然性。康大叔對夏三爺做法並沒有感到意外，反而還極為景仰：「夏三爺真是乖角兒，要是他不先告官，連他滿門抄斬。現在怎樣？銀子！」[9]言語當中，不難覺察對夏三爺做法的認同。為什麼夏三爺的做法能得到康大叔的認同呢？這是「計算」的結果，在親情與生存、道義與利益之間，「聰明人」總會計算出相同的答案。從文化學的角度來講，夏三爺的做法是專制時代的「生存法則」，它以「保全自我」為第一原則，任何與「自我」發生衝突的事物都會被堅決摒棄。在中國傳統社會，雖然文化典籍中記載的都是「禮儀道德」，但在現實生活中，這些道德又都讓位於「生存法則」。所以魯迅在揭示「讀經」的後果時，指出會產生兩類人 ——「笨牛」和「聰明人」，其中聰明人便是深諳「生存法則」的人。[10]康大叔也是一位「聰明人」，他從不避諱交

---

9　魯迅：《藥》，《魯迅全集》（第一卷），人民文學出版社，1981 年，第 445 頁。

10　魯迅：《十四年的「讀經」》，《魯迅全集》（第三卷），人民文學出版社，1981 年。

易「人血饅頭」，對華老栓拿「人血饅頭」時的怯懦不屑一顧，正是他認同了這種法則。其實，《藥》當中的人物誰又不熟悉並遵從這種法則呢？康大叔在茶館中受到的尊重，原委與康大叔景仰夏三爺並無二異；華老栓在買人血饅頭為小栓治病，豈能不知是在踐踏另一個人的生命？他們都深諳這種「生存法則」，區別僅在於他們是被動還是主動，執行的程度不同罷了。瞭解《藥》中社會的生存法則，我們就明白，無論夏瑜是何種身份，他都不過是這種「生存法則」的犧牲品。這個生存法則構成了一個穩定的「吃人」「食物鏈」：

夏瑜←→夏三爺←→康大叔←→華老栓←→華小栓

這個「食物鏈」非常穩定，它的每一個環節受到「生存法則」的支配：夏三爺為了「生存」出賣了夏瑜的生命；康大叔為了「生存」販賣了夏瑜身體；華老栓為了「生存」讓兒子吃掉了夏瑜的身體。儘管在故事當中，這些事件都非常「偶然」，但只要這種「生存法則」還有效，這種「偶然」就會變成必然。

然而，這還不是這個「食物鏈」意義的全部。它更有意味之處，在於這個鏈條不僅可以順向存在，還可以逆向存在，甚至可以形成環形效果。由於「生存法則」是以保全「自我」為第一原則，因此它消解了一切人與人之間的其他關係，即使是親情。小說中，夏瑜、夏三爺之間的背叛與華老栓、華小栓之間的愛具有「互文」效果，它們是在「生存法則」下親情可以呈現的兩種形式，當親情與自我發生矛盾，它可能

呈現為背叛；當兩者不發生矛盾，它可能呈現為愛的景象。魯迅在《狂人日記》中就曾揭示過這種情況，「狂人」提到的「易子而食」，「狂人」害怕被其兄長吃掉並反思「吃掉」妹妹的場景，正是在生存法則之下，親情變成仇敵的景象。由此看來，同樣尊崇生存法則的華老栓，並非絕對不會做出類似夏三爺的做法；而夏三爺在某種特定的程式下，也未必不能如華老栓般善待夏瑜，食物鏈由此就發生了逆轉。連親情都可能在生存法則下發生質變，還有哪些情感不能消解呢？除了已經覺醒的夏瑜，這個食物鏈中尊崇生存法則的人，每個人都可能吃人，每個人也都可能被吃，這正是小說揭示的悲劇所在。

如果說夏瑜「被吃」緣於專制社會的「生存法則」，那麼夏瑜的「身份」在《藥》中起到什麼樣的作用呢？必須承認，正是有了「革命」和「啟蒙」的內容，整個故事的蒼涼感和悲劇性才得到極大的增強。從藝術效果的角度，夏瑜的「身份」突出了「覺醒」與「愚昧」的反差，從而強化了作品的批判力量和反思力量 —— 不過必須要承認，這種力量主要還是通過夏瑜被「吃」的情節最終得到爆發。那麼，我們究竟如何全面理解夏瑜被「吃」的意義呢？問題的癥結還在於夏瑜的「身份」。在這裡，我們繼續關注夏瑜的「身份」，不在於它的寓意是「革命者」還是「啟蒙者」，而是它在小說中的特徵。在《藥》中，夏瑜的「身份」處於「半透明狀態」，即其釋放的身份資訊與其在小說中獲得的身份並不一致：在小說中，夏瑜釋放的身份資訊主要有兩種 —— 死刑犯和覺醒者，後者的含義具有多重性，接受者可以根據自己的

立場，賦予它「革命者」「啟蒙者」等新的內涵。但在作品中，夏瑜所獲得的身份，實際只有一種 —— 死刑犯，他的另一種身份被解讀為「造反者」 —— 只是「死刑犯」身份的附庸。這對於理解「被吃」非常重要。很多對《藥》的主題的認識，都是將自己對「覺醒者」的理解直接與夏瑜的「被吃」聯繫起來，從而造成接受中的「偷樑換柱」。譬如「啟蒙的結果是被啟蒙的對象活活吃掉」和「啟蒙無效」兩種觀點，其潛在前提便是將夏瑜設定為「啟蒙者」，但當這種身份並沒有在作品中得到實現 —— 啟蒙行為並沒有展開 —— 又何來「啟蒙的結果」以及「有效無效」的判斷呢？

　　所以從尊重文本的角度，《藥》的主題應該是「啟蒙者不被當做啟蒙者而被吃掉」，也就是說，夏瑜雖然具有啟蒙者的身份，但他被吃的命運與這種身份並沒有直接聯繫，兩廂結合在一起，體現了一種荒誕感和虛無感。從魯迅思想發展的角度，「啟蒙者不被當做啟蒙者而被吃掉」更符合魯迅這一時期的思想實際。「啟蒙者不被當做啟蒙者而被吃掉」突出了兩個方面的內容：第一，啟蒙的必要性和迫切性；第二，「無法啟蒙」的無奈感和虛無感。這正是「吶喊」時期魯迅兩種最突出的思想感受。《吶喊·自序》中，所謂「不能全忘卻」的「夢」，最終指向是「改變他們（即國人 —— 筆者注）的精神」 —— 啟蒙。而「驚起了較為清醒的幾個人」，「使這不幸的少數人來受無可挽救的苦楚」，傳遞的便是「無法啟蒙」的悲觀態度。「肯定啟蒙」而「無法啟蒙」便是魯迅所說的「夢醒了卻無路可走」，它的背後是深深的無奈感和虛無感：「凡一個人的主張，得了贊和，是促其前進的，

得了反對，是促其奮鬥的，獨有叫喊于生人中，而生人並無反應，既非贊同，也無反對，如置身毫無邊際的荒原，無可措手的了，這是怎樣的悲哀呵，我於是以我所感到者為寂寞。」[11]所以對魯迅而言，「啟蒙的結果是被啟蒙的對象活活吃掉」和「啟蒙無效」並不可怕，可怕是得不到任何回應。

## 二、「藥」的内涵與魯迅的啓蒙觀

對於魯迅及其一批近代知識份子而言，他們所進行的一切探索無疑都是在「尋藥」，這不是形象的比喻，而是刻骨銘心的文化記憶和文化共識。這種記憶和共識從鴉片戰爭開始，國家的衰落和遭遇促使知識份子思考各種「救國」「強國」的策略，所謂「實業救國」「教育救國」「法律救國」「文化救國」等等說法不絕於耳，既是「救」「強」──必定是針對了「病」，而其探索的救國方案也無疑是「藥」了。學醫出身的魯迅更是對於「藥」深有體會，其重新思考人生的開始緣於「藥」；其在日本思考國民性問題，也是從醫學的角度追問「它的病根何在？」[12]；而其自己解釋寫小說的緣由，也是「揭出病苦，引起療救」[13]。可見「病」與「藥」的思維，已經成為魯迅等一代知識份子思考問題的既定模

---

11 魯迅：《呐喊·自序》，《魯迅全集》（第一卷），人民文學出版社，1981年，第 417 頁。

12 許壽裳：《我所認識的魯迅·回憶魯迅》，轉引自《魯迅年譜》（增訂本·第一卷），人民文學出版社，2000 年，第 93 頁。

13 魯迅：《我怎麼做起小說來？》，《魯迅全集》（第一卷），人民文學出版社，1981 年，第 512 頁。

式。魯迅參與五四新文化運動的態度和立場，也是面對「病苦」如何下「藥」的問題：到底有沒有「藥」？如何下藥？── 它們構成了魯迅在五四時期的啟蒙觀。

　　《藥》與魯迅五四時期微妙心態的同構性，在於小說中華老栓的遭遇與魯迅「鐵屋子」的困境幾乎相同：兩者都可以用「絕境」形容 ──「癆病」對於當時的醫療水準無疑是一座「鐵屋子」；兩個當事人都面對的是自己的「至親」：魯迅對於同胞的感情不亞于華老栓的骨肉之情。此時，華老栓所尋求的「藥」何嘗不是魯迅苦苦追求的「藥」呢？然而，有「藥」嗎？

　　在《藥》中，「藥」的指向是「人血饅頭」，這是小說最有意味的地方。如果我們追問一下，「人血饅頭」何以成「藥」？其實就能明瞭魯迅對「藥」的理解。「『人血饅頭』何以成『藥』」的最簡單答案是依據民俗，在人文版的《魯迅全集》中，編者注釋「鮮紅的饅頭」就稱「舊時迷信，以為人血可以醫治癆病，劊子手便借此騙取錢財」[14]。「舊時迷信」用中性的稱法便是「民俗」。「民俗」是個神秘的事物，如果追問這種「民俗」何以產生，我想不外乎兩種原因：一是科學，二是迷信。就科學而言，「人血饅頭」治癆病的確有其依據，《狂人日記》中「狂人」曾指出「『本草什麼』上，明明寫著人肉可以煎吃」，實際便是《本草綱目》中提到唐代陳藏器《本草拾遺》中人肉醫治癆病的記載。[15]。但

---

14　《魯迅全集》（第一卷），人民文學出版社，1981 年，第 449 頁。
15　魯迅：《狂人日記》，《魯迅全集》（第一卷），人民文學出版社，1981年，第 426 頁

從華小栓實踐的效果看，「人血饅頭」的治療功能並沒有凸顯，華小栓最終還是以死亡告終；而現代醫學科學，至少到目前為止，也沒有證明人肉醫治癆病的可靠性。以此可見，因為暗含「科學道理」，「人血饅頭」治癆病成為民俗的可能性並不存在。如果不是因為科學，「人血饅頭」成為「藥」就是迷信，而這種迷信何以產生呢？其實《藥》已經給出了答案。

華老栓之迷信「人血饅頭」是「藥」，根本原因是出於「幻想」和「瞞和騙」。「幻想」和「瞞和欺」在本質上是同一類的事物，但所指的方向不同，「幻想」是脫離現實創造出「莫須有」的東西，「瞞和欺」則是不敢正視現實的悲劇和苦難，二者常常聯繫在一起。華老栓篤信「人血饅頭」是醫治小栓的「藥」，最根本的依據是出於「幻想」，當他從康大叔手中拿到「人血饅頭」時，「他的精神，現在只在一個包上，仿佛抱著一個十世單傳的嬰兒，別的事情，都已置之度外了。他現在要將這包裡的新的生命，移植到他家裡，收穫許多幸福。」[16]「移植生命」於現代科學技術或許還有可能，但對於老栓來說，只能說是一個美好的幻想，它和《明天》中單四嫂子幻想與寶兒在夢中相見一樣，是個美好而殘忍的夢。其實，老栓的幻想也不是毫無緣由，整個中醫治病在魯迅看來都是依據「幻想」。魯迅回憶中醫為父親治病的經歷，就曾指出中醫的本質 ——「醫者，意也」，正是如此，「開方的醫生是最有名的，以此所用的藥引也奇特：冬天的

---

16 魯迅：《藥》，《魯迅全集》（第一卷），人民文學出版社，1981年，
　　第442頁。

蘆根，經霜三年的甘蔗，蟋蟀要原對的，結子的平地木，……多不是容易辦到的東西。然而我的父親終於日沖一日的亡故了。」[17]也正是如此，在《明天》中寶兒瀕臨死亡的時候，何小仙還在用「火克金」來形容。有如此醫學傳統，華老栓怎麼不能幻想人血饅頭是「移植生命」呢？

正是有這個神奇「幻想」的存在，老栓買藥的情景顯得神秘而神聖。「秋天的後半夜，月亮下去了，太陽還沒有出，只剩下一片烏藍的天；除了夜遊的東西，什麼都睡著。」[18]這是小說發生的時間。「華老栓忽然坐起身」，「忽然」是受到了某種神啟，還是精心籌畫的結果？從之後老兩口的對話看，是耐心等待這一刻的到來。「街上黑沉沉的一無所有，只有一條灰白的路，看得分明。燈光照著他的兩腳，一前一後的走。有時也遇到幾隻狗，可是一隻也沒有叫。」[19]連狗都似乎被這種神秘而神聖的氛圍震撼。「天氣比屋子裡冷得多了；老栓倒覺爽快，仿佛一旦變了少年，得了神通，有給人生命的本領似的，跨步格外高遠。而且路也愈走愈分明，天也愈來愈亮了。」[20]可不是這樣，因為「移植生命」的希望就在眼前，小栓的生命將會在這一刻得到拯救……

應該說現實的情景將老栓從幻想中抽離出來。「丁字街，

17 魯迅：《吶喊·自序》，《魯迅全集》（第一卷），人民文學出版社，1981年，第415頁。

18 魯迅：《藥》，《魯迅全集》（第一卷），人民文學出版社，1981年，第440頁。

19 魯迅：《藥》，《魯迅全集》（第一卷），人民文學出版社，1981年，第440頁。

20 同上。

明明白白橫著」[21]已經暗示他，所謂「移植生命」不過是另一個人的死亡；鬼一樣的圍觀者和穿號衣的兵，再一次暗示這種殘酷性的存在；直到他看到「鮮紅的饅頭，那紅的還是一點一點的往下滴」[22]，這已經足以讓他對這種「幻想」產生反思 —— 這是一個同類的生命和身體，能視而不見嗎？小說如此設計，其實是暗示這是老栓產生覺醒的可能條件，他如果意識到即使是自我拯救也不能脫離人的底線，不能視別人的生命於不顧，那麼「生存法則」下的「食物鏈」就有瓦解的可能，整個民族也就有了希望。但老栓用「瞞和騙」阻隔了覺醒的可能。當他對人血饅頭還充滿敬畏時，康大叔用一層燈罩便掩蓋了他的恐懼和罪惡感，讓他又回到「移植生命」的幻想。其實在殘酷現實一次次衝擊他的幻想時，他已經多次用「瞞和騙」來抗拒現實：在丁字街頭，他「退了幾步」；在眾人圍觀中，他只是遠遠地看著眾人的後背，這都是因為他不敢直面「移植生命」背後的殘酷和罪惡。類似的情景還出現在小說的第三節，當康大叔說出「癆病」的字眼時，華大媽變了臉色，她忌諱小栓生病的事實，這可以視為一個母親的愛子之心，但在本質上也不過是「瞞和騙」，因為小栓的病並不會因為忌諱而有所改變。值得注意的是，在「瞞和騙」面前，《藥》當中的所有人都達成了默契，不管是「駝背五少爺」「花白鬍子的人」，還是茶館中的其他人

21 魯迅：《藥》，《魯迅全集》（第一卷），人民文學出版社，1981年，第441頁。
22 魯迅：《藥》，《魯迅全集》（第一卷），人民文學出版社，1981年，第442頁。

都不將「藥」和「人血饅頭」聯繫起來。正是在所有人默契般的「瞞和騙」下，「人血饅頭」變成了「移植生命」的美好幻想，成了充滿溫馨和愛的「藥」。

從「藥」的形成過程，可以看出魯迅對「藥」的理解：所謂「藥」，不過是「幻想」和「瞞和騙」的產物；對於華老栓和華小栓這樣的人來說，除了自我覺醒、自我拯救，其實是無藥可救的──即使小說中有人給予他們治療癆病的「現代藥」，當他們遇到新的病苦，同樣還會回到愚昧的老路上去。我覺得，正是對「藥」的虛無性的認識，是魯迅區別一般五四新文化宣導者的地方，將《藥》理解為魯迅為廣大庸眾開出的「藥」，顯然是將魯迅與一般五四啟蒙者混為一談，沒有認識到魯迅啟蒙思想的獨異性。不過，僅僅將「有沒有『藥』」視為魯迅與一般五四啟蒙者的差別並不充分，「無藥」曾經是魯迅拒絕參與五四新文化運動的理由──畢竟，魯迅還是參與到了新文化運動當中。魯迅是如何平衡這種矛盾呢？我覺得魯迅在與《藥》同年創作的《我們現在怎樣做父親》中，頗為清楚地說明了這個問題。

繼續回到《藥》的故事當中，在醫學水準十分有限的條件下，華老栓即使清楚「人血饅頭」無法醫治小栓的病，他又該怎麼辦呢？這實際也是「怎樣做父親」的問題。《我們現在怎樣做父親》沒有設定類似的場景，但其中的觀點卻對於華老栓的場景具有啟示意義。魯迅對「怎樣做父親」的總體原則「便是依據生物界的現象，一，要保存生命；二，要

延續這生命；三，要發展這生命（就是進化）」[23]；在強調人的自然性（平等性）的前提下，魯迅認為「覺醒的父母，完全應該是義務的，利他的，犧牲的，很不易做；而在中國尤不易做。中國覺醒的人，為想隨順長者解放幼者，便須一面清潔舊賬，一面開闢新路。就是開首所說的『自己背著因襲的重擔，肩住黑暗的閘門，放他們到寬闊光明的地方去；此後幸福的度日，合理的做人』。」[24]對於華老栓而言，他不存在要解放小栓的問題，但如果他覺醒的話，也應該秉承「進化」的原則，「自己背著因襲的重擔，肩住黑暗的閘門，放他們到寬闊光明的地方去」，具體來說，便是承擔可能喪子的苦痛，決不讓可以生存的人繼續承受更大的苦痛 ── 拒絕「人血饅頭」的陋習。只有這樣，才能算是「進化」。

　　對於魯迅而言，他又如何做到「自己背著因襲的重擔，肩住黑暗的閘門，放他們到寬闊光明的地方去」呢？在我看來，魯迅「背著因襲的重擔」，便是他「如置身毫無邊際的荒原」[25]的寂寞和他自知「無藥」的虛無和絕望；而其「肩住黑暗的閘門」，便是「不憚以最壞的惡意來推測中國人」[26]，以「抉心自食」[27]的方式告訴世人「黑暗」的可能性，讓那

---

23　魯迅：《我們現在怎樣做父親》，《魯迅全集》（第一卷），人民文學出版社，1981年，第130頁。

24　魯迅：《我們現在怎樣做父親》，《魯迅全集》（第一卷），人民文學出版社，1981年，第140頁。

25　魯迅：《呐喊·自序》，《魯迅全集》（第一卷），人民文學出版社，1981年，第417頁。

26　魯迅：《紀念劉和珍君》，《魯迅全集》（第三卷），人民文學出版社，1981年，第217頁。

27　魯迅：《墓碣文》，《魯迅全集》（第二卷），人民文學出版社，1981年，第202頁。

些「覺醒的人」警惕黑暗，從而走向光明。魯迅的這種做法可用「無藥的啟蒙」來概括，它與一般五四啟蒙者做法的差別有三個方面：（一）啟蒙的對象。魯迅對自己能夠影響的物件非常清醒 ——「覺醒的人」。在「鐵屋子」的寓言中，魯迅就已經指出：新文化運動的結果不過是「驚起了較為清醒的幾個人」[28]，對於更多昏睡的人並不會產生作用；在《我們現在怎樣做父親》中，魯迅更加明確地表達了自己的看法：「迷信的老人」已「無法可救」，「便只能先從覺醒的人開手」[29]；在《呐喊‧自序》中，魯迅又說：「至於自己，卻也並不願將自己自以為苦的寂寞，再來傳染給也如我那年輕時候似的正做著好夢的青年。」[30]這從側面也正說明了《呐喊》預設的讀者。從魯迅對啟蒙物件的界定，就不難看出它與一般理解的「啟蒙」的差別。譬如「啟蒙的結果是被啟蒙的物件活活吃掉」和「啟蒙無效」兩種看法，顯然是將啟蒙的對象設定為廣大庸眾，這就與魯迅創作的初衷發生了偏離。（二）啟蒙的方式。在《墳‧題記》中魯迅這樣談論自己的創作：「這是不能如此便宜的，也給他們放一點可惡的東西在眼前，使他有時小不舒服，知道原來自己的世界也不容易十分美滿。」[31]將自己的寫作定位為製造「小不舒服」，

---

28 魯迅：《呐喊·自序》，《魯迅全集》（第一卷），人民文學出版社，1981年，第 419 頁。

29 魯迅：《我們現在怎樣做父親》，《魯迅全集》（第一卷），人民文學出版社，1981 年，第 130 頁。

30 魯迅：《呐喊·自序》，《魯迅全集》（第一卷），人民文學出版社，1981年，第 419-420 頁。

31 魯迅：《墳·題記》，《魯迅全集》（第一卷），人民文學出版社，1981年，第 4 頁。

與通常理解的「吶喊」式的啟蒙也是有差別的。「吶喊」是
正面的宣導，製造「小不舒服」則是反面的警醒，雖然魯迅
也將小說集命名為「吶喊」，但他不過是「有時候不免吶喊
幾聲」，而且魯迅還補充說明是「不恤用了曲筆」──既是
「不恤」和「曲筆」，想必與他真實的想法有相衝突的地方。
魯迅反面警醒的啟蒙方式，便如他《熱風·題記》中的比喻
──「白血輪」[32]，攻擊各種弊病然後再與它們一同毀滅，
最終將健康留給「後來的人」。（三）啟蒙的姿態。對於自
己在新文化運動中的姿態，魯迅更多是用否定和比喻的方式
進行界定。他首先否認的是「啟蒙英雄」：「我決不是一個
振臂一呼應者雲集的英雄」[33]；接著他又否定了「導師」：
「凡自以為識路者，總過了『而立』之年，灰色可掬了，老
態可掬了，圓穩而已，自己卻誤以為識路。假如真識路，自
己就早進向他的目標，何至於還在做導師。」[34]魯迅給予自
己正面形象的比喻是一枚「病葉」[35]：既是「病葉」，必然
不是「蔥郁」樹葉的榜樣，只是作為樣板告誡可能存在的危

---

32　在《熱風·題記》中，魯迅說：「我以為反對於時弊的攻擊，文字須與時
　　弊同時滅亡，因為正如白血輪之釀成瘡癤一般，倘非自身也被排除，則
　　當它的生命的存留中，也即證明著病菌尚在」。此處的「白血輪」是攻
　　擊時弊文字的比喻。但在《影的告別》《墓碣文》等文章中，魯迅顯然
　　也有與黑暗同時滅亡的決心和自覺，這也是一種「白血輪」的存在。
33　魯迅：《吶喊·自序》，《魯迅全集》（第一卷），人民文學出版社，1981
　　年，第 417-418 頁。
34　魯迅：《導師》，《魯迅全集》（第三卷），人民文學出版社，1981 年，
　　第 55 頁。
35　魯迅：《臘葉》，《魯迅全集》（第二卷李敏：《語言之藥：從柏拉圖
　　到魯迅──關於〈藥〉的解構閱讀，《小說評論》，2008 年第 1 期。），
　　人民文學出版社，1981 年，第 219 頁。

險。這種啟蒙的姿態，也是同我們理解的「英雄式的啟蒙」
有所不同。

所以，將《藥》當中「藥」的虛無性認為是魯迅「質疑
啟蒙」「解構啟蒙」[36]是不準確的。應該說，魯迅在用自己
的方式踐行啟蒙，而這種方式與我們通常理解的「啟蒙」有
所不同而已。在本質上，魯迅踐行的「無藥的啟蒙」其實是
對啟蒙本義的堅守，這也是近年來理論界「反思啟蒙」[37]和
「重申啟蒙」[38]的旨歸。任何理論的掙扎與反復，都是對某
種歷史「本義」的澄清和堅守，啟蒙理論也是如此。近年來
中西理論界對「啟蒙」的質疑和反思，反思的物件並不是啟
蒙本身，而是「英雄式啟蒙」 —— 正是這種啟蒙方式，讓啟
蒙變成新的神話，讓文化從一種意識形態走入另一種意識形
態。而在啟蒙反思中，康得關於啟蒙運動的論述被一再重提：
「啟蒙運動就是人類脫離自己所加之於自己的不成熟狀態，
不成熟狀態就是不經別人的引導，就對運用自己的理智無能
為力。當其原因不在於缺乏理智，而在於不經別人的引導就
缺乏勇氣與決心去加以運用時，那麼這種不成熟狀態就是自

---

36 典型的看法如〔德〕瑪律斯·霍克海默和希歐多爾·阿道爾諾的《啟蒙辯
　證法》，該書初版於 1947 年，但該書被中國學者注意已到上世紀末期。
　該書的著名觀點：「被啟蒙摧毀的神話，卻是啟蒙自身的產物」，對啟
　蒙進行了深刻的反思。不過在美國學者斯蒂芬·埃裡克·布隆納看來：「兩
　位作者從啟蒙本身的立場出發，批判一般意義上的啟蒙，尤其是被稱為
　啟蒙運動的那個歷史時刻：這本書的標題也由此而來。」（《重申啟蒙：
　論一種積極參與的政治》，江蘇人民出版社，2006 年，第 3 頁。）

37 〔美〕斯蒂芬·埃裡克·布隆納：《重申啟蒙：論一種積極參與的政治》，
　江蘇人民出版社，2006 年。

38 〔德〕康得：《答覆這個問題：「什麼是啟蒙運動？」》，何兆武譯《歷
　史理性批判文集》，商務印書館，1990 年，第 22 頁。

己所加之於自己的了。」康得強調的是啟蒙的自主狀態，啟蒙是個「自我覺醒」的過程，「啟蒙英雄」的行為只是加劇了人類「不成熟狀態」，因此必然走向啟蒙的反面。康得理解的啟蒙，實際便是「無藥的啟蒙」，「自我覺醒」的「藥」就是自我，任何以為是為民眾開出的「藥」，其實都不過是一廂情願的「幻想」而已。

# 三、「揭秘」及其必要性

關於《藥》的結構，學界最權威的看法是曾華鵬和范伯群兩位先生提出的「雙線結構」[39]，雖然之後有錢振綱先生提出「一寫二」結構[40]、周海波先生提出「空間結構」[41]，但都沒有影響「雙線結構」的說服力和認可度。作品的結構（敘事策略）是作家傳情達意的重要方式，採用什麼樣的敘事策略，作家也是在為自己塑造一個文學世界中的公眾形象 —— 這也是敘事學中的「敘述者」。「雙線結構」作為一種敘事策略，突出了夏瑜「被吃」的驚異性，這符合了一般讀者對《藥》的閱讀感受，但其塑造的「敘述者」形象卻不符合魯迅此時的心態。魯迅對於夏瑜「被吃」並沒有感到驚異，「啟蒙者不被當做啟蒙者而被吃掉」表現的是無奈和虛無，其背後的「敘述者」甚至有一種自嘲的意味 —— 這是與「驚異」

---

39 曾華鵬、范伯群：《論〈藥〉—— 魯迅小說研究之一》，《文學評論》，1978 年第 4 期。
40 錢振綱：《也談〈藥〉的結構》，《魯迅研究月刊》，2000 年第 12 期。
41 周海波：《〈藥〉：關於生存和生命的書寫》，《魯迅研究月刊》，2006 年第 7 期。

完全不同的感受和體驗。

　　如果更進一步分析《藥》的敘事策略，作品表現出的敘事方式也並非傳統的「線性敘事」。「線性敘事」的特點指事件隨時間發展而不斷變化，「雙線」結構和「一寫二」結構有一個共同的基本判斷 —— 都認為《藥》的敘事方式是「線性敘事」。在表面看來，《藥》也似乎具有「線性敘事」的特點，它的四個章節圍繞「藥」形成了「買藥 —— 吃藥 —— 論藥 —— 藥效」的「主線」，事件與時間緊密地聯繫在一起。但如果我們仔細看待這些事件，就會發現這些事件的功能已非常弱化，它不僅沒有形成曲折的效果，而且很多事件在傳統敘事中很難成為一個獨立的事件，譬如「吃藥」「藥效」。顯然，對魯迅而言，它並不指望通過故事的曲折和變化來吸引讀者，來傳遞他的思想。

　　不是「線性敘事」，那麼《藥》的敘事策略是什麼呢？或者說，魯迅在《藥》中是通過什麼方式來吸引讀者並傳遞自己的思想呢？從閱讀直接感受出發，答案是「揭秘」。「揭秘」作為一種敘事藝術，時間在故事發展中的作用變得可有可無，支撐故事發展的主導性因素是「靠近真相的距離」。通俗地講，「揭秘」敘事對讀者的吸引，不是依靠離奇事件的不斷出現，而是對一個離奇事件的不斷還原。所以，對於「揭秘」敘事而言，標示時間發展的「線」消失了，故事從這裡開始也在這裡結束，但經過不斷還原，故事便以「層」的形式呈現出來。對《藥》而言，「買藥 —— 吃藥 —— 論藥 —— 藥效」幾乎可以還原成一個事件：老栓為小栓買藥治病，但其中的每一個環節卻更新了我們對這一核心事件的看法。

從「揭秘」的角度，《藥》的四個章節呈現出「同心圓」的
結構：

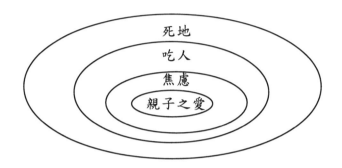

　　在這個「同心圓」中，小說的第一節是「圓心」。它能
夠成為「圓心」，是因為它所講述的「買藥」是整部小說的
「核心事件」——之後的情節並沒有隨時間發展出現新的內
容，只是在揭秘中事件背後的真相不斷清晰。就閱讀感受而
言，小說最有吸引力的地方，也是他透過「買藥」的溫情讓
我們看到了社會的悲劇和殘忍。如果僅僅停留在小說的「圓
心」裡，「華老栓為子買藥」體現出的便是朱自清先生所說
的「親子之愛」，是一個父親為了兒子健康的拳拳之心；但
到了小說的第二節，「親子之愛」的溫情逐漸消失了，取而
代之是老栓夫妻的焦慮和擔心，如果說這種焦慮依然是「親
子之愛」的一部分，那麼對旁人的「提防」在某種程度上讓
他們的「愛」蒙上了一層神秘的面紗；小說的第三節，故事
真相大白，原來「親子」的背後是陰謀和殺戮，「藥」的背
後是血腥的「吃人」，故事從溫情變得驚悚；小說的第四節，
「親子之愛」被「喪子之痛」取代，兩位同樣失去兒子的母

親走到一起，故事變得異常蒼涼。在小說的層級發展中，後一個環節總是對前一個環節產生解構的力量，正是由於一個事件引發出無限懸念，小說在不斷顛覆中具有了引人入勝的力量。

值得注意的是，在小說不斷「揭秘」過程中，「場域」起到了重要的作用。當老栓「買藥」呈現出不同的面目，其存在的場域也悄然發生了變化。可以說，在小說的「揭秘」敘事中，「場域」是推動情節發展的重要因素。由於它的介入，小說情節的發展由偶然變為必然，魯迅的思想感情也得到了清晰、充分的表達。我們可以繼續用圖形來進行說明：

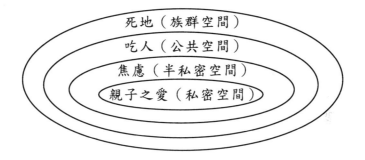

死地（族群空間）
吃人（公共空間）
焦慮（半私密空間）
親子之愛（私密空間）

結合到文本，在小說的第一節，「老栓買藥」散發出無限溫情時，故事發生的場域在「臥室」——它屬於一家庭的「私密空間」。為什麼在私密空間中，「老栓買藥」能夠呈現出溫情的面目？答案有兩個方面：第一，在私密空間，「買藥」的殘忍性得到了掩蓋和忽略（它無法在私密空間中展開）；第二，只有在私密空間中，老栓的愛和善才能得到自然的抒發（這在與之後的對比中很明顯地表現出來）。在小

說的第二節，故事的場域從「臥室」變為「廚房」——它本屬於私密空間，但對於一個「茶館」來說，它又是「公共空間」的一部分，因此可以算作「半私密空間」。「半私密空間」的特點是，它主要是家庭成員的活動空間，但也會有外來者介入這個空間——譬如駝背五少爺。在「半私密空間」裡，由於外來者的介入，「買藥」的殘忍性不可能得到充分掩蓋，因此老栓夫婦「親子之愛」便被警惕和提防所取代，故事由溫情變得焦慮，它開始讓讀者對之前的感受產生懷疑。小說的第三節發生在「茶館」當中，這是一個「公共空間」。在這個空間中，老栓成為其中的一個小角色，在「康大叔」及周圍人物的對話中，「藥」的來龍去脈得到還原，「買藥」在溫情背後的殘忍與冷漠浮現出來，整個故事發生了逆轉。小說的第四節發生在「墳地」，這個將「小栓」和「夏瑜」兩家人納入同一空間的場域，可以用「族群空間」來概括。「族群空間」不屬於社會空間的範疇，它關注的是整個族群的命運，在這個空間中，我們看到的是「死地」——沒有一點生氣和希望。由於這個空間的出現，「買藥」包含的溫情與殘忍都失去了意義，因為它們都無法改變「死地」的最終歸宿。由於「場域」的介入，小說的「揭秘」便不再是作者的主觀行為，而是中國社會本來的面目。

　　同一事物在不同「場域」中的面目會有如此巨大的反差，暴露了中國社會和中國人的「病態」存在——這可能是魯迅最想「揭秘」的地方。這其中最大的悖論在於：「愛」何以成為「惡」存在的理由和基礎？就正常的狀態而言，「愛」（本質是「善」）與「惡」是矛盾的兩級，「愛」是消滅「惡」

的力量，但在《藥》當中，老栓的「親子之愛」卻成為「吃人食物鏈」能夠存在的原動力！問題的癥結，是《藥》當中的「愛」與「惡」存在於不同的空間結構 —— 它們並不在同一空間中相遇，因此無法形成制約的力量。在《藥》中，華老栓的「愛」被擠壓在狹小的私密空間中，他不能也無力將這種「愛」推廣到公共空間；由於公共空間中沒有「愛」的存在，「惡」便成為席捲一切的力量。最終，「愛」與「惡」在不同的空間中合謀，「愛」受制於「惡」並成為後者的動力。當「愛」與「惡」被分割在不同的空間結構中，「人」也被肢解：當人性的善只停留在私密空間，公共空間成為人性中惡的跑馬場，人與動物便無二異。

　　《藥》的結構所呈現的中國社會的問題，在費孝通的「鄉土中國」理論中，可以得到印證和說明。在講到鄉土中國的「差序格局」時，費孝通談到了中國家庭的結構：「以『己』為中心，像石子一般投入水中，和別人所聯繫成的社會關係，不像團體中的分子一般大家立在一個平面上的，而是像水的波紋一般，一圈圈推出去，愈推愈遠，也愈推愈薄。」[42]我們也可以用圖來說明這個問題：

---

42 費孝通：《鄉土中國生育制度》，北京大學出版社，1998年，第27頁。

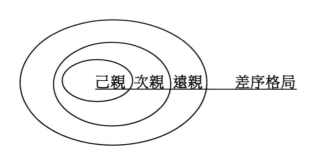

　　這個家庭結構是中國社會最基本的結構形式，它以一「己」為中心，順次延伸建立起社會秩序，人與人之間的關係隨著距「己」的距離變遠而變得更薄。這就能理解，為什麼在《藥》中，隨著「私密空間」向「公共空間」逐步推進，人與人之間的關係發生改變 ── 甚至逆轉 ── 的原因：在兩個不同的空間裡，華老栓和周圍人的關係存在著巨大的差異。根據這個圖，我們也能理解為什麼華老栓的「愛」會轉變成「惡」，因為華老栓的「愛」是建立在一己之私上，他愛小栓在根本上並不是從小栓出發，而是為了即將老無所依的自己。從這個角度來說，華老栓的「愛」和夏三爺的「惡」在本質上是一致的，兩者在不同的語境下，完全可能發生調換。

　　以一己之私為中心建構的社會，不可能出現平等的「公共空間」，這使得中國傳統社會中的人類情感缺乏了公共性和博大性，個人的「愛」可能變成別人的「惡」；個人的「喜」可能變成別人的「悲」，人與人之間的交往被殘酷的生存法則支配。更為可悲的是，由於缺乏「公共空間」，想要改變這種社會結構的個體變得十分困難，因為大家沒有任何可以正常交流的基礎和管道，這便是魯迅所說的「無物之陣」或

「鐵屋子」：它在小說裡是夏瑜的悲劇，在小說外是魯迅的悲劇。可以說，正是通過「揭秘」的結構，小說悲劇性得到了最大的呈現。

# 結　語

行文至此，我們有必要對魯迅在五四時期的個人姿態進行分析和定位。一直以來，魯迅參與五四新文化運動的心態問題，研究界沒有給出令人信服的說法。在《吶喊・自序》中，魯迅講述自己創作《吶喊》的動機，使用了「不能全忘卻」的「夢」[43]的解釋，這個解釋的矛盾之處不難被發現：「夢」系虛幻之物，「不能忘卻的夢」依然是虛幻之物 —— 既知是虛幻之物，又何來參與的動機呢？之後他用「鐵屋子」的比喻講述自己參與新文化運動的態度，其中的內在矛盾也十分明顯：「鐵屋子」的寓言實際已經明確地回絕了「金心異」（錢玄同）—— 魯迅並不認為鐵屋子有摧毀的希望 —— 之後卻又同意寫文章。其中的道理做何解呢？當然，我們可以將魯迅此時的創作理解為「聽將令」，但這也是靠不住腳的說法：「聽將令」的表現形式是「曲筆」，而「曲筆」不過是魯迅小說中可有可無、無傷大雅的一些細節。

正如對《藥》的解讀和接受，學術界對這一問題呈現出「兩極化」的走向：先是認為魯迅參與了「啟蒙」，後又認為魯迅在「質疑啟蒙」。兩種說法都有理由，又都有站不住

---

43 魯迅：《吶喊・自序》，《魯迅全集》（第一卷），人民文學出版社，1981年，第415頁。

腳的地方。其實，問題的癥結在於學界將五四新文化運動所進行的文化活動與「啟蒙」混為一談。這裡面有兩個問題站不住腳：首先，五四新文化運動是一個十分複雜的文化運動，其中個體的差異性很大，用一種潮流來概括其全部特徵並不科學；其次，五四新文化運動中出現的啟蒙運動，更確切地說是一種啟蒙方式，並不能包含「啟蒙」的全部內涵。所以，當學界將魯迅定位成「認同啟蒙」或「質疑啟蒙」時，其實是簡單用魯迅與五四「同人」的距離，來定義他對「啟蒙」及其這場文化運動的態度。

　　確切地講，魯迅從來沒有懷疑過「啟蒙」和「新文化運動」的必要性，我覺得這是他最終接受錢玄同邀請的根本。他用「鐵屋子」的比喻來質疑新文化運動，只是在質疑新文化運動普遍採取的方式是否奏效，將其落實到「啟蒙」話語中，他關注的問題是：「怎樣啟蒙？」應該說，在五四新文化運動普遍採取的啟蒙方式中思考「怎樣啟蒙」，才是魯迅獨特的姿態所在。其實，「怎樣啟蒙」也是一種「啟蒙」，今天的讀者，當我們讀到魯迅筆下「啟蒙」無法實現的痛苦和絕望時，反思的便是：「為什麼啟蒙無法完成？」而當我們認識到背後的種種問題，對歷史和當下都會產生深深的思考 —— 這難道不是一種「啟蒙」？今天的讀者是這樣，歷史上的讀者也是這樣，只是這樣的啟蒙不如想像般那樣酣暢淋漓，但啟蒙或許本來就不是一蹴而就、電光雷鳴般的啟蒙。要麼就不是啟蒙，要麼就把人帶入新的迷途。

# 第十三章　「殘春」體驗與《女神》時期的郭沫若

　　《女神》時期的郭沫若，創作中表現出的諸多特徵都難以用創造社「類」的體驗來解釋，譬如他在「自我表現」旗幟下對自我直接表現的有意無意的規避；在創造社文學普遍頹廢、感傷中表現出的亢奮與陽剛；在一般創造社成員糾纏於「死亡」體驗時對「重生」的大膽設想。要解釋這些現象，必須回到郭沫若的個體體驗，而這與他的「殘春」體驗有著密切的聯繫。

## 一、「殘春」體驗

　　郭沫若早期小說創作中，有一篇非常有意思的作品叫作《殘春》。小說講述一個在日本結婚生子的中國留學生 —— 愛牟的生存狀態和情感奇遇，他愛上純潔善良的看護婦 S 小姐，但結婚生子的事實卻成為他尋愛之旅的羈絆，這幻化在潛意識中，就出現髮妻殺子的噩夢。這是一篇側重挖掘人的潛意識的心理小說。在表面看，它主要表現個人情欲與家庭倫理的矛盾，然而如果我們認真品讀小說的細節，愛牟的內

心衝突並不僅止於情欲與婚姻，它更是一種身份的錯位與糾纏：雖然愛牟已經為人夫、為人父，但在潛意識裡，他更願意做一個無拘無束、無牽無掛的青年學生。愛牟的這種心理特徵，在他與小說的另兩位主角——同學賀君和白羊君的交往細節中折射了出來，這也是我們重新理解這篇小說的突破口。小說中，愛牟在聽到賀君奇異的跳海之舉後，有一段有趣的心理獨白：

> ——可憐的賀君！我不知道他為什麼要跳海，跳海的時候，為什麼又要三呼萬歲。那好像在這現實之外有什麼眼不能見的「存在」在誘引他，他好像 Odysseus 聽了 Siren 的歌聲一樣。
>
> ——我和我的女人，今宵的分離，要算是破題兒第一夜了。我的兒子們今晚睡的時候，看見我沒有回家，明朝醒來的時候，又看見我不在屋裡，怕會疑我是被甚麼妖怪捉去了呢。
>
> ——萬一他是死了的時候，那他真是可憐！遠遠來到海外，最終只求得一死！……
>
> ——但是死又有什麼要緊呢？死在國內，死在國外，死在愛人懷中，死在荒天曠野裡，同時閉著眼睛，走到一個未知的世界裡去，那又有甚麼可憐不可憐呢？我將來是想死的時候，我想跳進火山口裡去，怕是最痛快的一個死法。
>
> ——他那悲壯的態度，他那凱旋將軍的態度！不知道他願不願意火葬？我覺得火葬法是最單純，最簡便，

最乾淨的了。

──兒子們怕已經回家了，他們回去，看見一樓空洞，他們會是何等寂寞呢？……[1]

　　這段獨白是愛牟「自我」與「本我」的對話。在「自我」方面，愛牟不能理解賀君的舉動，並時時眷戀著家庭；而在「本我」方面，愛牟不僅理解賀君，還羨慕（乃至崇拜）他可以無所顧忌地選擇死亡乃至死亡方式──家庭在此時對愛牟來講便成了拖累。連一個輕生的人都感到羨慕，可見愛牟對無牽無掛的自由生活是何等嚮往。

　　愛牟對白羊君的感受同樣充滿了糾結。從「白羊君」的稱呼，可以看出愛牟對他的鄙夷。在愛牟看來：這個人長相醜陋，不通世故，誇誇其談──一無是處。但正是這樣一個人，卻讓愛牟十分妒忌乃至默默與之較勁，因為在面對S小姐時，白羊君佔據了絕對的優勢：他可以大膽談論他的情感並可以公開追求，而愛牟卻只能偷偷地愛慕暗自地表白。這種複雜的情感可以反映愛牟的生存體驗和情感傾向。

　　從小說的情節發展看，賀君和白羊君的介入是愛牟「春夢」的直接動因，這包含形式和內容兩個方面：在形式上，賀君和白羊君出現的情節，是愛牟認識S小姐並產生愛慕之情的推動力；在內容上，賀君和白羊君對愛牟在生活方式上的衝擊，讓他未曾泯滅的青春氣息又煥發了出來。所以，《殘春》表面上是情欲與婚姻的衝突，實質卻是愛牟與賀君、白

---

1 郭沫若：《殘春》，《郭沫若全集》（文學編・第9卷），人民文學出版社，1985年，第23-24頁。

羊君之間的「身份」博弈；表面是一場殘破的春夢、一次夭折的婚外情，實質卻是愛牟對自己殘破青春的懊惱，殘餘青春的眷戀。

作為一篇「自敘傳」小說，愛牟的「殘春」體驗可以認為是《女神》時期郭沫若的情感體驗，這也是他與一般創造社成員不一樣的青春體驗。總體來說，創造社成員的青春幾乎都可以用「殘酷青春」來形容：他們在春心勃發的時候都經歷傳統婚姻的負累，在年少氣盛的時候都經歷了弱國子民的屈辱。然而，對於郁達夫、張資平、成方吾等人來說，無論他們如何「殘酷」，他們都擁有相對完整的青春體驗，沒有人規定青春一定要擁有愛情，青春便一定是雄姿英發 —— 而對於郭沫若來說，他的青春是殘破的青春，是不完整的青春。

作為一個具有鮮明心理、生理特徵的人生階段，青春體驗是雙向的過程：它既是在生活中體驗青春，又是用青春體驗生活 —— 唯有如此，才構成了一個完整的青春體驗。從年齡上來說，到達日本留學的創造社成員多已處於「後青春時代」，他們之所以在日本後煥發了青春，是因為異域的繁華與開放給予了他們用青春體驗生活的機會。也正是如此，他們對於傳統婚姻的負累、弱國子民的屈辱表現得異常敏感，因為這些因素阻礙了他們正常用青春體驗生活。郭沫若的青春體驗也是在日本開啟的，他曾經為包辦婚姻喪失了童貞而痛心疾首，為獲得「安娜」的愛情感到驚奇而癲狂，然而他不曾意料的是，過早受到愛神的垂青並結婚生子，同樣可以終止他用青春體驗生活的機會。與其他創造社成員在作品和回憶錄中暢談青春期充滿肉欲的迷茫與苦惱不同，郭沫若在

日本時期的記憶，除了短暫愛情的歡悅，便是不堪家庭重負的一地雞毛。

　　不管是在回憶錄中還是在其書信和小說中，《女神》時期的郭沫若對於家庭帶來種種重負，都有一種猝不及防的感覺：他不曾意料到因為娶了日本妻子，而在留學生中背上「漢奸」的名聲[2]；不曾意料到結婚生子後經濟生活會如此困窘；更不曾預料到，因為家庭個人的自由幾乎遭遇到毀滅性的破壞。《殘春》中有一段愛牟和白羊君坐火車前往門司時的細節描寫：

> 車開時，大的一個兒子，要想跟我同去，便號哭起來，兩隻腳兒在月臺上蹴著如像踏水車一般。我便跳下車去，抱著他接吻了一回，又跳上車去。車已經開遠了，母子三人的身影還佇立在月臺上不動。我向著他們不知道揮了多少回數的手，等到火車轉了一個大彎，他們的影子才看不見了。[3]

　　兒子的撒潑、家庭的眷戀，在郭沫若的敘述中，全然感受不到親情的溫馨，反而是一種無形的壓力：他困倦於如此煩瑣的道別，因此只有在「他們的影子才看不見了」時，才如釋重負。這時反觀白羊君：「我回頭過來，看見白羊君脫

---

2 郭沫若：《創造十年》，《郭沫若全集》（文學編・第 12 卷），人民文學出版社，1992 年，第 39-40 頁。

3 郭沫若：《殘春》，《郭沫若全集》（文學編・第 9 卷），人民文學出版社，1985 年，第 23 頁。

帽在手，還在向車站方面揮舞，我禁不住想起了賀君跳海的光景來。」[4]白羊君不知疲倦的揮手，在「我」看來純粹是少年不知愁滋味，但這更顯現出他和賀君的瀟灑、自由的生活，沒有牽掛。

對家庭生活的猝不及防是郭沫若「殘春」體驗的根源：他對家庭生活的選擇猝不及防，正說明這不是理性成熟的選擇結果，而是因為青春衝動而出現的意外；他雖然意識到結婚生子意味著成年的開始，但對無拘無束的青春生活依然心有戚戚，意猶未盡。其實，對於充滿叛逆精神的郭沫若來說，家庭倫理並不能對他真正產生束縛，雖然已經有過傳統婚姻，但他並沒有太多太長的苦惱，而與安娜的婚姻是他自由戀愛、自己選擇的結果，這對他來說猶如自己品嘗自己釀造的苦酒，雖然猝不及防，但也只能默默品嘗 —— 這也是他「殘春」體驗形成的根本原因。

## 二、雙重身份與「自我表現」的艱難

創造社將「自我表現」作為文學創作的主要方法，緣於他們在日本時期淤積的複雜情感，而其中的主要部分則是他們的青春體驗。創造社主要成員都是「日本『成金』時代」[5]的留學生，這一時期的日本，資本主義經濟蓬勃發展，社會

---

4 同上。
5 借用李怡著《日本體驗與中國現代文學的發生》（北京大學出版社，2009年）中的概念，「成金」（narikin）出自郭沫若《創造十年》。（《郭沫若全集》〈文學編·第12卷〉，人民文學出版社，1992年，第43頁）。

風氣日漸開放，整個社會都沉浸在樂觀和欲望的海洋中，這種現實對這些青年留學生產生深深衝擊。對中國現代作家「日本體驗」有著深刻見解的李怡教授指出，日本「成金」時代的文化對中國留學生的衝擊包含了兩個方面：一方面是日本文化對中國留學生投射，另一方面則是他們對這種文化的「反應」和「調整」。在投射方面，日本近代文化的發展必然解放了中國青年身上的諸多枷鎖，讓他們理解到青春的豐富內涵；而在反應反面，這些後發達國家的青年「越是物質性的誘惑，越是精神勃發的刺激，倒越是造成了自我的壓抑與緊張，他們不是『順應』這奔騰時代昂揚而行了，而是他者的昂揚與奔騰反過來處處揭示了自身的猥瑣、弱小與滯笨」。[6]這些淤積的青春困惑與苦悶、焦灼與感傷，都需要傾訴。

然而，學界在重視創造社「自我表現」的「內發性」根源的時候，往往忽略了這種表達需要的「外發性」因素。換句話說，以赤裸裸的自我作為文學表現的內容，不僅需要表現者的內在衝動，還需要獲得這種表達的合法性語境：青春時期的性壓抑、性苦悶並不是現代社會獨有的現象，但只有在現代社會，郁達夫的《沉淪》才可能成為文學的經典。這不能不提到日本近代文化興起以及五四新文化運動對於創造社「自我表現」的意義。研究界很早就注意到創造社「自我表現」的小說與日本「私小說」的聯繫，這也正說明，早期創造社成員在進行「自我表達」前已經意識到這種表達的合法性：日本近代文化讓他們意識到青春心理的合法性，「私

---

6 李怡：《日本體驗與中國現代文學的發生》，北京大學出版社，2009年，第174頁。

小說」讓他們意識到表達這種心理的合法性，而新文化運動
更昇華和擴大了這種表達的意義和影響。正是在「自我表達」
的合法性上，郭沫若遭遇了身份的困境。

　　與其他創造社成員的日本體驗等同于青春體驗不同，郭
沫若的日本體驗與他的家庭體驗不可分割地糾纏在一起。我
們可以將其他創造社成員與郭沫若的日本體驗方式做一比較：

青春體驗

其他成員的日本體驗方式：　個人←————→社會

青春體驗

青春體驗　　倫理體驗

郭沫若的日本體驗方式：個人←——→家庭←——→社

倫理體驗　　青春體驗

　　整體說來，其他創造社成員的日本體驗雖然內容豐富，
但形式卻十分簡單，那便是青春欲望的實現與破滅。他們在
日本時期感受到的青春期的苦悶、壓抑、焦躁與反叛，弱國
子民的屈辱與感傷，生存困境的掙扎與無助，都能完整地包
含在個人青春體驗當中。郭沫若則不然，他的日本體驗不僅
內容豐富，形式也十分複雜，他不是以個人形式直接感知社
會，而是經過了家庭的仲介。這樣，郭沫若的日本體驗就分
成了多個層次，也可以有多種解讀的可能。

　　首先，就郭沫若日本體驗的內容而言，雖然在本質上與
其他創造社成員的感受並無二致，但構成顯然要複雜得多，

它至少包含了兩個方面：一是個人與家庭的衝突，譬如個人
殘餘的青春心理與家庭倫理的糾纏與博弈，個人經濟能力與
家庭巨大開支的強烈落差等等；一是作為家庭角色感受到的
個人與社會的衝突，譬如民族歧視對家庭的影響，日本經濟
蓬勃發展對家庭的壓力等等。其次，就其兩極體驗的關係而
言，兩者參差交錯、相互加深：個人與家庭的衝突讓郭沫若
急於從家庭中脫身而出，家庭與社會的衝突又讓他難以逃避
家庭的責任，難以逃避家庭責任又逆向增加了郭沫若的痛苦
和苦悶。郭沫若在 1919 年創作的一首舊體詩《春寒》，頗能
說明他的這種複雜糾纏的情感：

> 淒淒春日寒，/中情慘不歡。/隱憂難可名，/對兒強
> 破顏。/兒病依懷抱，/咿咿未能談。/妻容如敗草，/
> 澣衣井之闌。/蘊淚望長空，/愁雲正漫漫。/欲飛無
> 羽翼，/欲死身如癱。/我誤汝等耳，/心如萬箭穿。[7]

　　詩歌中表現的情景是郭沫若在日本時期生活的一個剪
影：年幼的孩子生病需要照顧，曾經面露聖光的安娜在生活
的折磨下面如敗草，自己雖有展翅翱翔的願望和理想，但只
能為了生存苦苦掙扎。這樣的場景，不正如現實生活中的「春
寒」？這本是一個陽光燦爛、百花盛開的季節，為什麼卻如
此寒冷，如此淒然？詩歌結尾一句，更是耐人尋味：「我誤
汝等耳，心如萬箭穿。」「我誤」可謂包含了萬般思緒，對

---

[7] 郭沫若：《三葉集‧郭沫若至宗白華》，《郭沫若全集》（文學編‧15
　卷），人民文學出版社，1990 年，第 17 頁。

一個並沒有對家庭產生直接傷害的人來說，「我誤」與「誤我」是相輔相成的，如果沒有「誤我」的感受，又何生出「我誤」的情感？只能說，郭沫若厭倦了眼前的這一切，但這一切的形成與自己又有著直接關聯，所以他才要自我譴責，自我懺悔。也只有這樣理解，我們才能感受到那句「隱憂難可名」。

可以說，正是由於家庭因素的出現，郭沫若在女神時期感受到的苦悶、壓抑與焦慮比其他創造社成員要強烈得多，但這種痛苦卻無法赤裸裸地表現出來，因為它要經受家庭倫理的束縛：作為一個「丈夫」和「父親」，郭沫若能夠將因為家庭或者摻雜家庭感受的苦悶直接表達出來嗎？

郭沫若因「身份」而出現的表達困境，在其《女神》時期創作的小說中表現十分明顯。在這些小說中，我們能夠強烈感受到主人公遭遇了「理智/情感」「個人/家庭」之間的衝突，而最終主人公的理智都戰勝了情感，他們或自覺回歸或無聲默認了家庭的角色 —— 這也是典型的「《殘春》式結構」。小說《鼠災》描寫了留學生平甫因冬衣被老鼠毀壞後發生的場景，平甫對於妻子的失責與失責後惺惺作態十分不滿，「他看了一句口也不開，默默地走到他書桌旁 —— 日本式的書桌其高不過尺五 —— 展開 my childhood 便讀，只是他的心裡呀，卻包藏著一座火山，冒著火，煙霧層層地在動亂」[8]。但最終他還是默默地接受了這一現實，在妻子召喚吃飯的聲音中又回到正常的家庭秩序中。《未央》描寫主人公愛牟為孩子深夜哭鬧所累的慘痛遭遇，雖然孩子天天如是、晚晚

---

8 郭沫若：《鼠災》，《郭沫若全集》（文學編·第9卷），人民文學出版社，1985年，第16頁。

如是,「自己就好像沉沒在個無明無夜的漆黑的深淵裡一樣」[9],但想到孩子是因為營養不良、受日本同伴欺負才變成這樣,也只能接受這個現實。《月蝕》和《聖者》都是描寫一個「父親」的自我懺悔,雖然其中不乏對個人苦悶的抒發,但「懺悔」也讓主人公堅定地回到「父親」的身份上。

然而,雖然為了表達的合法性,主人公的理智最終戰勝了情感,並最終回歸到家庭的角色,但他們內心的苦悶和煩鬱卻並沒有得到排泄或化解,它們猶如暫時被封堵的火山,煙霧滾滾,岩漿洶湧。

在我們的印象中,郭沫若似乎具有天生的詩人氣質,《女神》時期他並沒有感受到表達的困境,在詩歌中,在具有類詩劇性質的歷史劇中,他迸發的激情如開閘洪水,脫韁野馬,奔騰而出,沒有遇到任何阻障。相反,在其他創造社成員的作品中,我們反而能夠感受到一些表達的「澀」意。出現這種現象,我們只能從《女神》的詩歌特徵中尋找原因。不管是在五四還是在今天看來,《女神》都有太多令人驚異的地方:其洶湧澎湃以至有些癲狂的詩情,天馬行空「絕端自由」的想像方式,不僅在中國傳統詩歌中難以看到,即使在世界文學中也極具個性。然而現實中的郭沫若真的進入了藐視一切俗常的癲狂了嗎?從他的小說、自傳看來並不是如此:他還在為「入世無門出未可」[10]而痛苦,為難以逃避的家庭責

---

9 郭沫若:《未央》,《郭沫若全集》(文學編・第 9 卷),人民文學出版社,1985 年,第 40 頁。
10 郭沫若:《聖者》,《郭沫若全集》(文學編・第 9 卷),人民文學出版社,1985 年,第 62 頁。

任而苦苦掙扎，為留學生同學自由瀟灑的個人生活而生出嫉妒。可以說，現實生活中的郭沫若不僅沒有癲狂，反而異常理性；不僅沒有絕端的自由，反而是處處不自由，如果按照佛洛德的「投射」原理，郭沫若是用文學來補償現實的缺陷，但他的詩歌中連現實生活中自我撕扯的影子都沒有。

唯一的解釋，是郭沫若將欲望化的「本我」與現實中的「自我」徹底分離。在詩歌中，他徹底拋棄了現實生活中撕扯的情感，直接傾瀉內心被壓抑的欲望，因此進入到「絕端自由」的狀態。在現實生活中，一個人怎樣才能達到將現實中的「自我」直接拋棄，直接進入欲望表達的狀態呢？那便是欲哭無淚，欲訴無門 ── 這也正是郭沫若感受到的自我表達的困境，其身份的糾纏難以讓他暢快地表達自己的情感，只能將現實的自我忽略，進入到「無身份」的表達當中。

對郭沫若而言，詩歌便是「無身份」的表達，除了這種文體本身可以最大可能地隱藏創作者的真實身份，其詩學思想也都是為這種表達方式服務。他推崇柏格森的生命 ── 直覺說，強調詩歌是情感的直接傾瀉；他承認受到惠特曼《草葉集》的影響，排除了一切阻礙自由表達的障礙；他喜歡泰戈爾具有超越精神的「自然之歌」，認為詩人應該具有最純淨的靈魂；他喜歡雪萊、海涅、歌德等浪漫主義詩人的詩歌，深受他們主觀化表達方式的影響。郭沫若在接受這些思想時，汲取的都是能夠解放自我欲望、能夠擺脫現實糾纏的有利部分，「生命 ── 直覺」引發意識流動的糾纏與煩瑣，惠特曼及浪漫主義詩人作品在自由奔放中體現的清晰個人意志，泰戈爾「自然之歌」中表現的宗教色彩和哲學之思，在

郭沫若的詩歌中都看不到。《女神》中的詩歌只是郭沫若一個個如閃電般的欲望碎片，這些碎片有重疊之處，也有齟齬之處，但這都不會影響郭沫若的表達，因為這是「無身份」表達無從感知的狀況。

與詩歌中的「無身份」表達略有不同，郭沫若充滿激情的歷史劇採用了「借身份」表達方式，通過「屈原」「三個叛逆的女性」「孤竹君之二子」，郭沫若也將自我被壓抑的情感暴露了出來。應該說，相比詩歌，郭沫若在歷史劇中表達的自我更加完整，它不僅有欲望的噴射，也有壓抑的共鳴，但寄生在古人的軀殼內表達自我，與在家庭糾纏中被壓抑的自我一樣，都是「殘春」體驗的外化。

## 三、「殘春」的綿延：「重生」與「創造」

《鳳凰涅槃》是《女神》中最經典、最有影響力的作品之一。在這篇作品中，郭沫若通過神話中浴火更生的鳳凰，表達了民族需要更生、自我需要更生的強烈願望。「更生」意味著「重生」，作為一種生命體驗的外化，它與創造社其他成員在作品中表現出的強烈死亡欲求形成鮮明差別；畢竟「死亡」表現出的是對生命的終結，而「重生」表現出的是對生命的更新。

創造社成員的早期作品中籠罩著一層濃厚的死亡氣息。郁達夫《沉淪》《銀灰色的死》中的主人公，生活在極度苦悶和壓抑中，對生命的感受便是生不如死：「若有一個美人，能理解我的苦楚，她要我死，我也肯的。若有一個婦人，無

論她是美是醜，能真心真意的愛我，我也願意為她死的。」[11]
他們最終的出路，也只能走向死亡。田漢早期劇作《獲虎之
夜》中的黃大傻，因為愛情受到戀人家庭的困擾而痛不欲生，
當他中槍後有幸向戀人表達心跡，他說：「我只望那一槍把
我打死了倒好，免得再受苦了，沒想到還能活著見蓮姑娘一
面，我挨這一槍也值得，死也死得過了。」[12]，上海現代書
局，1933 年。他最終為了愛情自殺身亡。郭沫若也有大量表
現死亡的作品，他的《勝利的死》，在歌頌愛爾蘭獨立軍領
袖馬克司威尼的同時，也歌頌了死亡：「悲壯的死喲！/金光
燦爛的死喲！/凱旋同等的死喲！/勝利的死喲//兼愛無私的
死神！我感謝你喲！你把我敬愛無暨的馬克司威尼早早救
了！」[13]在詩人的感受裡，死亡並不可怕，反而是一件令人
嚮往的事情。他的《死》更是將死亡比喻成情郎：「嗳！/
要得真正的解脫嚇，/還是除非死/死！/我要幾時才能見你？/
你譬比是我的情郎，/我譬比是個年輕的處子。/我心兒很想
見你，/我心兒又有些怕你。/我心愛的死！/我到底幾時才能
見你？」[14]。除此之外，郭沫若還有《死的誘惑》《尋死》
等直接以死亡為主題的詩歌，在他的小說裡，也有大量關於
死亡的情感抒發——《殘春》中愛牟關於賀君跳海引發的心

11 郁達夫：《沉淪》，《郁達夫文集》（第 1 卷），花城出版社、三聯書
　店香港分店，1982 年，第 25 頁。
12 田漢：《獲虎之夜》，《田漢戲曲集》（第 2 集）
13 郭沫若：《勝利的死》，《〈女神〉及佚詩》，人民文學出版社，2008
　年，第 102 頁。
14 郭沫若：《死》，《〈女神〉及佚詩》，人民文學出版社，2008 年，第
　107 頁

理獨白便是一個例子。

　　總體而言，創造社成員對「死」的鍾愛，與他們在日本時期感受到的極端苦悶、生不如死有直接關聯。但是，就他們需求死亡體驗的動機上，郭沫若與其他創造社成員又略有不同，我們可以通過郭沫若與郁達夫的對比來認識這一問題。

　　郁達夫作品中主人公尋求死亡的動機比較單純也比較確定，那便是現實生活太過苦悶，太過煎熬，如果再進一步追溯這種痛苦的根源，就不能不與他們的青春體驗聯繫起來。郁達夫小說中的主人公多是「青年抑鬱者」，他們異常敏感、思緒繁多，而且都是感情豐富的文學青年。他們渴望神聖的愛情，但受中國傳統文化心理的束縛，又因為「弱國子民」的自卑感，只能任由她們投入別人的懷抱。不能獲得愛情的滋潤，又飽受青春情欲的煎熬，如此反復，死亡便成了「殘酷青春」的解脫。如果將郁達夫小說主人公的人生選擇視為其本人的人生態度，死亡對他便是對青春體驗的終結，他不願在如此殘酷的青春中多做逗留。

　　相比而言，郭沫若對「死亡體驗」的態度顯然要豐富得多。在《勝利的死》中他歌頌死亡，那是因為死亡代表了一種價值、一種永恆，這頗有裴多菲「生命誠可貴，愛情價更高，若為自由故，二者皆可拋」的意味。在郭沫若看來，「死亡」是一種崇高人生的完成形式，他的這種思想在《孤竹君之二子》中也體現了出來。在《死》《死的誘惑》《尋死》中，郭沫若顯然有調侃「死亡」的意味，無論「死亡」是「情郎」或「微笑的誘惑」，對「我」產生誘惑，但都不是「我」必然的歸宿。相反，在郭沫若調侃的語氣中，我們能夠感受

他對於死亡的鄙夷：雖然它能夠解脫人生的苦惱，但那不過是懦弱者的行為；雖然它對「我」產生誘惑，但「我」回之以不屑的調侃。在《漂流三部曲》中，愛牟也有過與《沉淪》主人公類似的表達：「去喲！去喲/死向海外去喲！/家國也不要，/事業也不要，/我只要做一個殉情的乞兒，/任人們罵我是禽獸，/我也死心塌地地甘受。」[15]但愛牟在做這番表述時，並沒有經歷愛情失敗、情欲膨脹的煎熬，它不過是借此表達一種青春的世界觀而已。

郭沫若真正有死亡欲求的表現很少。在小說《聖者》中，主人公愛牟面對回國後困窘的現實，禁不住對家庭——特別是對孩子表現出愧疚之情：

> 他像屠格涅甫的許多小說中的主人公一樣，自己很想在現實世界裡做一番犧牲，但又時常懷疑，結局終將引到虛無中去了。他想自殺也不知道想過多少回，但他並不是因為失戀，也不是因為悲觀，他是想借此解決他內心中的煩擾。[16]

在這裡，郭沫若明確指出愛牟想要自殺的原因不是因為失戀和悲觀（這正是郁達夫主人公尋求死亡的原因），而是想解決內心中的煩擾。這些「煩擾」包含些什麼呢？從其前

---

15 郭沫若：《漂流三部曲》，《郭沫若全集》（文學編・第9卷），人民文學出版社，1985年，第272頁。
16 郭沫若：《聖者》，《郭沫若全集》（文學編・第9卷），人民文學出版社，1985年，第62頁。

文可以看出：那是難以消磨的雄心壯志，那是不能擺脫的家庭責任，正是這兩者讓郭沫若感到矛盾和痛苦。但從「想自殺也不知道想過多少回」可以看出，他即便有死亡的衝動，但對於是否要採取行動還心存猶豫 —— 說白了，他對於「生」還有一絲眷戀和希望。

郭沫若在給宗白華的信中，也談到過自己的死亡欲求，他說：

> 我的過去若不全盤吐瀉淨盡，我的將來終竟是被一團陰影裹著，莫有開展的希望。我罪惡的負擔，若不早卸個乾淨，我可憐的靈魂終久困頓在淚海裡，莫有超脫的一日。我從前對於我自己的解決方法，只覷定著一個「死」。[17]

在這段話中，郭沫若「陰影」的過去、「罪惡的負擔」究竟包含哪些內容呢？從《三葉集》郭沫若給田漢的信中可以看到：

> 我的罪惡如僅只是破壞了戀愛的神聖 —— 直截了當的說時，如僅只是苟合！那我也不至於過於自譴。只是我還有件說不出來的痛苦，我在民國二年時，我的父母早已替我解了婚，我的童貞早是自行破壞的了！我結了婚之後，不久便出了門，民國三年正月，便來在

---

17 郭沫若：《三葉集・郭沫若至宗白華》，《郭沫若全集》（文學編・第15卷），人民文學出版社，1990年，第46頁。

> 日本。我心中的一種無限大的缺陷，早已無可補置的
> 餘地的了！不料我才遇到了我安娜。我同他初交的時
> 候，我是結了婚的人，她是知道的。我也才仗恃著我
> 結了婚的人，所以敢於與她同居。唉！我終竟害了
> 她！以下的事情，我無容再說了。[18]

這其中的「罪惡」和「陰影」，歸根結底只有一點，那便是郭沫若對自己不能獲得「戀愛的神聖」而感到終身遺憾，真是因為這一點，他無論如何對待安娜都是一種罪惡。這頗有點「原罪」的意味，不過對於「原罪」，死並不是一個必然的解決途徑。

綜合郭沫若真正產生死亡欲求的動機，無論是出於壯志未酬、家庭煩擾，還是「原罪」，都是出於一種遺憾，而這些遺憾因素的共同本質便是青春的殘缺。對於人生的殘缺和遺憾，正常的人都不會草率地選擇死亡和終結，因為那不過是懦弱者的行為，也正是如此，郭沫若雖然喜歡談論死亡，幾乎都沒有產生過真實的死亡衝動，甚至在很多時候還帶著譏諷和不屑。

對待「殘缺」的正常態度是「補償」，對郭沫若而言，這便是「創造」和「重生」。郭沫若的「創造」與「重生」緊密地聯繫在一起，他在創造中「重生」，又在重生中「創造」。在《鳳凰涅槃》中，他用「創造」讓浴火更生後的鳳凰首先恢復了「青春」——「光明」「新鮮」「華美」「芬

---

18 郭沫若：《三葉集·郭沫若至田漢》，《郭沫若全集》（文學編·第 15
　卷），人民文學出版社，1990 年，第 43 頁。

芳」「和諧」「歡樂」「熱誠」「雄渾」「生動」「自由」
「恍惚」「神秘」「悠久」和「歡唱」構成的，不正是郭沫
若理想中的青春嗎？它有著偉大（雄渾、悠久），包含著聖
潔（華美、芬芳、光明），充滿了朝氣（歡樂、熱誠、生動、
自由、歡唱），還透露出處子般的好奇（恍惚、神秘）。同
樣，「重生」後的鳳凰用「青春的旋律」又開始了新的「創
造」：

> 我們更生了！/我們更生了/一切的一，更生了！/一的
> 一切，更生了！/我們便是「他」，他們便是我！/我
> 中也有你！你中也有我！/我便是你！/你便是我！/火
> 便是凰！/鳳便是火！/翱翔！翱翔！/歡唱！歡唱！郭
> 沫若：《鳳凰涅》，《〈女神〉及佚詩》，人民文學
> 出版社，2008 年，第 39-40 頁。

　　在哲學上，郭沫若的「創造」與「重生」受到了柏格森
「生之哲學」的影響[19]，而在生命體驗中，這則是郭沫若「殘
春」體驗的綿延。人生只有一次，青春的殘缺只能是「永遠
的殘春」，所以在郭沫若的一生中，他不但在創造「重生」，
而後在重生中再進行新的「創造」。每一次「重生」，郭沫
若似乎又一次煥發出青春的活力，這些活力洋溢在他的學術
研究、政治活動和文學創作之中，他的青春活力似乎與年齡
的增長沒有關係。有研究者認為郭沫若是一個具有「青春型」

---

19 見郭沫若：《三葉集·郭沫若至宗白華》，《郭沫若全集》（文學編·第
　　15 卷），人民文學出版社，1990 年，第 40 頁。

文化品格的人[20]，其實這種「青春氣質」不過是其殘缺青春的無限綿延而已。

---

20 見黃侯興：《論郭沫若的「青春型」的文化品格》，《文學評論》，1992年5期。

# 後　記

　　寫完一本書之後，一定有很多想說的話 —— 這其實是個假設。我寫完一本書，常常會覺得有很多遺憾，比如有些該表達的內容沒有表達，有些表達不是十分妥帖等等，但那屬於寫作 —— 或者說研究的餘緒，遺憾的化解只能通過新的研究來完成。當我將這些餘緒暫時擱置起來，徹底從一本書的寫作狀態中走出來，常常感到的是空虛。

　　空虛的原因很簡單：書的讀者是誰？我不是很清楚。關於當代學術作品的讀者，有很多笑話，比如：一篇論文的讀者一般只有兩個，發表雜誌的編輯和作者本人 —— 收到雜誌後，熱愛學術的讀者會重讀一遍；一本學術著作的讀者，決定於作者送書的範圍，而在許多舊書攤上，常常會看到簽送的圖書 —— 被送的人還不一定成了讀者。這種狀況，朝「雅」處想想，有點類似周氏兄弟翻譯的《域外小說集》的命運，曲高總會和寡，魯迅先生不也曾經抱怨過「寂寞」嗎？想開點，這是學術寫作的宿命，雖然古往今來、國內國外不乏一些學術明星，也會製造學術作品洛陽紙貴的神話，但學術作品的主要讀者必定是少數「圈內人」，學術也必定是少數人的遊戲。想到這些，理應釋然，但這種「阿 Q 精神」漸漸也難以奏效了！

　　聯想魯迅，攀附海內外的那些著名學者，難以自欺的坎兒，是作為學者的精英感喪失了。這可能不是全部學者的感受，但至少是一大批所謂「青椒（青年教師）」的現實境遇。「精英感」在當下中國並不是一個好詞兒，常常會和造作、功利、不切實際聯繫在一起，但對於學者來說，它卻是必不可少的一種感覺。記得一位從事敦煌學研究的學者自述，面對浩瀚的敦煌文獻，在精疲力竭的時候，文獻包含的宗教情懷，是他最大的慰藉，是他能夠平心靜氣、繼續前行的動力。這位學者的自述，讓我聯想到西藏的刻經人，這些人終其一生在石頭上刻寫經文，沒有高僧的頭銜，甚至難說深刻理解所刻經文的含義，但他們願意為之付諸全部的人生。支撐他們的動力，只會是宗教在他們心目中的神聖感，因為篤信，所以能夠甘於寂寞。我所說的精英感，便是俗世中的神聖感。

　　有人也將學術當成一種宗教，如同一些藝術家將藝術視為宗教，所以便有了所謂「學術操守」「學術信仰」的說法。但學術終究不是宗教，它並不是人類最根本的需要，它的價值只有通過社會系統才能實現。所以即使最「為學術而學術」的學者，也不能回避對自身工作意義的質疑，回避在某種程度上便是自欺：你可以說別人還不能理解你所從事工作的意義，但不能說它根本不需要質詢。正是在這個意義上，才能理解那位敦煌學學者用宗教 —— 而非學術本身 —— 作為精神慰藉的事實，學術從來都不是獨立的。

　　與前代學者相比，我所屬的這一代學者，在開始走向學術之路時，不斷感受到的便是學術自身意義的危機。前代學者，在他們的學術論著或學術隨筆中，能夠強烈感受到學術

之外的價值和意義，它們或者是民族情懷，或者是啟蒙理想，無論哪種都讓他們的著作、言論底氣十足、充滿力量。王富仁教授曾經將論文寫作的要訣概括為「理直氣壯」四個字，說只有「理」首先「直」了，文章的「氣」自然會「壯」，他這麼說，大概與現代文學和魯迅在一個時期成為「顯學」有重大關聯，如果學術本身的意義都受到質疑，理難直，氣也難壯。

之所以在這裡像怨婦一樣，婆婆媽媽「吐槽」學術的困境，是想說明我要研究「民國文學」的原因。在當下關注民國，並不需要太多解釋，因為它就是當下文化界中的一個熱點，但這並不是「民國文學」研究的理由。「民國文學」研究是一個純粹的學術話題，它出現的邏輯是在學術史的鏈條之上，它與大眾文化的潮汐可能相關，但兩者究竟在不同的發展軌道上。對我而言，「民國文學」的必然性，與學術意義的當下危機相輔相成。具體到中國現代文學研究，它所遭遇的危機是「現代」的危機，是民族情懷和啟蒙理想的失落，而它們正是這個學科可以包含的社會價值。記得我上碩士的時候，學院要建立一個學術論文的資料庫，讓研究生輸論文題目，導師李怡老師要我們輸入的主題是「現代性」問題，在當時，我們只是覺得它是一個學術熱點，直到畢業後好久，才意識到這其實是現代文學在新時期後第一次危機的到來。在本世紀初，「現代性」與「後學」傳播的結果已經發酵，現代文學的合法性受到嚴重衝擊，關於現代文學「現代性」的爭論，大概是「啟蒙」思潮式微後出現的必然亂局。只是在那個時期，我還沒有關注文學史理論問題，它帶給現代文

學研究學者 —— 如我的導師及其他人的擔憂和焦慮，我並沒有感受到。真正有所感受且開始關注文學史問題是在博士之後，那個時候張檸教授上「現當代熱點難點問題」課程，第一講是「文學性」問題。「文學性」作為一個獨立的問題，在理論上有「日常生活審美化」的廣闊背景，但就中國現代文學史而言，則是如錢理群等一批文學史家對 80 年代「重寫文學史」之後文學史觀的反思，具體來說，便是 80 年代強調所謂「審美性」「獨立性」的文學史框架，也存在著問題且充分暴露了出來。「文學性」問題暴露後，文學史研究的難題便再也沒有確定的答案了，現代文學研究陷入迷茫當中。

對一個個體而言，學科的迷茫會加劇個人追求的迷茫，當一個學科都在為自身的秩序苦苦掙扎，個人更會對自身努力的價值和意義產生質疑。所幸，在個人的身後，有一批西川學人的支持和勉勵，正是有了相互的支持，我才堅持在學術思考當中，並在其中發現了自己。我開始意識到，我所屬的一代學者必須通過自己的方式進入文學史，如果純粹如之前學者一樣，篤定民族情懷和啟蒙理想，或許會在其中獲得某種慰藉，但它絕不是自己的真實體驗和需求，也難以從中獲得學術的力量。然而，如果完全將之前學者的歷史情懷丟棄，也並不能為自己減輕了包袱，它反而讓自己感到更加虛無。在時代的變遷面前，唯有正視社會的變化和歷史的誤區，才可能為個人和學術發展開拓出新的可能，才可能讓這個學科必不可少的情懷煥發生機。

與前代學者相比，我所屬的一代的學者，其實也有著自己的優勢。我們並沒有歷史的包袱和不可磨滅的創傷。在我

上世紀 90 年代開始學習中國現代文學史時,關於從洋務運動到五四的歷史描述讓我記憶猶新,它將這段歷史描述成中國向西方尋求「器物文明-制度文明-精神文明」遞進的過程,令當時的我震撼不已。現在想來,這種啟蒙史觀建構的「敘事」,論述本身有太多經不起推敲的地方,但它卻真實地反映了一代學人的創傷體驗和悲壯情懷。從鴉片戰爭到五四運動,如果說歷史充滿了悲情,不如說它之後的學者飽含創傷,經歷了新中國建立初期的一系列運動,中國的學者傷痕累累,這使他們對於自己篤定的立場堅定不已,難以對歷史保持必要的寬容,「二元對立」思維也是在這個背景下出現,並影響到學術進步的。與他們相比,我們的社會責任感或許沒有那麼強烈,但我們可以更無負擔地走進歷史,發掘歷史,更寬容地理解歷史。

　　對我而言,「民國文學」的意義便是「尋找」:尋找那些「未完成的」「被壓抑」的現代性,尋找我們曾經建立的現代民族國家共識,尋找那些對於當下依然具有意義的進步的力量。在過去的研究中,我們太過於追求我們需要什麼,而忘記我們曾經擁有什麼?做過什麼?想過什麼?忘記我們曾經有過的共識以及可以延續的夢想。有人認為民國文學是為「民國」招魂,那不僅是對「民國文學」歷史譜系的誤解,更是對其所包含廣闊胸懷的褻瀆。

　　感謝李怡教授及西川論壇同人,感謝我的家人,你們的關心、鼓勵、支持和幫助對我非常重要。感謝山東文藝出版社本次叢書編輯的所有工作人員,謝謝你們的辛勤工作!

2015 年 1 月 30 日於北京

# 台灣版後記

　　當「民國文學」的討論引入台灣，一個尷尬的問題變得非常現實：如何面對 1949 年之後的「中華民國」？

　　在大陸，儘管關於「民國文學」的理論各不相同，但有一點基本可以說是共識，「民國文學」的外延都特指 1912-1949 年間「中華民國」轄區（名義上）內發生的文學。對於 1949 年之後的台灣文學，在大陸學科劃分中歸於「華文文學」，而「民國文學」屬於「中國現代文學」學科內出現的新視野，因此「民國文學」不考慮 1949 年之後的問題似乎十分自然。當然這只能說是理論缺陷，當「民國文學」成為一種獨立的文學史視野，就不能囿於所謂「學科」的局限，但大陸學界對於如何整合 1949 年之後的中華民國文學顯得力不從心，有限的討論並沒有從根本上解決這一問題。

　　歸根到底，大陸「民國文學」提出主要基於大陸學界，要將此話題引入當下的「民國」，有很多值得檢討的問題。大陸學界對「民國文學」的定位大致可分為兩類：一類是將其視為中性的時空概念，以避免中國現代文學中「現代」多義性的困擾；一類依舊將其視為具有本質內涵的概念，「民國」可視為「現代」的補充或替代。將「民國」視為一個中性的時空概念，前提是「民國」已經終結，唯有如此才能形

成一個比較確定的時空結構，而考慮到 1949 之後「民國」依然存在的事實，「民國文學」提出者所希冀的「中性」和「確定」其實都無從談起。在「中性」特徵受到挑戰之後，「民國文學」外延也有待斟酌。「民國文學」作為一個中性概念，有意針對「現代」特指「新文學」的偏執，以便更大限度地恢復這一時期的「文學場」，但若考慮 1949 年之後的民國文學，「民國文學」應該研究哪些內容會進退失據：若不加辨別地包容民國時期所有文學，「民國文學」固然可以形成一套體系，但相應的「共和國文學」的源流問題就難以理解；倘若考慮到花開兩朵，在民國時期文學中擇取如「國民黨文學」、「三民主義文學」等「右翼文學」，與 1949 年之後的台灣文學連在一起，「民國文學」設想的「中性」和「包容」都無從談起，因為它歸根結底只是現代文學的一脈，完全不必使用「民國文學」的說法。

　　將「民國」視為一種精神資源，是許多民國文學宣導者的重要考慮，如陳丹青先生提出的「民國範」，其中的「民國」自然是一種精神氣質的載體。但是，如果考慮到 1949 年之後的民國，「民國」與其代表的精神資源之間是否一定能劃上等號值得重估，譬如今天念念不忘的民國人物及其風範，不僅在大陸消失了，在台灣也已經鳳毛麟角，如若如此，作為精神資源的「民國」也不過是中國「現代」的某種特徵，並非獨屬「民國」。同樣的道理，用「民國文學」來概括 1912-1949 年間中國文學的整體特徵，也有值得商榷的空間。

　　在某種程度上，1949 年後的台灣文學對「民國文學」起到解構的作用，因為它的存在，大陸學界提出的「民國文學」

獲得了一次反思的機遇。不過，1949 之後台灣文學解構意義的獲得，緣於我們將其天然視為「民國文學」的一部分，這也是討論「民國文學」值得反思的地方。

　　記得在 2014 年的一次民國文學研討會議上，台灣大學黃美娥教授提出一個有趣的問題：誰在研究「民國文學」？這個問題實質是：為什麼要提出並研究民國文學？在大陸關於民國文學的會議上，台灣學者提出這種問題，其實略有一點尷尬。對大陸學者而言，提出民國文學還有點闖「禁區」的感覺，創新愉悅與政治隱憂並存，本以為碰到台灣同胞能獲得共鳴，卻遭遇到與大陸學界一樣的茫然。當然，台灣學者的茫然與大陸學者又略有不同，大陸學界對「民國文學」的茫然主要因為學術，在情感上並不排斥，今天大陸鋪天蓋地的民國暢銷圖書大概能說明部分問題；台灣學者對民國的茫然主要出在情感，在學術上並不十分排斥。如會議上提出疑問的黃美娥教授，《台灣新文學史》編纂者陳芳明教授，都是「台灣文學」研究的翹楚，但對於「民國文學」的學術意義均給予充分肯定。大陸學界的茫然可以概括為學術茫然，其癥結是文學觀念的危機，通過學術討論和交流，危機可以得到化解。台灣學界的茫然則是情感茫然，是自我認同出現的危機，這種危機很難短時間化解。

　　自「民國文學」提出之後，兩岸學界對其有較多交流，對於台灣學者的「民國」情結也逐漸有所瞭解。對很多台灣學者而言，「民國」與兩蔣統治緊緊捆綁在一起，與黨禁、報禁、不民主、不自由的記憶糾纏在一起，是情感上不堪回首的過往。因此台灣學者對於「民國」保持警惕不難理解，

警惕民國就是珍惜當下。當下台灣對於「民國」的感受在文學世界中有更直觀的表達，雖然台灣在法理上依然屬於民國，但「民國」同時也成為了一個他者。

台灣詩人陳黎的〈二月〉，生動的記錄了「民國」在其心目中成為他者的一刻：

　　槍聲在黃昏的鳥群中消失

　　失蹤的父親的鞋子
　　失蹤的兒子的鞋子

　　在每一碗清晨的粥裡走回來的腳步聲
　　在每一盆傍晚的洗臉水裡走回去的腳步聲

　　失蹤的母親的黑髮
　　失蹤的女兒的黑髮

　　在異族的統治下反抗異族
　　在祖國的懷抱中被祖國強暴

　　芒草‧薊草‧曠野‧吶喊

　　失蹤的秋天的日曆
　　失蹤的春天的日曆

　　「槍聲在黃昏的鳥群中消失」是具有象徵性的一刻，雖然日常生活依然繼續，但槍聲改變了一切。失蹤的父親、失蹤的兒子、失蹤的母親、失蹤的女兒，既是記錄屠殺造成的慘劇，更寓示台灣與祖國之間正常倫理關係的「失蹤」，無論是「父/子」、「母/女」，都找不到了自然的感覺。當「民國」已經成為他者，雖然在「民國」的名義下，這一時期的台灣文學都很難必然被認為是「民國文學」的一部分。

　　當然，1949 之後台灣文學的「台灣意識」也並非一開始就非常強烈，至少在很長時間內，主宰台灣文壇的作家都是「民國遺老」，台灣「解嚴」以前的文學可否認為是「民國文學」的一部分呢？其實也很難這樣認為。1949 年之後，雖然有不少民國作家來到台灣，但相對於 1949 年之前的民國文壇，遷台作家只是滄海一粟。而即使遷台的作家，1949 年前後的心境與創作格局也大不相同。台灣政治大學尉天驄教授著《回首我們的時代》，生動地描寫了 1949 之後的台灣文壇，其中涉及人物有遷台作家也有本土作家，他們的所思所想與 1949 年之前的民國作家已大不相同。《回首我們的時代》選擇的第一個作家是遷台作家台靜農，這位在大陸文學史中冠以「鄉土小說家」的作家，在尉天驄教授的筆下是另一種風範：

> 　　他雖然生活在一個如莊子所說的「無可奈何」（或者過之）的時代，卻依然保持著他的自在和誠懇，無論從哪一個方面來說，都是一代的典範。特別在一九四九年以後，經由生活的陶鎔，他的思想和寫作都提升到他的同輩作家所未達到的高度。古人所說的「不以

物喜，不以己悲」，就在它的書藝的純淨境界中也讓
人見得出來。就此而言，他所顯示的風格便有了時代
的意義。因之，他在中國文學史、特別是魏晉、晚明
等大變動之際的認識，也就有了前人未及的深刻。

中國早期的「鄉土小說家」，多少都受到魯迅的影響，
「啟蒙」是創作的重要動機之一。所以，作為「鄉土小說家」
的台靜農不能說心懷天下，但至少是外向型的形象。但在尉
教授的筆下，借書法和古典文學傳遞幽情，雖然境界上升到
前所未有的高度，但指向是向內的。一外一內，就能看出 1949
年前後「民國文學」的變化。所以，雖然同在「民國」的名
義下，1949 年之後的台灣文學並不天然是「民國文學」的一
部分，大陸學者不必被它綁架，台灣學者也不必為之介懷。

如果 1949 年之後的台灣文學可以不視為「民國文學」，
那麼「民國文學」提出的意義究竟何在呢？在我的認識裡，
就是強化了文學史的「空間」維度。1949 年之後，「民國」
並沒有終結，甚至很多歷史當事人都未曾發生變化，為什麼
文學發生了變化？主要原因是「空間」發生的變化，這裡的
「空間」既是客觀也是主觀：就客觀來說，「中華人民共和
國」的出現改變了「民國」作為中國唯一合法政權的地位，
「民國」政權偏據台灣，所轄疆土與之前天壤之別；就主觀
來說，身在「民國」當中，作家以天下為己任的感受不得不
受到檢視，此時的「民國」才真正與國民黨、蔣政權捆綁在
一起。因為「空間」的變化，1949 年前後的「民國文學」，
格局大不相同。

　　與過去的「中國現代文學」相比，「民國文學」的意義也在於強化了空間意識。「中國現代文學」研究在大陸出現很多問題，主要原因是「現代」是個抽象的時間概念。所謂「抽象」，即在於它沒有確定的邊界，在大陸學界「中國現代文學」的外延充滿彈性，起迄時間經常變動。因為研究物件搖擺不定，很難對一段歷史有深入的把握。「民國」的不同，就在於其外延比較確定，在 1912-1949 年間的中國社會形成了一個比較獨立的社會空間。「現代」是個模糊的說法，很難判定從那一刻開始文學步入「現代」，而就人的基本感受而言，對空間的敏感程度遠遠大於時間，很多時間感受的獲得必須依託空間仲介。因此，即使追尋中國現代文學的「現代性」，依靠「民國」的仲介，也是一種比較靠譜的做法。

　　過去的文學史研究忽略「空間」意識，原因很多，其中一個重要的原因是過於強調文學的獨立性。因為強化文學自律，文學與社會豐富的聯繫被割斷了，如此看似保證了文學的純粹性，但讓文學理解變得膚淺。

　　感謝恩師李怡教授，將拙作納入「民國歷史文化與中國現代文學研究」叢書，現今又將叢書引入台灣出版，給我一個重新反思「民國文學」的機會。多年來，恩師都對我提攜有加，特別是對於民國文學研究，從起步到深入，恩師都給予教誨和鞭策，所以如果拙作尚有一兩處可讀之處，都與老師的教導密不可分。「民國文學」與文學史的「空間轉向」是一個可以深入的話題，拙作對此問題的探討只是淺嘗輒止，很多更深奧的問題有待日後陸續發現，作拋磚引玉之念，請台灣朋友給予批評指正。